本书系中国教育科学研究院中央级公益性科研
"一流国家教育智库发展规划研究"（项目编号：

THINK TANKS

教育智库文献教育强国丛书

战略先行

新时代

教育智库发展规划研究

姜朝晖 ◎ 著

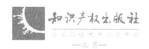

知识产权出版社

—北京—

图书在版编目（CIP）数据

战略先行：新时代教育智库发展规划研究 / 姜朝晖著. —北京：知识产权出版社，2024.3

ISBN 978-7-5130-9335-4

Ⅰ. ①战… Ⅱ. ①姜… Ⅲ. ①教育事业—研究—中国 Ⅳ. ①G52

中国国家版本馆 CIP 数据核字（2024）第 065899 号

内容提要

教育智库是新时代中国特色新型智库的重要组成部分，支撑驱动引领教育高质量发展。在建设教育强国的进程中，教育智库的作用更加凸显。智库发展，战略先行。本书综合运用文献研究、调查研究、案例研究和比较研究等研究方法，从理论与实践、本土与域外、当下与未来等多个维度，基于新时代教育智库特别是智库规划进行全面系统研究。

本书可为教育智库管理者、研究者和有关工作人员、学生等群体提供借鉴参考。

责任编辑：李海波　　　　　　　　　　责任印制：孙婷婷

战略先行——新时代教育智库发展规划研究
ZHANLÜE XIANXING——XINSHIDAI JIAOYU ZHIKU FAZHAN GUIHUA YANJIU

姜朝晖　著

出版发行：知识产权出版社有限责任公司		网　　址：http://www.ipph.cn	
电　　话：010-82004826		http://www.laichushu.com	
社　　址：北京市海淀区气象路 50 号院		邮　　编：100081	
责编电话：010-82000860 转 8582		责编邮箱：laichushu@cnipr.com	
发行电话：010-82000860 转 8101		发行传真：010-82000893	
印　　刷：北京中献拓方科技发展有限公司		经　　销：新华书店、各大网上书店及相关专业书店	
开　　本：720mm×1000mm　1/16		印　　张：16.5	
版　　次：2024 年 3 月第 1 版		印　　次：2024 年 3 月第 1 次印刷	
字　　数：300 千字		定　　价：78.00 元	
ISBN 978-7-5130-9335-4			

智库必须记得：我们如今正处于时代变革的十字路口，不愿改变就必将被淘汰。为了生存与兴旺，我们必须继续不断变革调整。

——詹姆斯·麦甘博士
（Dr. James G. McGann，1955—2021）

为教育强国建设提供人才和智力支撑（代序）

　　当今世界正在经历百年未有之大变局，我国正处于实现中华民族伟大复兴的关键时期。面对新形势新挑战，习近平总书记在党的二十大报告中强调"教育、科技、人才是全面建设社会主义现代化国家的基础性、战略性支撑"，"我们要坚持教育优先发展、科技自立自强、人才引领驱动，加快建设教育强国、科技强国、人才强国"，并明确指出到2035年建成教育强国。2023年5月29日，习近平总书记在主持中共中央政治局第五次集体学习时，对建设教育强国作出全面系统部署。

　　建设教育强国，必须拥有一批高水平的教育智库。作为专门为国家和地方政府部门提供教育决策咨询服务、支撑引领教育事业改革发展的思想库和智囊团，教育智库应守正创新、积极作为，在从教育大国到教育强国的系统性跃升中作出更大贡献。新时代教育智库主要发挥五个方面作用：一是咨政建言，为国家战略需求和区域教育改革发展建言献策，提供咨询服务与智力支持；二是理论创新，生产创新性思想和知识，探索教育发展规律；三是实践指导，通过深入基层和学校，从专业的角度开展深度研究，助力教育教学水平的提高；四是人才培养，将人才培养与科学研究有机结合，造就新时代教育智库所需要的高端人才；五是舆论引导，为新时代教育事业改革发展和教育强国建设营造良好氛围。

　　编制和实施规划是中国特色社会主义制度优势的集中体现，是中国共产党治国理政的重要方式。从1953年开始的第一个"五年计划"，到正在实施的"十四五"规划，国家层面的发展规划对于我国经济社会发展起到了重要的引领作用，有效地推动了国家各项事业的高质量发展。实践表明，编制和实施"五年规划"已经成为中国特色社会主义发展模式的鲜明特征和显著优势。对于各个具体领域的机构或组织来说，中长期规划对组织的改革发展同样具有至关重要的作用。

研制发展规划，对于新时代教育智库发展具有非常重要的价值。面对新时代、新形势、新格局、新要求，教育智库要做到把握机遇、科学谋划、创新发展。在新发展理念的指导下，发展规划的研制有助于进一步深入剖析教育智库的发展环境，在总结成绩的同时分析面临的形势挑战，明确所处"方位"和"坐标"；有助于厘清教育改革发展的重大问题，明确发展目标和战略任务；有助于明晰改革思路举措，用发展的、辩证的思路和洞察力来审视未来教育改革的发展趋势，提高服务决策的针对性和科学性；有助于凝心聚力共谋发展，激励科研人员增强历史主动和使命担当，服务教育强国建设。

　　聚焦愿景目标，扎实有序推进，是高效完成工作的重要方式。2015—2020年，姜朝晖博士先后参与了中国教育科学研究院（以下简称"中国教科院"）"十三五""十四五"发展规划的研制工作。其间，他还参与研制一流国家教育智库等有关重要文件。2017年，我和姜朝晖博士一起赴南京参加一个全国性智库会议，对教育智库发展特别是教育智库的评价提出了相关建议。2018年，在《教育部关于加强新时代教育科学研究工作的意见》起草过程中，我与姜朝晖博士等中青年科研人员赴湖南省教育科学研究院、湖北省教育科学研究院等教科院所开展调研，对教育智库的建设进行了系列思考。可以说，本书既是姜朝晖博士主持的中国教科院智库部门项目"一流国家教育智库发展规划研究"的研究成果，也是多年来他积极参与教育智库规划研制的心得体会和学理思考的集成。

　　本书以新时代教育智库战略规划为研究对象，综合运用文献研究、调查研究、案例研究和比较研究等研究方法，从理论与实践、本土与国际、当下与未来等多个维度系统思考，深入探究新时代教育智库规划的诸多问题。本书既有学理问题的剖析，也有实证调查的研究，同时也有国际案例，更重要的还有规划研制的实操指导。相信本书的出版，对推动新时代教育智库发展，特别是对于新时代教育智库规划的研制具有较好的学术意义和参考价值。

　　面向"十五五"时期我国教育事业改革发展的新形势，新时代教育智库必须坚持战略先行。要准确把握教育强国的重要使命和主要任务，聚焦教育改革发展中的基础性、先导性、全局性、战略性的问题，主动开展前瞻性、储备性研究，积极作为，开拓进取，切实为建设教育强国作出积极贡献。

　　是为序。

高宝立

中国教育科学研究院原副院长、研究员

2024 年 3 月

目　　录

第一章 绪 论

开展新时代教育智库发展规划研究，需要厘清本研究的理论意义和实践价值，以及对"智库""教育智库""新时代教育智库""发展规划"等核心概念进行界定。同时，要在对国内外已有文献进行详细梳理的基础上，提出研究的创新点和生长点。此外，还需要进一步明确研究的主要内容、研究思路及研究方法。

第一节 研究意义和价值

一、研究意义

教育是国之大计，党之大计。党的二十大报告明确指出："教育、科技、人才是全面建设社会主义现代化国家的基础性、战略性支撑。"教育的基础性、先导性与全局性的地位和作用更加凸显。随着我国教育的地位和作用的上升，迫切需要发挥新时代教育智库对教育事业的支撑、驱动和引领作用，为建设高质量教育体系、建成教育强国提供强有力支撑。在这样的背景下，加强新时代教育智库发展规划研究，具有重要的理论意义和实践价值。

（一）研究教育智库发展规划是加强中国特色新型智库建设的时代要求

自党的十八届三中全会提出"加强中国特色新型智库建设，建立健全决策咨询制度"，特别是自 2015 年中共中央办公厅、国务院办公厅印发《关于加强中国特色新型智库建设的意见》以来，我国智库发展换挡提速，各类综合智库、专业智库、高校智库、民间智库得到了快速发展，涌现出了一批高水平的国家高端智库，为我国经济社会发展作出了重要贡献。作为专业智库，新时代教育智库不断转型升级，实现了跨越式发展，在创新理论、服务决策、指导实践、引领舆论、队伍建设、协同战线等方面发挥了重要作用，在国内外各大智库排行榜上都取得了优异成绩。但是，与面临的新形势新挑战相比，新时代教育智库还需要从战略层面进一步思考和规划，为建设教育强国提供强有力的智力支撑。

（二）研究教育智库发展规划是贯彻落实国家重要教育决策部署的有力举措

教育智库是我国教育事业的重要组成部分。贯彻和落实国家有关教育的重大决策和教育主管部门的工作部署，需要新时代教育智库深入研究党和国家对教育发展提出的重大战略问题，及时总结教育改革发展的实践经验，着力解答人民群众对教育的急难愁盼问题，努力办好人民满意的教育。这些都需要新时代教育智库作出科学的回答。同时，2018 年全国教育大会后，我国出台了《中国教育现代化 2035》《深化新时代教育评价改革总体方案》等一系列国家层面的重要政策文件，也需要教育智库进行宣传解读。为此，必须深入开展新时代教育智库发展规划研究，确定新时代教育智库科研的战略重点和优先研究项目，积极破解和回应教育领域的"时代之问""国家之问"及"人民之问"。

（三）研究教育智库发展规划是推进教育智库治理体系与治理能力现代化的关键举措

治理体系与治理能力现代化是新时代教育智库高质量发展的必然要求。与服务国家高质量发展的时代要求和人民群众对优质教育的期盼相比，与高水平的国家高端智库相比，我国教育智库客观上还存在以下问题：原创性理论研究和科研成果缺乏；决策服务能力和重大前瞻性问题研究能力不足；理论与实践结合不够紧密，实践指导操作性还不强；国际参与度和影响力相对薄弱；科研评价制度和成果转化机制亟待完善；协同高效的科研组织模式和运行机制尚未真正形成；对教育科研的重视程度和保障水平还有待提高等。这些都需要开展系统的研究，进一步厘清新时代教育智库发展的主要问题和破解思路，切实提升智库治理体系和治理能力的现代化水平。此外，研究教育智库发展规划，也是助力打造国家高端智库、提升教育智库层次的时代之需。

（四）研究新时代教育智库发展规划是谋划"十五五"教育智库发展的前瞻布局

国家"十四五"教育发展规划的实施，为促进教育高质量发展提供了科学指引，有力推动了教育事业快速发展。目前，"十四五"发展规划已进入承上启下的关键之年，需要面向"十五五"我国教育事业的发展，从教育智库层面，对国家战略领域的基础性、先导性、全局性的重大教育问题，如教育强国建设、数字时代教育系统性重塑、教育与生态文明、教育与人口发展等开展前瞻性的研究和思考。通过开展新时代教育智库发展规划的研究，为推动教育智库"十五五"甚至未来更长一段时间发展奠定扎实基础。

二、研究价值

（一）理论价值

本研究聚焦于教育智库发展规划，以新时代教育智库发展规划作为研究对象，以理论研究、实证研究、案例研究和比较研究相结合的方法系统思考教育智库的发展规划。加强教育智库发展规划研究，有助于进一步丰富和发展中国特色新型教育智库的理论研究。

（二）实践价值

本研究在对新时代教育智库成就经验、问题挑战进行系统总结分析的基础上，聚焦新时代我国教育智库战略规划，认真思考新时代我国教育智库改革发展的战略目标、发展思路、重点任务、改革举措和组织保障，提出新时代教育智库战略规划的实操建议及未来教育智库的发展路向，可为我国教育智库研制战略规划和有关工作提供借鉴。

第二节 核心概念

本研究的对象是新时代教育智库发展规划，主要有"教育智库"和"发展规划"两个核心概念。

一、教育智库

智库（Think Tank），又称思想库和智囊团。有学者提出"智库"界定本身是一个难以完成的命题[1]；也有人认为智库边界模糊，"智库是个筐，啥都可以装"[2]。在本研究中，智库是指为政府和社会提供专业知识、开展政策研究与咨询的专门科研机构。其特点主要体现在专业性、思想性和相对独立性上。

---

[1] 帕瑞克·克勒纳，韩万渠. 智库概念界定和评价排名：亟待探求的命题 [J]. 中国行政管理，2014（5）.

[2] 张伟. 新型智库基本问题研究 [M]. 北京：中共中央党校出版社，2017：1.

教育智库属于智库中的专业智库，它和经济智库、政治智库、国际关系智库等共同构成中国特色新型智库。需要说明的是，由于教育对国家和社会的重要性，教育也是许多综合智库的重要研究领域和对象，如国务院发展研究中心的社会和文化发展研究部，就有专门团队开展教育研究。本研究中，新时代教育智库是指为政府和社会提供教育专业知识，开展教育政策研究与咨询的专门机构，既包括政府层面的教育智库，也包括高校教育智库，还包括第三方的民间教育智库。

二、发展规划

规划是人们认识社会进而变革社会现实、改造社会关系、协调社会运行、实现社会愿景的未来行动方案❶，是组织为了实现未来一段时期的发展而作出的顶层设计和制度安排。由于规划主要是基于发展趋向的，因此又可称为发展规划；同时发展规划主要是面向未来从战略层面对机构发展作出布局和安排，所以又经常被称为战略规划。在本研究中，规划、发展规划和战略规划，在一定的语境中可等同使用。

从发展规划的类别来看，既有国家宏观层面的经济社会发展规划，如《中共中央关于制定国民经济和社会发展第十四个五年规划和二〇三五年远景目标的建议》，也有各个行业的发展规划，如《"十四五"教育发展规划》，还有学校组织或教育智库等机构的专门规划等。

从发展规划的组成要素来看，通常发展规划是在分析研判自身发展环境、自身基础和困难挑战的基础上，统筹制定指导思想、总体目标、发展思路、主要任务、具体举措和组织保障等内容。尽管不同的发展规划中，在结构和内容的呈现方式上有所差异，但基本上都包括了以上基本要素。

从发展规划的时间来看，一般是以三年或五年为周期。从国家层面来看，我国发展规划一般是以五年为周期，从 1953 年开始的"一五"计划到 2021 年实施的"十四五"发展规划，编制规划已成为中国特色社会主义制度的显著优势，这种优势主要体现为能够较好地保持政策的连续性和一贯性，从而推动经济社会的发展。在教育领域，也有十年及十年以上的中长期规划，如《国家中长期教育改革和发展规划纲要（2010—2020 年）》《中国教育现代化2035》。从学校组织或教育智库来看，一般为三年或五年发展规划。

---

❶ 任鹏，李毅. 中国"五年规划"制度优势的历史生成、转化机制和认同功能 [J]. 思想教育研究，2022（6）：38.

总体上来看，发展规划存在前瞻性、战略性、针对性、操作性等特点，是特定时期内组织机构工作的根本遵循。科学的发展规划一定是基于问题导向、目标导向和效果导向的有机统一，它描绘了机构所处的坐标系，理清了时间表、路线图和责任书等，能够对一定时期组织发展起到重要的指引作用。在本研究中，发展规划是指新时代教育智库战略规划，是在准确把握国家政治经济社会等发展环境的基础上，明确新时代教育智库的指导思想、发展思路、总体目标、主要任务、重要举措和组织保障，是一定时期内教育智库发展的总纲领。

第三节　文献综述

研究新时代教育智库发展规划，既要对国内外教育智库的经典著作和代表性文献作系统梳理，也要对发展规划的理论、方法有比较全面的掌握，特别是要对国内外教育智库发展规划的有关文献作梳理。在全面梳理文献的基础上，为本研究深入开展提供有关借鉴，并力图进一步推动教育智库有关理论研究和实践探索。

一、国外研究现状

自 20 世纪初特别是 70 年代之后，国外学者围绕智库的特性与功能开展了大量研究。在智库兴起初期，多数研究集中在外交政策领域，较少涉及教育问题。1983 年 4 月，美国发布的教育报告《国家处在危机之中：教育改革势在必行》掀起了教育改革浪潮，教育政策领域的智库大量增加，关于教育智库的研究文献也随之出现。截至 2023 年 10 月，课题组在 ProQuest、Google Scholar、ERIC 等数据库中以"think tank"和"education"作为关键词进行搜索，共搜索到 233 篇文献。其中，最早的教育智库研究始于 1989 年，2005 年之后有关教育智库的研究数量进入较快增长时期，2010—2016 年研究相对减少，但在 2017 年达到近年来研究的峰值（图 1.1）。研究峰值形成的背后机理，总体上和有关教育政策的出台及各国对教育智库的重视有关。

从现有研究看，国外学者对教育智库的研究主要集中在教育智库的发展历程、兴起背景、功能定位、运行机制、评价体系等方面。

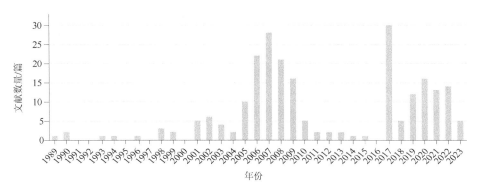

图 1.1　教育智库外文文献年度分布

（一）关于教育智库发展历程的研究

国外学者采用历史法分析了教育智库起源与发展的过程，初步判定了教育智库的萌芽期及兴盛期，让人们对教育智库的发展脉络有了一个清晰的了解，引发了对教育智库的普遍关注和研究热情。苏珊·威利斯（Susan M. Willis）对智库开始关注教育政策的时间做了初步推断，她认为在智库出现之后的很长时间，教育议题并未被列为智库的研究对象，她将教育智库大规模涌现的时间锁定为 20 世纪 80 年代中后期。❶进入 21 世纪，有关教育智库的专门研究逐渐增多，研究主题也逐渐多样化，研究者对教育智库发展历程的研究也保持了一定的传承性。劳伦·麦克唐纳（Lauren E. McDonald）在其博士学位论文《保守型智库的崛起：教育政策领域理念、研究和策略的争论》中对不同时间段教育智库的数量做了统计，研究结果显示，1980 年全美关注教育议题的智库数量为 23 家，到 2005 年这一数据上升至 90 家，据此，她认为这 20 多年是教育智库大规模涌现的时间。❷总体来看，关于教育智库发展历程的研究多以一般性的介绍为主。

❶ WILLIS S M. Conservative think tanks and higher education policy：Selected public research institutes and their views on issues in higher education［D］. Bowling Green：Bowling Green State University，1992.

❷ MCDONALD L E. The rise of conservative think tanks：The debate over ideas，research and strategy in public education policy［M］. New York：City University of New York，2008.

（二）关于教育智库兴起背景的研究

在追溯教育智库发展历程的同时，国外学者还致力于探究其发展壮大的社会背景，"是什么样的土壤孕育了教育智库的生长并使其不断得以繁荣？"这类问题初步得到了解答。教育智库裹挟在智库发展的洪流中萌生，其兴起的社会环境也有共通之处。根据詹姆斯·史密斯（James A. Smith）的研究，智库在美国形成与发展的原因归结为三个方面：一是美国发达的基金会能为智库发展提供持续的资金保障；二是美国特有的政治制度——三权分立和联邦制，导致权力的分散和决策机制的公开性及开放性，从而产生对智库的需求；三是美国鼓励个体发展，倡导多样性并存的"多元主义"文化氛围，为类型多样的智库提供了生长土壤。[1]在此基础上，唐纳德·阿贝尔森（Donald E. Abelson）从两个方面更深层次地挖掘了教育智库兴起的原因：一方面，随着苏联人造卫星的成功发射，改造旧有教育制度，加强教育科学研究的社会呼声愈加强烈，为教育智库的出现提供了契机；另一方面，政府职能的改变导致教育行政机构也发生了相应变化，促使教育决策程序趋于公开化，为教育智库提供了释放影响力的巨大空间。[2]对教育智库兴起的原因，国外学者分析结合了当时的时代背景，也综合了政治、经济、文化等多重因素，注重从教育决策过程本身寻找根源。

（三）关于教育智库功能定位的研究

关于教育智库的功能，英国学者戴安娜·斯通（Diana Stone）在其著作《俘获政治意向：智库与政策过程》中采用案例分析和数据统计研究方法分析了知识交流在教育政策研究机构中扮演的重要角色。[3]唐纳德·阿贝尔森通过分析教育智库出席国会有关教育决策听证会的次数及其观点和研究成果被主流媒体的引用率等数据，量化区分了不同智库在教育政策制定过程中的影响程度。[4]苏珊·威利斯以传统基金会和布鲁金斯学会为代表，说明保守型智库

---

[1] 金芳. 西方学者论智库 [M]. 上海：上海社会科学院出版社，2010：13-14.

[2] ABELSON D E. Do think tanks matter? Assessing the impact of public policy institutes [M]. McGill：McGill-Queen's University Press，2002：65-71.

[3] STONE D. Capturing the political imagination：Think tanks and the policy process [M]. London：Frank Cass，1996：92.

[4] ABELSON D E. Do think tanks matter? Assessing the impact of public policy institutes [M]. McGill：McGill-Queen's University Press，2002：65-71.

与学术型智库对高等教育政策的不同观点及其影响教育政策的不同策略。❶索菲亚·维塞乌（Sofia Viseu）等重点讨论智库在葡萄牙教育治理中的作用，通过对一家 2015 年开始运营的教育智库——艾德劳格进行实证研究，指出其活动、信息生成、组织和有关的参与者对国家教育政策制定的影响。❷黛博拉·鲁德曼（Deborah L. Rudman）等基于社会转型而组成的一家国际智库组织（International Think Tank for Occupation）视角，概述了支持智库发展的条件和背景，认为其是迄今为止在建立全球网络方面所取得的里程碑。通过智库的影响，人们不仅能够体验人类繁荣的方式来安排自己的生活，而且还可以获得共同的教育，以此拥有共同行动的力量。❸本·威廉姆森（Ben Williamson）分析了英国教育智库——高等教育大数据中心的功效，认为其不仅改变了高等教育发展局面，而且使高等教育更加注重以学生为中心、以指标为中心。政府应该利用高等教育大数据中心来获取学生的详细数据，重点是利用学生数据来衡量、比较和评估大学的发展质量，并为学校不断扩大的数据基础设施奠定基础，其中包括大规模纵向数据集、学习分析服务、学生应用程序、数据仪表板和由人工智能（AI）提供支持的数字学习平台。❹大卫·库马尔（David Kumar）研究了美国布鲁金斯学会，指出布鲁金斯学会长期对教育政策研究持积极态度，并为教育政策创新提供良好的研究环境。他通过调查发现，布鲁金斯学会共同致力于教育政策研究工作，包括参与教育政策的制定，教育改革的问题及组织氛围等方面，学者和管理者之间的相互理解和尊重，强有力的行政支持及为研究和传播研究结果的技术支持，都成为政策研究的关键因素。❺迈克尔·基斯特（Michael Keast）以加州教育政策

---

❶ WILLIS S M. Conservative think tanks and higher education policy: Selected public research institutes and their views on issues in higher education [D]. Bowling Green: Bowling Green State University，1992.

❷ VISEU S，CARVALHO L M. Think tanks，policy networks and education governance: The rising of new intra-national spaces of policy in Portugal [J]. Education Policy Analysis Archives，2018，26（108）：1–26.

❸ RUDMAN D L，POLLARD N，CRAIG C，et al. Contributing to social transformation through occupation: Experiences from a think tank [J]. Journal of Occupational Science，2019，26（2）：316–322.

❹ WILLIAMSON B. Policy networks，performance metrics and platform markets: Charting the expanding data infrastructure of higher education [J]. British Journal of Educational Technology，2019，50（6）：2794–2809.

❺ KUMAR D. A study of education policy tesearch at the Brookings Institution [J]. High Education Policy，2009，112（3）：35–39.

研究中心为个案,指出学术型智库应借助各种手段传播自己的研究成果,以引起决策者的关注,进而使其成果能够在教育政策的制定中被真正采纳。❶艾伦(K. Allen)等分析了美国基督教新保守主义慈善基金会约翰·邓普顿基金会,作为一家智库机构,其特殊慈善模式对推动英国品格教育有着深远的影响。❷科尔曼(A. Coleman)根据美国国家科学基金会智库和两个多元化 STEM(即科学、技术、工程和数学教育)智库的数据,对黑人和拉丁裔学生参与 STEM 的动机进行了研究,发现有相当多的黑人和拉丁裔学生缺乏获得 STEM 教育的机会和接触机会,STEM 教育领域对工人日益增长的需求将无法得到满足,这可能会损害美国作为全球领导者的地位。为了让美国继续保持全球 STEM 领导者的地位,必须对全国范围内的 STEM 不平等问题进行审视,并且必须优先考虑专门建设 STEM 教育智库。❸道恩·古道夫(Dawn M. Goodolf)等以护理专业建设为视角,探索了美国教育智库对护理专业教育的影响,认为美国教育智库能够把教育、监管和实践领域的国际领导者聚集在一起,推动护理专业建设和提高社会对护理专业的认同。❹国外学者对教育智库功能定位的研究广泛采用了实证研究方法,通过搜集一些基本数据或以个案研究教育智库,为后续教育智库实证研究范式的推广奠定了良好基础。

（四）关于教育智库运行机制的研究

教育智库旨在通过影响政策进而发挥"第五种权力",而不同国家教育智库在参与决策中遵循着不同路径,学者们也正是透过智库参与决策的各类案例来分析其内在运行与功能发挥模式。哈特维格·鲍茨(Hartwig Pautz)分别就英国智库对劳动力市场政策的影响及德国智库对德国社会民主党的政策影响进行了深入分析,分别探讨了智库在不同时间段内参与决策的情况。❺阿蒙·巴罗斯(Ammon Burrows)和斯科特·泰勒(Scott Taylor)认为,智库

❶ KEAST M. Bridging education research and education policy-making [J]. Oxford Review of Education,2000,26(3/4):379−391.

❷ ALLEN K,BULL A. Following policy:A network ethnography of the UK character education policy community [J]. Sociological Research Online,2018,23(2):438−458.

❸ COLEMAN A. D-STEM equity model:Diversifying the STEM education to career pathway [J]. Athens Journal of Education,2020,7(3):273−296.

❹ GOODOLF D M,GODFREY N. A think tank in action:Building new knowledge about professional identity in nursing [J]. Journal of Professional Nursing,2021,37(2):493−499.

❺ PAUTZ H. Think tanks,social democracy and social policy [M]. London:Palgrave Macmillan,2012.

作为 20 世纪重要的政治和经济参与机构，在学术机构、国家、教育及关于组织和管理的完善方面占据了重要地位。他们基于智库的文献研究，展示了调查与社会研究所（IPES）如何成功地将当时颇具争议的管理和组织新自由主义的教育观点带入主流政治舞台，并最终获得了道德和智力教育的合法性。❶教育智库依托媒体的力量影响教育政策得到了埃里克·哈斯（Eric Haas）、劳伦·麦克唐纳等学者的关注。埃里克·哈斯意识到新闻媒体的作用，通过分析新闻媒体有关教育智库参与教育政策制定的报道，他得出教育智库在教育政策制定的过程中借助新闻媒体发挥了很大作用的结论，尤其是在宣传其研究和数据的可信度，以及淡化其政治倾向等方面。❷劳伦·麦克唐纳采用历史分析法，回顾了媒体有关教育智库参与教育政策决策的报道，并与当时所处的时代背景相结合，在埃里克·哈斯的基础上提出教育智库的研究同样强烈依赖于媒体的报道，即将媒体的报道作为研究依据的来源之一。❸吉拉德（Girard）研究了教育智库在护士教育方面功能实现的路径，包括厘清护士教育的传统与现有的范式，并进一步提出智库如何在提高护士知识、技能和价值观水平等中发挥作用的建议。❹凯·富勒（Kay Fuller）和霍华德·史蒂文森（Howard Stevenson）分析了国家大规模评估（NLSA）在全球教育传播和改革中的核心作用。其中有关教育考试评估的智库建设应该充当全球教育改革的先锋，尤其是标准化考试评估中的比较、排名和竞争等因素的影响，表明有关考试智库的建设要嵌入市场化的力量，因此考试评估不仅能为私人参与者提供进一步渗透教育"市场"的大量机会，而且考试所带来的竞争压力往往可刺激教育系统更广泛地私有化和市场化。❺

还有些学者以教育公平的视角来探索教育智库的运行机制问题。如布拉姆·诺维奇（Bram Norwich）认为，英国政府若要为有特殊教育需要或残疾

❶ BURROWS A，TAYLOR S. Think tanks，business and civil society：The ethics of promoting pro-corporate ideologies [J]. J Bus Ethics，2020，162（3）：505-517.

❷ HAAS，E. False equivalency：Think tank references on education in the news media [J]. Peabody Journal of Education，2007，82（1）：63-102.

❸ MCDONALD L. Think tanks and the media：How the conservative movement gained entry into the education policy area [J]. Education Policy，2014，28（6）：845-880.

❹ GIRARD N J. Perioperative education：Perspective from the think tank [J]. AORN Journal，2004，80（5）：827-838.

❺ FULLER K，STEVENSON H. Global education reform：Understanding the movement [J]. Educational Review，2019，71（1）：1-4.

的学生制定教育政策，需重新构建新的教育智库——教育框架委员会（EFC）。该委员会将确定政策优先事项，其目标是设计一个为期十年的共识性教育政策框架，确保与政党和政府有关的特殊教育举措将在该框架内开展工作。❶米歇·亨伯特（K. Micha Humbert）将其关注点放在公共教育使命与六份教育智库的教育改革报告之间的对比，通过文本整理与分析，他得出这些智库普遍更关注经济因素和教育公平，而忽略了政治和社会公正的结论。❷德尼萨·甘达拉（Denisa Gandara）和埃里克·内斯（Eric C. Ness）对意识形态智库与美国大学的关系进行研究，指出美国教育智库由于存在不同政治意识形态的影响，致使对大学承担各种风险的能力较弱（如政府或高等教育机构），以及一些拟议的政策解决方案不能有效实施。因此，作者提出要强化教育智库的建设，并提倡美国教育智库应该保持政治立场，增加财政援助和促进社区大学发展。❸史蒂文·布林特（Steven Brint）等学者认为，常春藤大学作为美国重要的教育智库，代表着美国文化精英的教育愿景。通过调查 2900 多名美国文化精英的教育背景，并将这些背景与近 4000 名商业和政治领袖的样本进行比较，作者发现美国领先的教育机构在培养未来的文化精英成员方面比在培养未来的商业或政治精英成员方面要重要得多，也从侧面说明被同行和专家认可的有杰出成就的文化精英成员，比那些获得大众好评的人更有可能获得教育部门的认可。❹

此外，还有学者以不同智库的运行机制为视角，侧面对教育智库进行了研究。如奎尔特·平纳（Quilter Pinner）等以英国公共政策研究所（IPPR）为视角，探索了全球新冠病毒之后英国教育的未来趋势，认为作为英国领先的进步型智库，其对英国教育未来的研究奠定了公众对经济、社会和政治科学、科学和技术、志愿部门和社会企业、公共服务、工业和商业研究的基础。❺

---

❶ NORWICH B. From the Warnock Report（1978）to an Education Framework Commission: A novel contemporary approach to educational policy making for pupils with special educational needs/disabilities［C］. Frontiers in Education，2019（4）：72.

❷ HUMBERT K M. 21st century learning frame-works and the missions of public education: An integrative review［M］. Ann Arbor: ProQuest LLC，2012.

❸ GANDARA D，NESS E C. Ideological think tanks and the politics of college affordability in the states［J］. The Journal of Higher Education，2019，90（5）：717-743.

❹ BRINT S，GERMAN K T，ANDERSON-NATALE K，et al. Where Ivy matters: The educational backgrounds of US cultural elites［J］. Sociology of Education，2020，93（2）：153-172.

❺ PINNER H Q，Ambrose A. The "new normal": The future of education after COVID-19［M］. London: Buckingham Press，2020：1-16.

伊万·马托维奇（Ivan Matovich）等认为，作为全球重要的智库之一，二十国集团在全球经济政策中具有重大影响，但在全球教育治理中处于边缘地位。作者分析了二十国集团教育政策的演变、教育和全球教育政策"解决方案"的思想和框架等问题，提出二十国集团作为一个行为体在教育政策参与方面的假设是存在的。作者建议，关于教育框架的构想与教育制度改革驱动的因素假设应联系在一起，以利于智库完善经济、技术、个人和社会政治方面的研究。❶玛丽莲·史密斯（Marilyn Smith）指出，教育智库应该对教师教育给予重视，智库确定教师教育在哪些方面最有可能受到决策者的控制，以及对教师素质产生哪些积极的影响，这主要是教育智库能否有效地从教师教育发展的角度来界定。作者认为，占主导地位的教育智库的教育和社会政策、做法和框架，加上根深蒂固的制度化和顽固的种族主义、语言主义等，会造成教育不平等和不公平，因此教育智库中的教师教育问题应该被作为一个"公平问题"来对待。❷

（五）关于教育智库评价体系的研究

智库评价是教育智库建设的风向标和助推器，反映了教育智库发展与建设过程中的行业自觉和自省。目前，国际最具权威的智库评价体系，是美国宾夕法尼亚大学 TTCSP 项目（Think Tanks and Civil Societies Program）每年发布一次的《全球智库报告》。从 1989 年开始，TTCSP 开始对全球智库进行系统研究，从 2007 年开始，TTCSP 每年发布一次《全球智库报告》。在教育智库排名上，2007—2011 年，TTCSP 没有专门的教育智库排名，基本把教育智库纳入社会政策研究类智库中进行排名。从 2012 年开始，TTCSP 专门新增了"顶级教育政策智库"这一分类，开始为研究教育政策的智库进行单独排名。教育政策智库包括综合性智库和专业性教育智库两类：综合性智库研究领域多样化，教育只是其一个研究领域，如美国的布鲁金斯学会、兰德公司，捷克的社会和经济战略中心，中国的国务院发展研究中心等；专业性教育智库则主要以教育政策、教育问题研究为主，如美国的教育政策研

---

❶ MATOVICH I，SRIVASTAVA P. The G20 and the Think 20 as new global education policy actors？Discursive analysis of roles and policy ideas[J]. Journal of International Cooperation in Education，2023，25（1）：4–20.

❷ SMITH M. What's the "problem of teacher education" in the 2020s？ [J]. Journal of Teacher Education，2023，74（2）：127–130.

究中心、日本的国立教育政策研究所、英国的教育研究所等。❶TTCSP 的教育政策智库排名，把综合性智库和专业性教育智库融为一体进行混合排名。教育智库排名反映了世界各国教育智库的发展水平，为各国教育智库的交流与合作提供了信息平台。由于美国宾夕法尼亚大学 TTCSP 项目主任詹姆斯•麦甘博士于 2021 年 11 月去世，目前最新的数据是截至 2021 年 1 月发布的智库排行榜《2020 年度全球智库报告》。

有许多学者就教育智库评价开展了研究。阿普尔（W. Apple）等以美国教育智库评价的问题为视角，审视了 21 世纪民主和教育面临的一些主要挑战，其中包括日益严重的社会和经济不平等、政治不稳定及全球大流行病和气候变化等问题。阿普尔认为，作为智库研究的教育学者，应该积极应对民主和教育的挑战，并同时考虑到将教育重新设想为构建民主社会的重要性。❷阿里尔•比波姆（Ariel Bierbaum）等指出教育智库评价应该关注到民主、公平，其研究人员应该将选择这一抽象概念作为促进教育公平研究的兴趣。❸罗德里格斯（A. Rodriguez）等也围绕高等教育的社会正义问题，讨论高等教育智库评价的问题。作者列举了具体的政策战略——通过不作为或制裁——决策者利用现状来阻碍高等教育中的种族公正项目，针对这一问题，作者努力将现有的理论、研究和当代决策范例汇集在一起，提供一个种族化决策评价框架，明确描述高等教育在种族平等方面的智库建设，同时提出有关高等教育政策研究未来可能的方向。❹

还有学者以教育智库的数字化评价为切入点。本•威廉姆森研究了高等教育的未来变革趋势，作者认为"皮尔森"作为高等教育改革模式的数字平台扩展的范例，展示了数字资本主义的市场形势是如何被全球高等教育产业中的商业精英复制的图景。作为市场社会技术安排中的一个角色，教育智库

❶ MCGANN J G. 2017 global go to think tank index report［EB/OL］.（2018-01-13）［2023-10-30］. https://repository. upenn.edu/think_tanks/13/.

❷ APPLE M W，BIESTA G，BRIGHT D，et al. Reflections on contemporary challenges and possibilities for democracy and education［J］. Journal of Educational Administration and History，2022，54（3）：245-262.

❸ BIERBAUM A H，KAMER A，BARAJAS J M. Toward mobility justice：Linking transportation and education equity in the context of school choice［J］. Journal of the American Planning Association，2021，87（2）：197-210.

❹ RODRIGUEZ A，DEANE K C，DAVIS III C H F. Towards a framework of racialized policymaking in higher education［M］. Cham：Springer International Publishing，2022：519-599.

的数字化评价是高等教育改革的一个重要力量，这一力量旨在使大学的公共使命与数字资本主义的利益相一致。❶

二、国内研究现状

我国教育智库研究虽然起步较晚，但随着中国特色新型智库建设大潮的涌动，相关研究成果也如雨后春笋般涌现。在著作出版方面，自 2015 年以来，关于智库研究的书籍，既有引进国外翻译的，主要有上海社会科学院智库研究中心翻译的詹姆斯·麦甘的《智库报告》系列，詹姆斯·麦甘的《全球智库：政策网络与治理》《智库的催化作用：转型国家的改革之路》《美国智库与政策建议：学者、咨询顾问与倡导者》等；也有国内智库学者研究的，如王耀辉和苗绿的《大国智库》系列、黄宪起主编的智库建设丛书、胡鞍钢的《中国特色新型智库：胡鞍钢的观点》、李刚和王斯敏等的《智库评价理论与方法》、褚鸣的《美欧智库比较研究》等。在教育智库研究领域，主要有周洪宇主编的教育智库与教育治理研究丛书。

在论文发表方面，截至 2023 年 10 月，笔者在中国知网数据库中以"教育智库"作为篇名检索发现，共有 2010—2023 年发表的相关文献 360 篇（图 1.2）。研究主要涉及教育智库的内涵、教育智库的现实问题及原因、教育智库建设策略、教育智库的国际比较研究等方面。从趋势上看，2015 年 1 月中共中央办公厅、国务院办公厅发布《关于加强中国特色新型智库建设的意见》后，教育智库的研究当年实现了翻倍增长；但在 2018 年相对较少，到 2019 年、2020 年形成峰顶，每年超过 50 篇，在 2021 年之后有关研究持续降低。这同样与国家政策导向和教育研究关注点的快速切换有关。

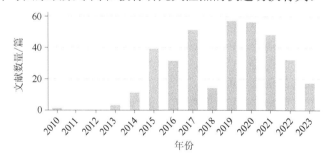

图 1.2　国内教育智库研究文献年度分布

---

❶ WILLIAMSON B. Making markets through digital platforms：Pearson，edu-business，and the evaluation of higher education ［J］. Critical Studies in Education，2021，62（1）：50-66.

（一）关于教育智库内涵的研究

学者们对教育智库的内涵发表了不同见解，代表性的观点主要有以下几种。姚海燕认为，教育智库是智库的一个重要分支，是一种以教育问题为重点研究对象，通过调查研究、分析论证等步骤为教育的改革发展提供咨询服务或解决方案的机构。❶庞丽娟认为，教育智库是一般智库的特殊化，是一种重要的智库类别，是主要围绕国家战略、经济社会发展与教育间的关系，为国家教育领域的战略布局和重大改革发展提供决策服务的研究型专业化的决策支持机构。❷赵庭认为，教育智库是一种专业化、政治化的组织机构，拥有研究、咨询、评估等功能。❸曾天山等认为，教育智库是由教育类专家和其他学科专家共同组成的，为教育决策者们在处理各类教育问题时提供解决方案的公共性研究机构。❹毛会想认为，教育智库属于智库领域中的专业性智库，它的职责主要有研究各类教育问题、提供解决教育问题的对策并努力提升教育质量等，它有官方教育智库、高校教育智库、民间教育智库三种类别。❺周洪宇认为，教育智库是以教育领域重大战略问题和公共政策为主要研究对象的非营利性研究咨询机构。❻韩玉梅、宋乃庆认为，教育智库主要体现在制度安排之新、运行规则之新和作用机理之新，通过开展教育科学的研究解决新时代教育问题，服务于我国教育重大战略规划，以使国家教育决策更加科学化、民主化、时代化。❼徐魁鸿指出，教育智库是指有一支稳定的由专职研究人员组成的队伍，运用专业知识为教育决策行为提供建议的实体性组织机构。其主要从事教育理论研究，并且将理论研究和教育现实问题紧密结合起来，以利用自身的人才和知识优势为社会各界提供咨询服务。❽钱立青和吴刚认为，教育智库是一种专业型智库，是以教育领域重大战略问题和公共政策为

---

❶ 姚海燕. 论美国教育智库的发展、运作方式及其启示 [J]. 教育理论与实践，2015，35（22）：11-15.

❷ 庞丽娟. 我国新型教育智库若干重要问题的思考 [J]. 教育研究，2015，36（4）：4-8.

❸ 赵庭. 中国教育智库建设：挑战及其应对 [J]. 当代教育科学，2015（23）：42-46.

❹ 曾天山，王小飞，吴霓. 澳新两国国家教育智库及其服务政府决策研究——澳大利亚、新西兰教育科研考察报告 [J]. 比较教育研究，2013，35（8）：35-40，53.

❺ 毛会想. 中国特色新型教育智库建设存在的问题及对策 [J]. 西部素质教育，2016，2（18）：66.

❻ 周洪宇. 创新体制机制，建设中国特色新型教育智库 [J]. 教育研究，2015，36（4）：8-10.

❼ 韩玉梅，宋乃庆. 新型教育智库的组织形态和研究路径 [J]. 教育研究，2019，40（3）：145-153.

❽ 徐魁鸿. 我国教育智库的现状、问题及发展策略 [J]. 教育与考试，2020（3）：87-92.

主要研究对象的研究咨询机构。❶概括来看，学者们对教育智库概念内涵的理解有四个方面：一是教育智库的研究对象是教育问题及教育政策等；二是教育智库的目的是为政府部门提供决策建议；三是教育智库拥有众多功能，如培养与储备人才、提供教育咨询等；四是教育智库的性质属于非营利性。

（二）关于教育智库现实问题的研究

关于我国教育智库存在的问题，学者们普遍认为主要表现在以下三个方面。

一是我国教育智库发展呈现不均衡状态。如毛会想认为，官方智库、准官方智库因其独特的优势比民间智库发展得好，相比国家级智库，地方级智库的发展相对滞后，中西部地区智库发展的前景也没有东部地区乐观。❷王建梁、郭万婷指出，我国官方、半官方教育智库在吸纳人才、申请项目经费、采纳研究成果等方面都具有民间智库无法企及的优势，民间教育智库只能凭借自己的知名度来引起社会的关注，其对教育决策产生的影响极小，民间教育智库的见解难以脱颖而出。长此以往，教育智库市场会失去生机与活力。❸

二是与其他类型智库相比，我国教育智库发展缓慢，水平不高。袁本涛、杨力苈指出，从 2014 年全球智库报告列举的 55 个全球顶尖教育智库名单来看，中国的教育智库发展得尤为落后，中国只有一家上榜，且仅位列第 15 名，一些政府和高校的教育研究机构都榜上无名。❹张力指出，与其他领域的智库相比，我国教育智库的建设显得比较薄弱，在研究能力和成果展示等方面都需要进一步加强。❺杨敏指出，我国教育智库发展得比较滞后，虽然在数量上有所增加，但具有影响力的专业化教育智库却很少。❻姜永志和白红梅以"一带一路"为背景，探索了中、蒙、俄民族教育智库建设的困境，认为民族教育智库建设存在国家政策先行但反应相对滞后、跨学科与综合性人才培养短

❶ 钱立青，吴刚. 教育治理现代化进程中地方教育智库的转型发展研究 [J]. 中国教育学刊，2021（9）：62-67.

❷ 毛会想. 中国特色新型教育智库建设存在的问题及对策 [J]. 西部素质教育，2016，2（18）：66.

❸ 王建梁，郭万婷. 我国教育智库建设：问题与对策 [J]. 教育发展研究，2014，34（9）：1-6.

❹ 袁本涛，杨力苈. 从文献看教育智库研究：一个亟待开拓的领域 [J]. 高等工程教育研究，2016（2）：40-47.

❺ 张力. 当前中国特色新型教育智库建设的若干问题 [J]. 基础教育，2015，12（4）：5-9.

❻ 杨敏. 新型教育智库：特征、功能与建设策略 [J]. 当代教育论坛，2015（6）：22-28.

缺、研究方法固化与实践操作不强、各自为战与协作联合不足及传播渠道单一与转化平台受限等困境。❶

三是我国教育智库的研究成果难以满足社会需求。郝平认为，目前教育科研领域智库面临的主要问题是其自身建设不能较好地适应社会的发展，表现形式主要有教育智库没有受到应有的重视，其研究成果没有得到较好的应用等。❷翟博指出，总体而言，我国教育智库不能满足当前教育改革和全面推进教育现代化的现实需求。❸王建梁、郭万婷指出，我国许多教育智库没有被大众所接受，它们的许多研究成果没有在教育变革中发挥应有的作用。另外，我国教育智库一般都注重理论研究，对现实问题研究得较少，它们一般侧重于对发达国家教育改革经验的借鉴，而对国内教育问题的改革方案提出较少。在研究某一个问题的时候，它们往往采用的是文献研究法，而很少采用实际调研法，这所有的原因导致了我国教育智库的研究成果针对性不强，不能很好地满足社会的需求。❹周颖杰则以新时代为背景，探索了高校新型教育智库建设的困境，指出新时代高校新型智库存在着专业人才不足、顶层设计不完善、共享程度较低及系统支持缺失等问题，这些问题不利于教育智库建设的顺利推进。❺

（三）关于教育智库发展问题归因的研究

关于我国教育智库存在问题产生原因，学者们是仁者见仁、智者见智，归纳起来主要有以下三个方面的原因。

一是单一的行政化管理难以满足教育智库发展要求。如周洪宇指出，目前我国教育智库的主要存在形式是事业单位和一些社会团体，它们大多采用的都是行政化管理，这一管理模式既不符合智库发展的规律，也不能较好地满足智库发展的需要。❻张武升指出，我国许多教育智库发展规模较小，从前期投入到产品产出等方面都需要政府支持，政府行政部门给教育智库提供研

---

❶ 姜永志，白红梅. "一带一路"倡议背景下中蒙俄民族教育智库建设：价值、困境与路径[J]. 前沿，2022（4）：128-136.

❷ 郝平. 加快新型教育智库建设 推进教育事业科学发展［J］. 教育研究，2015，36（1）：4-9.

❸ 翟博. 中国特色新型教育智库建设要有新视野［J］. 教育研究，2015，36（4）：21-24.

❹ 王建梁，郭万婷. 我国教育智库建设：问题与对策［J］. 教育发展研究，2014，34（9）：1-6.

❺ 周颖杰. 新时代背景下高校建设新型教育智库的困境与突破［J］. 许昌学院学报，2022，41（3）：140-144.

❻ 周洪宇. 创新体制机制，建设中国特色新型教育智库［J］. 教育研究，2015，36（4）：8-10.

究课题，为教育智库发放研究经费是我国教育智库发展的主要途径。而且现有的许多教育智库是由教育研究机构或高校机构演变而来的，它们以前固有的资源配置方式就是行政计划性，这种方式会导致活力的缺失。❶

二是各级各类教育智库之间沟通合作不足。我国各类教育智库相互之间交流的机会很少，大多是各自研究自己的问题，缺乏整体合作意识，因而导致我国教育智库力量比较分散。郝平指出，在各方面联系日益紧密、各学科日益渗透、信息交流频繁的今天，许多教育问题仅靠教育领域可能得不到有效解决，像以前那样关起门来解决教育问题的方式已经落后了。❷张力指出，虽然我国教育科研机构数量众多，但有很多处于相对松散和疏远的状态。❸

三是智库研究人员的视野和能力有欠缺。学者们认为，我国教育智库研究人员的研究视野和专业背景往往局限于教育学领域，难以达到中国特色新型教育智库的要求。王建梁、郭万婷表示，我国教育智库研究人员大多拥有相似的专业背景，知识结构以理论知识为主，因而他们的研究多集中于理论研究，具有前瞻性的对策研究很少。❹邬大光指出，我国教育科研机构大多是基于教育学的学科背景建构起来的，研究人员几乎都是教育学背景，具有跨专业背景的研究人员占少数。在这种情况下，研究人员的研究视野往往只局限于教育学领域，无法满足跨专业的要求。❺姜朝晖指出，高校智库不能及时把握社会的重大理论和现实问题。由高校纯学术研究人员组成的队伍长期以来习惯了学院派的研究，没有深入了解社会，很难真正作出有价值的智库成果。❻

（四）关于教育智库建设路径与策略的研究

针对我国教育智库存在的种种问题，我国学者纷纷建言献策。学者们普遍认为，解决我国教育智库存在问题的对策主要有以下四个方面。

一是创新体制机制。教育智库要想实现根本上的转变，创新教育智库运行的体制机制是关键。郝平指出，教育智库的建设必须按照自身的特点，明确自己的职责任务、管理体制和运行机制。除此之外，他还提倡建立资金投

❶ 张武升. 中国特色新型教育智库的本质特征 [J]. 教育研究，2015，36（4）：16-19.

❷ 郝平. 新型教育智库建设要有新思维 [N]. 光明日报，2015-03-03（16）.

❸ 张力. 新型教育智库建设进入一个全新阶段 [J]. 教育研究，2015，36（4）：13-14.

❹ 王建梁，郭万婷. 我国教育智库建设：问题与对策 [J]. 教育发展研究，2014，34（9）：1-6.

❺ 邬大光. 教育智库建设的特殊性 [J]. 教育研究，2015（4）：14-16.

❻ 姜朝晖. 中国特色新型教育智库：内涵、特征及定位 [J]. 高校教育管理，2016（2）：58.

入机制，通过多方筹措的方式来加大对科研的投入力度，还要强化激励约束机制以充分调动研究人员参与研究的积极性。❶田慧生指出，教育智库应该改变传统的各自为战的研究方式，努力建立内外协同机制和交流合作机制，并使这种机制常态化。此外，他认为教育智库还应该在准确定位的基础上，创建现代智库管理机制，建立科学的考核和激励机制，从而充分激发教育智库的活力。❷秦惠民指出，已有的智库型研究机构要想转变为新型教育智库，创新体制机制是非常关键的一个环节。因此，已有的智库型研究机构要创新自身的治理机制，从体制机制上向新型智库转变，建立新的用人制度和组织形式等。❸庞丽娟指出，要想让我国目前的教育智库努力向新型教育智库的方向发展，关键工作在于创建一套完整的智库管理、运行机制，如灵活的人事管理制度、以实际贡献作为标准的人事评价和科研考核制度、"凯旋门机制"、适应智库发展的成果形成机制和循环递进式的成果质量保障机制。❹杨敏提出智库人才的管理与培养需要一些有效机制，可以适当借鉴国外的"凯旋门机制"，从而促进人才的培养。❺秦瑾若、秦德增指出，教育智库的建设首先应该从完善教育智库制度方面入手，努力创建一套全面的智库管理与运行机制。要改变以往单纯以学术论文等指标作为评价研究人员的标准和片面将科研人员的科研项目与其晋升挂钩的状态，建立以实际贡献为指标的评价体系。还要建立智库成果报告制度，从而使智库成果更好地转化为解决教育问题的实际对策。另外，还要努力推行聘任制，探索建立与研究成果、实际贡献相联系的薪金制度，从而激发研究人员的研究积极性。❻李金钊以教育科研建设的视角，探究了如何建设一流教育智库的问题，他认为一流教育智库的建设需要增强教育战略规划服务意识、提升教育战略规划服务能力、处理好个人研究兴趣与国家战略之间的关系。❼陈燕和孙掌印认为，推进教育智库的高质量发展需要强化机构资源建设、重视专业人才培养、推进学科融合联动、关注

❶ 郝平. 加快新型教育智库建设　推进教育事业科学发展 [J]. 教育研究，2015，36（1）：4-9.

❷ 田慧生. 当前教育智库建设的形势、方向与思路 [J]. 中国教育学刊，2016（11）：1-6.

❸ 秦惠民. 社会转型中的中国新型教育智库建设 [J]. 教育研究，2015（4）：24-25.

❹ 庞丽娟. 我国新型教育智库若干重要问题的思考 [J]. 教育研究，2015，36（4）：4-8.

❺ 杨敏. 新型教育智库：特征、功能与建设策略 [J]. 当代教育论坛，2015（6）：22-28.

❻ 秦瑾若，秦德增. 中国特色新型教育智库建设探析 [J]. 广西民族大学学报（哲学社会科学版），2016，38（3）：174-178.

❼ 李金钊. 科研服务教育战略：以规划研制为例——兼谈一流基础教育智库的建设 [J]. 上海教育科研，2022（11）：20-25.

遴选热点议题、打造行业有机生态等举措，从源头上规划高质量、高效率和高规格的战略格局，细化战术策略，打造有机、多样、包容的教育智库"引擎"，促进各类型教育智库稳步发展。❶

二是构建信息共享平台。信息共享平台的建立有利于加强研究人员之间的交流和实现资源的共享，从而使教育智库能实现更好的发展。周洪宇指出，中国特色新型教育智库的建设必须注重研究方法和技术手段的创新，努力搭建信息共享平台，从而有效地为决策提供方法论指导。❷张力表示，教育智库建设可以尝试建立分享的资源平台，从而促进教育智库之间的合作与交流，最终达到提高教育智库服务质量的目的。❸毛会想建议搭建高校智库交流平台，他认为高校智库要加强与兄弟院校的交流，大量引进一些专业化的学者作为智库科研人员，努力构建一个开放性的高校教育智库。❹

三是加强问题导向研究。加强问题导向研究能提高研究成果的针对性，从而能更好地为决策咨询服务。庞丽娟认为，新型教育智库是为国家战略决策服务的，其研究必须瞄准国家面临的教育难点和热点问题，开展有针对性的研究；在准确定位目标的前提下，为国家教育决策部门提供切实可行的政策建议。❺郝平指出，教育智库要注重对教育改革中面临的实际问题展开研究，应强化问题导向，针对实际工作中的问题开展对策研究，从而更好地解决教育改革中遇到的问题。❻周洪宇认为，中国特色新型教育智库的建设应该具有问题意识，注重研究成果的转化，努力促成产学研一体化，从而更好地发展教育事业。❼翟博指出，中国特色新型教育智库的建设要有问题意识，其研究应以问题为导向。❽程功群和柴江认为，教育智库在服务"双减"上要以服务国家教育战略需求为导向，以研究、解决重大教育问题为重心，并在教育改革发展的大趋势中把握自身战略定位，为有效落实立德树人根本任务、促进教育高质量发展提供坚实保障。❾王轶珍等通过探索高校智库

❶ 陈燕，孙掌印. 深化教育智库评价研究 [N]. 中国社会科学报，2022-01-06（002）.

❷ 周洪宇. 创新体制机制，建设中国特色新型教育智库 [J]. 教育研究，2015，36（4）：8-10.

❸ 张力. 新型教育智库建设进入一个全新阶段 [J]. 教育研究，2015，36（4）：13-14.

❹ 毛会想. 中国特色新型教育智库建设存在的问题及对策 [J]. 西部素质教育，2016，2（18）：66.

❺ 庞丽娟. 我国新型教育智库若干重要问题的思考 [J]. 教育研究，2015，36（4）：4-8.

❻ 郝平. 新型教育智库建设要有新思维 [N]. 光明日报，2015-03-03（016）.

❼ 周洪宇. 创新体制机制，建设中国特色新型教育智库 [J]. 教育研究，2015，36（4）：8-10.

❽ 翟博. 中国特色新型教育智库建设要有新视野 [J]. 教育研究，2015，36（4）：21-24.

❾ 程功群，柴江. 教育智库服务"双减"的可为与能为 [N]. 中国社会科学报，2023-01-19（002）.

竞争力建设环境、动力、条件及风险等影响因素，构建了高校智库建设的理论模型，基于这一模型，该研究提出了高校教育智库竞争力建设需要营造良好的高校教育智库建设的环境，激发高校教育智库竞争力建设的内部动力，强化高校教育智库相关能力建设及降低高校教育智库竞争力建设的风险。❶

四是转变智库人员的思想观念，拓宽智库人员的视野。我国许多教育研究机构具备相应的物质基础，却无法称为真正意义上的教育智库，问题最终出在研究人员的视野上。因此，拓宽智库人员的视野很有必要。王建梁、郭万婷认为，教育智库转型的关键是创新教育智库的工作方式，转变智库人员的思想观念。❷周洪宇指出，我国智库研究人员与发达国家智库研究人员最大的差距是阅历不足，并指出我国教育智库研究人员应由重学历向重阅历和学历转变。❸同时他还认为，建设教育智库应秉持中国立场，坚持以人民为中心，自觉担当起新时代的责任和使命。新型教育智库建设不仅要摆脱陈旧观念、惯性思维的束缚，还要跳出西方智库发展模式和教育理论的桎梏，汲取中国传统文化的养分，创造性地凝练并提出新型教育智库建设的相关理论、方法、实践形态和话语体系。❹田慧生指出，教育智库建设的关键在于智库人才队伍的建设，不仅要完善人才招聘与引进制度，还要注重人才的激励机制。在人才招聘的环节，除了关注研究人员的学历外，还要注重研究人员的阅历及实践工作经验。在人才的奖励环节，要建立层次分明的激励机制，以充分调动研究人员的积极性。❺李开拓认为，建设新型教育智库的路径，应明确当前教育发展的困境及地方高校办学职能问题，针对这些问题，高校与地方教育智库应该转变观念，在机制重构、人才选用等方面通力合作，取长补短，打造新型教育智库共同体——校地智库联盟。❻郑代良认为，教育作为中国特色新型智库的重要专业型智库，其建设应基于国情民情基础上，借鉴国外教育智

❶ 王轶珍，王小元，张庆晓. 高校教育智库竞争力建设的影响因素及路径研究 [J]. 智库理论与实践，2022，7（3）：13-24.

❷ 王建梁，郭万婷. 我国教育智库建设：问题与对策 [J]. 教育发展研究，2014，34（9）：1-6.

❸ 周洪宇. 创新体制机制，建设中国特色新型教育智库 [J]. 教育研究，2015，36（4）：8-10.

❹ 周洪宇，付睿. 教育智库应有新作为 [N]. 中国社会科学报，2022-04-21（002）.

❺ 田慧生. 当前教育智库建设的形势、方向与思路 [J]. 中国教育学刊，2016（11）：1-6.

❻ 李开拓. 打造校地智库联盟：新型教育智库建设的新路径 [J]. 北华大学学报（社会科学版），2022，23（3）：145-149，156.

库发展经验，切实发挥出党在教育理念构建和国家教育战略推行实践中的指导作用。❶

（五）关于教育智库的国际比较研究

国内学者基于国际比较的视角，对发达国家的教育智库进行了大量研究。谷贤林、邢欢对美国教育智库的类型、特点与功能进行了较为系统的分析，认为美国从事教育研究的智库大致可分为关注教育问题的综合性智库、专门进行教育政策研究的智库和由高等学校结成的教育政策研究机构或政策联合体三类，具有提出或确立政策议题与方案、提供政策交流的平台、引导公共舆论、影响教育政策的制定的功能。❷刘彦林通过中美教育智库的结构、影响和功能之间的比较，发现中国教育智库总体上与美国教育智库之间存在一定差距，为此，中国教育智库需要增强人员多样性，培育具有教育专长的综合智库，增强教育智库社会影响力和舆论影响力，完善教育智库参与政策制定的体制机制，提高教育智库服务于教育政策全过程的能力。❸袁本涛、陈东运用"理性选择制度主义"理论对英国教育智库的运行模式与发展机制进行了剖析，认为英国教育智库行动舞台上活跃着政府与教师、高校与企业、教育智库与教育资助基金会等多个教育研究的提供方和需求方；英国教育智库具有强化转化研究知识并应用于政策领域的联结功能，通过目标管理受众群体、建设政策网络、推销宣传，扩大其政策影响力；进入和退出、信息、偿付三项规则和政治背景是影响英国教育智库行动舞台结构的主要因素；高校–智库–政府模型是推动英国教育政策改革创新的核心动力机制。❹曾天山等研究了澳大利亚、新西兰两国国家教育智库及其服务政府决策情况，认为两国教育智库对教育发展的影响表现在：构建基于标准的质量框架；促进多元文化融合教育的发展，提高教育竞争力及全方位影响政府教育决策等。❺吴轶以日本国立教育政策研究所为例，探讨了日本教育智库的历史、现状与特点，认为

❶ 郑代良. 促进教育智库高质量发展 [N]. 中国社会科学报，2023-04-06（002）.

❷ 谷贤林，邢欢. 美国教育智库的类型、特点与功能 [J]. 比较教育研究，2014，36（12）：1-6.

❸ 刘彦林. 我国教育智库建设：结构、影响与功能——中美教育智库对比的视角 [J]. 智库理论与实践，2020，5（1）：59-68.

❹ 袁本涛，陈东. 基于理性选择制度主义的英国教育智库研究 [J]. 清华大学教育研究，2017，38（3）：85-90.

❺ 曾天山，王小飞，吴霓. 澳新两国国家教育智库及其服务政府决策研究——澳大利亚、新西兰教育科研考察报告 [J]. 比较教育研究，2013，35（8）：35-40，53.

日本国立教育政策研究所的研究问题从国际视野出发，采用实证的研究方法，以及重视与教育决策者及教育现场的沟通与交流的经验对我国教育智库的发展具有一定借鉴意义。❶黄巨臣基于组织分析的视角，探索了日本教育审议会的发展经验。作者认为，作为日本重要的教育智库，日本教育审议会具有反映教育问题与表达利益诉求、提供教育政策制定的思路与建议、传播与解读教育研究前沿成果的功能，同时构建了"准入—参与、引导—监督、惩戒—激励"立体式的智库运行管理机制，形成了组织身份独立性与自主性、组织人员多元性与平等性、组织结构体系化与扁平化等鲜明特征，其发展经验为我国教育智库的建设提供了可鉴经验。❷王怡仙、尚怡潇则通过研究"一带一路"倡议下中外高等教育合作的问题，认为以"一带一路"为契机加强中外高等教育合作，不仅拓展了广阔的合作空间、推动了跨境交流实践的持续发展、持续完善了智库联盟的发展，而且对优化新型智库建设、助力合作成果的渠道交流上具有十分重要的意义。❸

三、相关研究述评

综合国内外关于教育智库的相关研究来看，随着各国对教育智库的日益重视，学者们对"教育智库"这个主题的研究也在逐层深入。这些研究成果为中国特色新型教育智库建设提供了坚实的理论依据。总体而言，学者们的研究具有三方面特点：一是学者们的研究从教育智库的现状到存在的问题再到教育智库的建设方法，研究层次在逐步深入；二是研究从教育智库建设的体制机制到探讨研究人员的培养，学者们的视野在逐步拓展；三是从国内外学者对教育智库内涵定位、现实问题、建设策略等方面的多元化观点来看，教育智库需要多角度跨学科的长期研究。需要引起关注的是，从 2020 年开始，包括教育智库研究在内的"智库热"正在显著"降温"。这和政策实施后的效力衰减有一定关系，也和智库自身发展及作用发挥有一定关系。

与国外相比，我国的教育智库建设和研究虽然起步晚，但随着中国特色新型智库建设的勃兴，教育智库研究也呈现出欣欣向荣之势。近年来，关于

---

❶ 吴轶. 日本教育智库：历史、现状、特点——以日本国立教育政策研究所为中心 [J]. 外国中小学教育，2017，（5）：73，74-80.

❷ 黄巨臣. 日本教育审议会作为智库的经验与启示——基于组织分析的视角 [J]. 大连理工大学学报（社会科学版），2022，43（2）：115-122.

❸ 王怡仙，尚怡潇. "一带一路"倡议下中外高等教育合作路径探赜[J]. 教育理论与实践，2022，42（12）：3-7.

我国教育智库的研究有了很大的进展，但仍存在一些不足之处：一是教育智库研究停留在概念探究层面的较多，对教育智库的运作机制、经营实践、治理模式等实操层面的问题关注相对较少。二是教育智库研究多从宏观层面展开，中国特色新型教育智库"是什么""为什么"，学术色彩较重，对"怎么建"的问题探究较少，研究存在同质化、泛化和浅表化现象。三是对国外教育智库的研究尚处于"引进来"阶段，对于如何将国外教育智库建设经验与中国特色新型教育智库建设实际结合起来，以及如何推动中国教育智库理论"走出去"研究得较少。四是对于教育智库发展的问题与对策有一些研究成果，但从宏观层面、战略层面开展新时代教育智库发展规划的研究并不多见。

因此，教育智库建设研究还需要从以下方面努力，使研究更加深入与完善：一是坚持问题导向，加强教育智库实证研究。教育智库研究不能仅局限于理论阐述和现状描述，还应当突出问题意识，强化问题驱动，聚焦我国智库发展当下的现实矛盾，加强基于数据、证据的实证性研究，更关注基于真实数据的定量分析、直面研究对象的调查统计分析、深入教育教学实践一线的案例观察总结和基于问题导向的实操性对策措施等。二是立足本土特色，以现有理论和国外教育智库成功案例为依据，建构符合现实需要的教育智库理论。一方面，要了解真实的教育智库建设与研究现状，为理论建构奠定基础。同时，借助智库理论、系统方法、模型分析等相关理论工具，为分析资料提供理论依据和分析框架。另一方面，要以国际视角和辩证思维，在参考国内外教育智库成功案例的同时，结合我国社会环境、教育传统、思维方式等背景条件，分析与我国实际情况的适用程度以及如何进行本土化改造等。三是创新研究方法，开拓教育智库建设研究的多元路径。教育智库研究是一个复杂的过程，需要突破学科、行业、区域壁垒，以一种更具包容性的方式进行，建立跨学科的研究平台开展团队科研。同时，积极运用个案研究法或行动研究法，加强对教育智库发展的深度研究。

第四节　研究的主要内容、思路及方法

一、研究的主要内容

本研究在深入学习党和国家领导人关于智库建设的新思想新方略、党中央关于中国特色新型智库建设的重要精神，以及教育部对教育智库建设的新要求基础上，综合运用理论研究、实证研究、案例研究、比较研究等方法，开展新时代教育智库发展规划研究。

从战略规划研究的角度，本书框架主要包括以下九章：第一章，绪论部分，主要交代研究的选题背景、研究意义和价值、核心概念及进行文献综述，提出研究内容、研究思路和研究方法；第二章，主要研究教育智库与战略规划的内涵和外延，并探讨战略规划对教育智库发展的重要意义；第三章，深入研究战略规划的理论基础，包括战略规划的重要价值、基本内涵与特点、主要范式和类型及实践进路等；第四章，主要是从理论层面加强对教育智库特别是一流国家教育智库发展现状，以及成绩和经验的提炼与总结；第五章，在调查研究的基础上，全面梳理新时代教育智库存在的问题和面临的挑战，并提出教育智库发展的思考；第六章，主要研究美国、俄罗斯、日本、韩国等一流教育智库的基本情况和科研战略重点，提出对我国教育智库发展规划可以借鉴的有益经验、做法；第七章，主要是通过实证调查，分析新时代教育智库"十三五"时期发展规划的情况及对"十四五"发展规划的预期；第八章，在文献研究、调查研究和工作经验的基础上，从实操层面提出如何科学编制教育智库中长期发展规划；第九章，在对智库研究及国家重要宏观教育政策整体把握基础上，深入探讨新时代教育智库未来发展的战略方向。

对于研究主要内容的选取，既有研究新时代教育智库战略规划的需要，也有教育智库研究的长期积累和积淀，主要包括以下六个方面。

一是系统学习研究习近平新时代中国特色社会主义思想特别是习近平总书记关于教育的重要论述、《中国教育现代化2035》和《"十四五"教育发展规划》有关精神；全面梳理中央和教育部对创新驱动发展战略、教育强国建设、教育智库建设、教育科研工作等提出的一系列新要求新举措，研究新时代教育智库发展的指导思想和发展思路。

二是深入研究新时代教育智库取得的成就经验及存在的问题困难，立足于新时代教育智库战略规划，系统研究和梳理我国教育智库取得的成绩、发展经验，并有机融合到未来教育智库发展规划中去，进一步继承和弘扬教育智库建设的优秀传统，丰富中国特色社会主义教育智库建设的历史积淀和文化内涵。

三是通过座谈、问卷调查等方式，深入开展对教育部有关司局、国内各地教育部门和不同群体、教育科研战线等各方利益相关者的调研，充分了解对新时代教育智库的新期待新诉求，进一步明确新时代教育智库的发展方向。

四是系统研究梳理国外智库特别是一流教育智库的基本情况，了解国外一流教育智库当前和今后一段时间的战略重点方向，为新时代教育智库加强科研治理模式创新，更好服务国家教育高质量发展和教育强国建设提供有益的借鉴参照。

五是根据政策精神和相关调研研究成果，研究新时代教育智库战略规划的指导思想、总体任务、发展思路、重要任务、改革举措和组织保障，为推进我国教育治理体系和治理能力现代化、促进我国新时代教育智库高质量发展提供实操建议。

六是面向"十五五"时期的形势与挑战，探讨我国新时代教育智库的科研战略发展方向与科学研究的新赛道。

二、研究思路和方法

（一）研究思路

本研究属于基础性、综合性和应用型研究。新时代教育智库发展规划的研究思路主要有以下五个方面。

一是坚持以习近平新时代中国特色社会主义思想特别是习近平总书记关于教育的重要论述为指导。立足新时代教育发展的宏观全局，用系统思维和全局意识深刻认识加快推进教育智库建设的重大战略意义，提出新时代教育智库发展的战略目标、发展思路、重点任务、改革举措和组织保障等。

二是坚持实事求是，一切从实际出发。深入分析研究新时代我国经济社会形势，特别是教育发展出现的新情况新挑战，全面评估新时代教育智库建设的成绩与经验，以及发展过程中存在的问题与不足，增强新时代教育智库战略规划的前瞻性与科学性。

三是坚持继承发展与改革创新相结合。在继承发展的基础上进行战略目标的确立、战略任务的设定、战略举措的建立，并通过改革创新的目标、任务和举措推动教育智库高质量发展。

四是坚持集中研究与广集众智全员参与相结合。战略规划的研制，需要核心团队及专家学者的集中研究。在推动战略规划出台的过程中，需要发动智库利益相关者参与规划研制过程，切实提高战略规划的科学性和有效性。

五是坚持目标导向、问题导向和效果导向相结合。目标导向和问题导向是战略规划研制最重要的两个维度。要根据国家、所在区域教育发展战略要求，明确教育智库发展的总体目标及需要着力破解的难题。同时，要研究关键问题，找准问题症结，在发展规划中有针对性地提出改进策略和方法，达到预设的战略目标和发展预期。

（二）研究方法

一是文献研究法。通过政策系统梳理，明确政策要求。通过中国知网等文献数据平台，对教育智库的理论研究进行综述，厘清智库特别是教育智库的有关概念的内涵和外延；同时，对战略规划的有关文献进行梳理，明确战略规划的意义、类型和路径等。

二是案例研究法。本研究在把握教育智库发展共性规律和基本理论的前提下，主要以国家、省（自治区、直辖市）主管的地方教科院等作为主要研究对象，同时结合高校教育智库和民间教育智库，分析新时代教育智库取得的成绩、存在不足和未来挑战，研究新时代中国教育智库战略规划。

三是调查研究法。结合有关的调查问卷和访谈提纲，对中国教育智库发展现状、存在问题及挑战、未来发展思路、发展需求等内容进行研究。同时，开展对教育部有关司局、国内各地教育部门不同群体、教育科研战线的调查研究，充分把握不同利益相关者对新时代教育智库的新期待新诉求。此外，重点就教育智库发展规划研制进行了问卷调查，了解教育智库人员对发展规划的评价和预期。

四是比较研究法。对美国、俄罗斯、日本、韩国等世界一流教育智库的基本情况与科研战略重点进行了研究，梳理总结国外教育智库发展的成功经验和先进做法；在此基础上，提出对我国新时代教育智库发展的启示。

五是行动研究法。本项目是为研制笔者所在教育智库的"十四五"发展规划而设，同时课题组还参与了多项国家、教育部层面的教育智库政策与文件的研究。此外，还提出了科学编制教育智库发展规划的实操建议。面向未来，这项研究还将为"十五五"教育智库规划的研制提供参考。

第五节　小　结

本章开篇交代了研究的缘起，即"为何开展这样一项研究"，总体上，这是一项基于工作需求的研究，是用科研的方式来开展行政工作。但更重要的是，开展新时代教育智库发展规划研究，既是对过去教育智库发展的总结，更是对未来教育智库发展的观照。本章立足于当前的教育背景和形势，分析了这项研究的重要意义和价值。在此基础上，对于本项目的核心概念"教育智库""发展规划"做了界定。此外，结合学术界对"教育智库"主题的有关研究，重点从国内外两个维度，进行了文献梳理和综述，提出教育智库研究的生长点和可能的创新点，其中，本项目开展的教育智库发展规划研究，即是其中亟须开展研究的重要领域。最后，对本项目的研究内容、思路和方法进行了比较详细的介绍。

第二章　教育智库与发展规划

对核心概念、重要关系的界定是科学研究的基础。本项目的研究对象是新时代教育智库发展规划。本章在文献研究的基础上，厘清 "智库""教育智库""战略规划"的基本内涵、外延和特点，阐述发展规划对于新时代教育智库发展的重要价值和意义。

第一节　智库的内涵和外延

一、智库的内涵

智库，通常称为"思想库""智囊团"，主要功能是在深入开展专业研究的基础上，通过研究咨询报告等形式，提供有关的理论、判断、数据等知识内容，供政府部门或利益相关方作重要决策时参考。它主要是为政府决策部门提供专业服务，但也为第三方组织或利益集团服务。智库不同于一般的政府部门或社会组织，除了常规的组织共性外，还具有专业性、思想性、独立性、开放性等特点。

从一定意义上来说，智库就是从事思想、知识和技术等业务研究，提供决策咨询的个人、群体、组织或机构，为客户对象提供相关的智力产品或服务。可以说，"广义上的智库涉及的业务领域、专业研究和服务对象范围非常广泛，所提供的产品和服务类型多样。从史前时期部落氏族群体中的智者尊者，到春秋战国时期的门客谋士，再到当代国际知名的智库组织——兰德公司、布鲁金斯学会等都属于广义上的智库类型"❶。按照世界著名智库组织兰德公司创始人弗兰克·科尔博莫对智库的定义，"智库就是一个思想工厂，一个没有学生的大学，一个有着明确目标和坚定追求，无拘无束、异想天开的

---

❶ 王厚全. 智库演化论［D］. 北京：中共中央党校，2016.

'头脑风暴中心'；一个敢于超越一切现有智慧、敢于挑战和蔑视现有权威的'战略思想中心'"❶。智库，顾名思义也可以称为"智者集聚之地"，"它是一种特殊的生产知识和思想的组织。因此，创新主义、创新理念、创新思想是思想库最重要的产出"❷。归纳来说，古代及近现代智库主要包括单独的个体（如古代的门客、幕僚、谋士、智者、军师）和决策群体组织（如知名决策辅助机构、研究院所、大学智库和企业型智库、民间智库）。❸可以说，"智库是所有能够提供知识、思想产品及服务的主体的统称，涉及的领域、范围十分广泛，不局限于组织群体的数量规模、服务对象和资金实力等方面"❹。

　　实际上，智库概念界定中的一些属性本身存在问题，涉及不同的研究方面，不同的学者对此都进行了较为宽泛的研究，尤其是国别之间对智库的认识有着不一样的见解和观点。有些学者研究国别智库的意识形态不是很明晰，这会对智库研究者所得出的结论产生较大影响。有的学者研究认为智库是独立于政府之外的社会组织，具有相对的独立性和非营利性。这主要是研究国外智库（特别是美国智库）发展所得出的结论，美国智库具有很强的特殊性，美国国内政治环境和市场需求为美国智库相对自由地发展提供了便利条件，减少对政府组织和政府资金的依赖，能够在社会市场中更加突出自身的地位和价值。这些环境因素与广大发展中国家存在较大差异，这将对智库研究方法、研究过程和研究结论产生较大影响。❺因此，对智库的定义要充分考虑国别因素、意识形态因素、经济因素、政治因素和研究方法因素，既要注重智库的运作功能，还要兼顾智库的本质特征。❻在这样一种语境下，智库是根据各国社会政治环境所建立的知识思想生产机构、决策咨询机构和政策服务机构，用来协调处理公共关系和公共政策。

❶ 李凌，等. 智库产业——演化机理与发展趋势 [M]. 北京：生活·读书·新知三联书店，2012：1-2.

❷ 胡鞍钢. 中国特色新型智库：胡鞍钢的观点 [M]. 北京：北京大学出版社，2014：44.

❸ 王厚全. 智库演化论 [D]. 北京：中共中央党校，2016.

❹ 王厚全. 智库演化论 [D]. 北京：中共中央党校，2016.

❺ 王辉耀，苗绿. 智库可以在公共外交中发挥更大作用 [J]. 公共外交季刊，2023（2）：35-42，133.

❻ 裴瑞敏，杨国梁，潘教峰. 智库型组织的发展逻辑：内涵功能、演进动力与研究特征 [J]. 科研管理，2022，43（10）：1-11.

综合来看，在本研究中，智库是指为政府公共政策决策提供专业知识、开展政策研究与咨询的专门科研机构。

二、智库的外延

智库由来已久，在古代虽然没有"智库"这一名称，但是实际上许多机构都有类似的功能，如我国古代的军师、幕僚、谋士、谏臣等，都有建言献策的职责。到了近代，随着社会专业化的推进，特别是随着决策科学化民主化的进程加快，越来越需要更多的专业机构为经济社会等各个领域的发展提供专业的发展建言，从而推动经济社会的科学发展。

从全球来看，现代意义上的智库产生，一定是知识生产专业化、服务对象特定化发展到一定程度的结果。"智库"一词诞生于 20 世纪初的美国。美国宾夕法尼亚大学的詹姆斯·麦甘认为，1916 年成立的政府研究所（布鲁金斯学会的前身）才是智库的最早起源，学术界普遍认可智库起源于 20 世纪初的观点。进入 20 世纪 70 年代特别是 80 年以来，伴随着新公共管理理论的兴起，美国智库实现了突飞猛进的发展。根据美国宾夕法尼亚大学 2021 年发布的《2020 年度全球智库报告》的统计，到 2020 年全球各类比较活跃的智库已达 11175 家。美国在第二次世界大战前只有布鲁金斯学会、胡佛研究所等 20 多家智库，到 2020 年智库的数量已增至 2203 家，其次是中国 1413 家，印度 612 家，英国 515 家，韩国 412 家。美国的智库在数量上具有压倒性的优势。❶总体上看，智库的数量和质量，和一个国家的经济社会发展水平有密切的关系，是国家治理体系和治理能力现代化的重要体现。

在我国，党和国家非常重视智库的建设和发展。新中国成立以后，我国政府部门的许多机构，其实就扮演着智库的角色。1949 年 11 月，当时的政务院（现在的国务院）成立参事室，这是中国官方设立的首个决策咨询机构。同月，中国科学院成立，这是新中国最为庞大的现代智库。之后，我国的政府隶属的智库体系相继成立，如 1955 年成立中国科学院哲学社会科学部，1977 年 5 月，在中国科学院哲学社会科学部基础上，正式组建中国社会科学研究院，这是党中央、国务院最重要的思想库和智囊团。各地的社会科学院，各部门的政策研究室相继成立，都为我国经济社会发展提供了许多对策建议，推动了各项事业的科学发展。改革开放后，许多高

---

❶ 王辉耀，苗绿. 大国智库 2.0 [M]. 北京：人民出版社，2023：3，8.

校积极服务国家发展，探索成立高校智库，如北京大学中国经济研究中心（1994 年）、中国科学院—清华大学国情研究中心（2000 年）等；此外，随着思想的解放，这个时期还出现一批民间智库，如综合开发研究院（中国·深圳）（1989 年）、零点研究咨询集团（1992 年）等。中国现代意义上的智库体系逐步成型。中国智库相较于西方智库而言，在功能和体系建设上有着很大的不同，主要体现为中国智库建设切合中国实际，体现中国风格、中国特色，具体体现在：一是强调坚持党的领导，坚持中国特色社会主义理论指导；二是以服务决策为导向，紧紧围绕党和政府决策急需的重大课题；三是官方智库贴近决策层，具有明显的制度优势；四是社会智库运行机制灵活。❶

　　进入新时代，智库的重要作用进一步彰显。党的十八大报告明确提出"发挥思想库作用"。2013 年 4 月，习近平总书记专门就建设"中国特色新型智库"作出重要批示，从国家战略层面把智库视为国家软实力的重要组成部分。党的十八届三中全会通过的《中共中央关于全面深化改革若干重大问题的决定》明确提出，要"加强中国特色新型智库建设，建立健全决策咨询制度"。2015 年中共中央办公厅、国务院办公厅印发《关于加强中国特色新型智库建设的若干意见》，我国智库建设迎来了前所未有的快速发展时期。党的十九大报告再次强调"加强中国特色新型智库建设"。截至 2020 年，窄口径统计我国智库已有 3000 多家，宽口径统计各类智库型机构达 3 万家之多。❷由于统计口径的不一致，中国智库获得国际认可的只有 1413 家，还有很大部分智库没有得到国际同行的认可。在已有的中国智库中，其中的塔尖是我国重点打造的国家高端智库，截至目前共有两批 29 家高端智库入选国家高端智库建设试点名单（表 2.1），其中首批在 2015 年 12 月选出共 25 家，后因国家机构改革缩减为 24 家；第二批是在 2020 年 3 月公布的共有 5 家。国家高端智库项目的推进，对新时代智库建设具有积极的示范作用，有力地促进了我国智库事业的高质量发展，中国智库发展进入了历史上最好的黄金时期。

---

❶ 崔树义. 新型智库建设：理论与实践 [M]. 北京：人民出版社，2015：1-2.

❷ 洪晓文. 中国特色智库怎么建？多位高端智库"掌门人"给出答案 [EB/OL]. （2023-11-17）[2023-12-30]. https://www.163.com/dy/article/IJPCCHL205199NPP.html.

表 2.1　国家高端智库建设试点单位

所属类型	智库名称（第一批试点，24 家）	智库名称（第二批试点，5 家）
党中央、国务院、中央军委直属的综合性研究机构及部委所属智库	国务院发展研究中心 中国社会科学院 中国科学院 中国工程院 中共中央党校（国家行政学院） 中央编译局 新华社 军事科学院 国防大学 国家发改委宏观经济研究院 商务部国际贸易经济合作研究院	外交部的中国国际问题研究院 财政部的中国财政科学研究院 科技部的中国科学技术发展战略研究院
依托高校和科研机构形成的专业性智库	中国社会科学院国家金融与发展实验室 中国社会科学院国家全球战略智库 中国现代国际关系研究院 北京大学国家发展研究院 清华大学国情研究院 中国人民大学国家发展与战略研究院 复旦大学中国研究院 武汉大学国际法研究所 中山大学粤港澳发展研究院 上海社会科学院	北京师范大学中国教育与社会发展研究院 浙江大学区域协调发展研究中心
国企所属专业性研究机构	中国石油经济技术研究院	
社会智库	中国国际经济交流中心 综合开发研究院（中国·深圳）	

注：根据有关资料整理。

　　尽管我国教育智库实现了快速发展，但外界对于智库的认识总体上是狭隘的，更多地认为智库只是服务于决策，是政府主管部门的"外脑"；甚至智库工作的人员，对于智库也未必有正确的认识。事实上，智库不仅是决策咨询成果的孵化器，还是不同利益主体交流互动的平台，是政府和社会有效沟通的纽带，是撬动国际竞争格局的杠杆，是启发社会民智的思想源，是聚贤荐才的集散地（"旋转门"），是哲学社会科学尤其是政策科学繁荣的推进器。❶这些功能的实现，相比一般的高校学者，对于智库领导和科研人员，特别是在复合能力和素养上提出了更高的能力要求。从某种程度上来说，智库选择

---

❶ 张伟. 新型智库基本问题研究［M］. 北京：中共中央党校出版社，2017：29.

不能拘泥于纯理论和单一学术化的研究，而必须有更强的现实问题导向和多元知识背景，研究内容往往随着现实需求的不同而发生变化。优秀的智库学者需要有出众的综合能力，必须是全能选手，而不一定是单项冠军。❶

三、智库的类型

根据不同的分类方式，智库可以分成不同的类型。美国著名智库学者詹姆斯·麦甘根据战略规划和资金来源，提出七种类型的智库：资助和独立型、半独立型、附属于大学型、附属于政党型、附属于政府型、半政府型、营利型。❷随着智库的发展，詹姆斯·麦甘在之前智库分类基础上，认为美国所有公共政策研究组织可以宽泛地分为三种类型的智库：学术型、合约型和游说型，此外还有政党型。❸这些不同类型的智库在人员配备、资金筹措、议程设定、产品及其类型等方面存在一定的差异。

在我国，由于国家体制的不同，特别是智库真正发展的时间相对较短，智库的分类相对来说要简单一些。根据智库归属来看，主要包括政府部门隶属的智库、高校智库和第三方民间智库机构。

（一）政府部门隶属的智库

政府部门隶属的智库，主要是指作为政府部门事业单位的专门研究机构，这是我国智库最重要的组成部分。在我国，国家层面的高端智库有国务院发展研究中心、中国社会科学院、中国科学院、中国工程院、中共中央党校、中央编译局、新华社、军事科学院和国防大学等。其中，成立于 1985 年的国务院发展研究中心，作为党中央和国务院重要的政策研究与咨询机构，2011年提出加强一流智库建设目标，并制定实施方案和五年建设规划；2015 年12 月入选首批 25 家国家高端智库试点单位之一，素有中国"第一智库"之称。❹国家各个部委一般都有附属的科研机构，如附属财政部的中国财政科学研究院、附属农业农村部的中国农业科学研究院、附属教育部的中国教育科学研究院等。目前在部委所属的智库中，国家发改委宏观经济研究院、商务部国际贸易经济合作研究院、外交部的中国国际问题研究院、财政部的中国

❶ 王文. 思想坦克：中国智库的过去、现状与未来［M］. 北京：商务印书馆，2023：37-38.
❷ 詹姆斯·麦甘. 第五阶层：智库·公共政策·治理［M］. 北京：中国青年出版社，2018：12.
❸ 詹姆斯·麦甘. 第五阶层：智库·公共政策·治理［M］. 北京：中国青年出版社，2018：15.
❹ 上海社会科学院智库研究中心. 思想的力量：中国智库案例集萃［M］. 上海：上海人民出版社，2019：3.

财政科学研究院、科技部的中国科学技术发展战略研究院 5 家智库先后进入国家高端智库。各个地方和国家保持一致，都有相应的发展研究中心、社科院等，都是服务于政府决策的智库机构。其中，上海社会科学院是国内最早提出建设"国内一流、国际知名的社会主义新智库"目标的科研机构，成立时间之早、学科分布之全、学术资源之多、学研视野之广堪称地方社科院之最。❶隶属于政府部门的智库，因为其官方背景，所以在服务决策中具有得天独厚的优势，以及拥有相对稳定的经费投入、人员编制等。这类智库一般来说成立时间都比较长，并且长期服务所属的行政部门，总体上来说代表了我国智库的最高水准。

（二）高校智库

高校智库是我国智库的重要组成部分，主要依托大学相关的科研机构建设而成，如北京大学国家发展研究院、清华大学国情研究院、中国人民大学国家发展与战略研究院、复旦大学中国研究院、武汉大学国际法研究所、中山大学粤港澳发展研究院、北京师范大学中国教育政策研究院、北京大学中国教育财政科学研究所、清华大学教育战略决策与国家规划研究中心、中国人民大学教育发展与公共政策研究中心。和一般院系不同的是，其既属于高校的一部分，又保持着相对的独立性。主要的职能是从事科学研究，以服务政府决策。作为高校设立的开展教育政策与理论研究的专门机构，其经费主要来源于学校内部拨款、课题经费、社会捐助等，相对于政府部门隶属的智库来说，具有人才资源集中、学术氛围浓厚、学科门类齐全及开展跨学科研究等优势。高校智库有些是自设的，也有一些是和政府或其他机构部门共建的。相对来说，高校智库拥有比较完备的学科基础理论知识，智库负责人由高校领导担任或兼任的话，通常还可以调动院系的力量开展跨学科研究。同时，相比一般智库，高校拥有大量的在读研究生，有更多可用的智库后备力量加入研究中来。此外，高校智库也正因为其身份介于高校和智库之间，总体上还是类似于大学的松散型科研组织架构，任务要求并不是很高，同时在研究议题、工作任务、研究方式等方面相对灵活，高校智库研究人员拥有更多的研究选择空间。

❶ 上海社会科学院智库研究中心. 思想的力量：中国智库案例集萃［M］. 上海：上海人民出版社，2019：9.

（三）民间智库

民间智库通常可认为是社会智库，是指由境内社会力量举办，以战略问题和公共政策为主要研究对象的智库。它们以社会团体、社会服务机构、基金会等组织形式存在，一般具有法人资格，大都在民政部门注册成立，是中国特色新型智库的重要组成部分。由于其体制的灵活性，这类机构一般也吸收了许多专业研究人员，特别是邀请有名望的政府官员和学术界专家退休后加入。相比政府部门智库和高校智库，民间智库最大的特点就在于其运作机制、研究选题的灵活性；同时，民间智库善于借助媒体等力量，在媒体的影响力和传播力方面，甚至比政府部门智库、高校智库都善于发声和造势。有些著名的民间智库，还能获得企业的资源。相比来说，这类智库更懂得并善于借助市场的力量，在社会上赢得发展的一席之地。比如，中国国际经济交流中心（China Center for International Economic Exchanges，CCIEE）就是民间智库中的佼佼者，它成立于2009年3月，是经民政部批复成立的社团组织，主管部门为国家发展和改革委员会。2015年年底，该中心入选首批国家高端智库建设试点单位。❶民间智库的出现体现了我国公共政策制定的专业化和多元化。随着我国经济社会的快速发展，民间智库越来越成为中国特色新型智库不可或缺的重要组成部分。

四、智库的特点

作为为政府公共决策提供专业知识和咨询服务的智库机构，不管是何种类型的智库，承担怎样的职能，发挥怎样的作用，通常来说，其主要具有专业性、思想性、独立性、开放性等特点。

（一）专业性

智库是为政府部门提供决策服务的专门科研机构，专业性是智库的基本要求。特别对于学术型的智库来说，还具有知识生产、理论创新的重要职能，专业性更是其立身之本。因为只有深耕研究，加强基础性、储备性的研究，才能产出高水平的智库成果，而且更重要的是，因为其专业性，才能够为政府决策部门所倚重，才能够为社会所信服。不管对于何种类型智库来说，在开展有关的智库工作中，都理应表现得更加专业，而不是仅完成政府部门出

---

❶ 中国国际经济交流中心简介［EB/OL］．［2023-10-30］．https://www.cciee.org.cn/leader.aspx?clmId=18.

的"命题作文",或只是简单作阐释类的政策解读。只有通过专业研究,为政策出台提供理论基础和数据支撑,提供前瞻性的观点和发展趋势的预判研判,才能真正发挥好智库应有的作用。

（二）思想性

智库又被称为"思想库",智库最大的影响在于产生"新思想"。从政府部门或社会的预期来看,智库的研究人员应该产生深刻的思想,从而对相应领域的发展提供引领或启示。只有深刻的思想洞察,才能够透过现象看本质,对问题看得高远、看得透彻。智库研究人员对于社会公共事务的看法,不能和社会上大众所持有的基本常识相等同。从一定程度上来说,智库研究人员还要发挥"启民智"的作用。研究人员通过电视、网络、报刊、新媒体等平台发表观点和专业文章,很重要的一点就是传递价值和传播思想。应该说,智库成果是否能够称得上高质量成果,就要看成果对于政府还是民众来说,其思想是否具有启发性,对于相关问题是否提供了行之有效的解决方案,如此才能够彰显出智库作为"思想库"的价值。

（三）独立性

独立性是智库开展公共政策研究和服务决策的基本要求,甚至是先决条件。西方许多智库专家把独立性放在了智库中非常重要的位置。因为只有独立地开展研究,而不受任何政党、利益阶层的影响,才能够提供真正客观的、高质量的智库成果。事实上,对于任何智库包括西方国家的智库机构来说,独立性只是相对的,很难说智库可以做到绝对的独立,而不受利益相关者的影响。对于智库来说,无论是哪种类型的智库,保持其独立性,必然是更好地服务决策和参与公共咨询的前提。为政策开展阐释性、服务性的工作,虽然也有必要,但若只是抱有尾随心态,就很难出新思想,特别是难以产出具有前瞻性的研究成果,致使智库的作用也将大打折扣。长远来看,这甚至会影响智库的生存和发展。

（四）开放性

相对于一般的政府机关或社会组织来说,绝大多数智库的一个非常重要的特征,就在于其开放性。智库研究人员不能只是开展纯理论研究,他们的研究成果必须能够准确地把握时代和社会的需求,了解一线的实际情况,同时还要非常熟悉政策,这就要求智库学者经常关注时事政治,甚至和政府人员、社会机构等多方利益主体进行经常性的深入交流,获得一手的资料,进而转化为高水平的智库成果。此外，智库成果的推广，还必须借助政府、媒体、出版等各个不同层面的资源或平台，开展必要的学术会议和国际交流，发布最新的研究成果和学术观点，这样才能够最大限度发挥智库成果的作用，进而提升智库的社会影响力和国际影响力。

第二节　新时代教育智库

智库根据其职能职责范畴，有专业智库，也有综合智库。专业智库一般集中于某一具体行业或研究领域，而综合智库相对来说涉及多行业、多领域、多学科。因此，在智库体系中，教育智库属于专业智库。那么，什么是教育智库呢？它包括哪些功能？新时代教育智库应该具有怎样的特点？这些都是需要厘清的核心概念和基本问题。

一、何谓教育智库

教育智库是以服务国家战略需求和教育公共决策为导向，以中央关心、群众关切、社会关注的重大教育问题为重点，以开展前瞻性、引领性、创新性教育政策研究为重任的专门研究机构。教育智库的发展与我国智库发展基本同步，教育话题始终是诸多综合性智库研究的重要议题。作为专业智库，教育智库是中国特色新型智库建设的重要组成部分，是促进教育决策科学化、民主化的有力支撑，是推进教育治理体系和治理能力现代化的重要抓手，是加快推进教育现代化、建设教育强国、办好人民满意的教育的必然要求。作为以教育公共政策为研究对象的专业机构，教育智库对于国家和区域教育发展具有重要的支撑、驱动和引领作用。

中国共产党历来重视教育科学研究，把教育科学研究作为党的理论建设的组成部分和教育事业发展的基础性工作。我国很早以前就成立了教育科学研究机构，如中国教育科学研究院的前身就是中国共产党于 1941 年在延安建立的中央研究院中国教育研究室。虽然其实际存在的时间不长，却是中国共产党领导的第一个专门教育科研机构，为新中国成立后 1957 年成立中央教育科学研究所奠定了基础。1978 年，国务院批准恢复重建中央教育科学研究所；2011 年更名为中国教育科学研究院；2021 年与教育部教育发展研究中心（1986 年国务院批准成立）整合组建为新的中国教育科学研究院。❶在我国教育智库体系中，中国教育科学研究院隶属于教育部，属于教育智库中的头部智库，通过课题规划、成果发表出版等方式，引领全国教育科研战线发展。

相比于其他智库，教育智库主要是以教育领域的公共政策为研究对象。由于教育本身的重要影响，涉及面和影响面都较广，因此教育智库的数量及其影响，在所有行业领域中，总体上仅次于经济、政治等社会智库。在许多综合类的排名中，教育智库的综合实力和影响力也都名列前茅。这从侧面也说明了教育智库在智库体系中的重要地位。同时，在许多综合类智库中，教育也是非常重要的研究领域。

随着社会治理科学化、民主化进程的推进，政府部门对于教育议题，特别是涉及国家教育中长期发展规划，涉及社会普遍关注的教育公平、教育质量，以及教育投入和资源分配等问题，越来越需要专业的智库机构提供有效的政策咨询建议和数据支撑。在我国，教育已成为民生最为关注的热点之一，教育与住房、医疗并列为人民群众最关心的三大问题之一，是属于人民群众的急难愁盼问题。截至 2023 年，我国拥有 49.83 万所学校，超过 2.91 亿名学生，如此庞大的学生规模，涉及数以亿计人民群众的根本利益，更重要的是，教育不仅是国之大计，也是党之大计，是关系到党和国家事业后继有人的根本大计。因此，任何决策都必须基于数据、事实的循证研究和风险评估，而不能停留在以简单的经验和判断作决策，这就需要加强教育智库建设，推动教育决策的科学化、民主化。

教育智库属于专业智库，专业性、思想性是其首要特点，通过提供专业的知识为国家、各级政府进行决策咨询服务，这是教育智库的立身之本。与此同时，尽管大部分教育智库隶属于教育行政部门，但由于其智库属性，也保持一定的相对独立性和开放性，而非只是履行所属教育行政部门的规定的职责。

在本研究中，教育智库主要指的是由政府及教育行政部门设立的教育科学研究机构，其经费主要来自政府拨款，人事管理由政府部门负责，其在教育智库系统中居于主导地位，对其他教育智库发展具有示范引领作用。同时，研究过程中也会相应地涉及高校教育智库和第三方民间教育智库。

---

❶ 中国教育科学研究院官网：我院简介 [EB/OL]．[2023–12–30]．https://www.nies.edu.cn/wygk/wyjj.

二、教育智库的类型

从智库隶属和资金来源看，我国教育智库主要分为三种类型：政府部门隶属的教育智库、高校教育智库和民间教育智库。

（一）政府部门隶属的教育智库

隶属于政府部门的教育智库是指由政府及教育行政部门设立的教育科学研究机构。总体上看，隶属于政府的教育智库占了绝大多数，是我国教育智库的主体，如国家层面的中国教科院，每个省市的教科院、教科所，都是专门的教育智库机构，或具有智库相应的功能。从国家层面来看，国家教育智库的首要职责是为国家教育主管部门提供决策咨询服务，并参与有关政策文件的调研、起草、政策实施跟踪评估等工作。2011 年 9 月，教育部批复中央教育科学研究所更名为中国教育科学研究院，11 月刘延东同志对中国教育科学研究院提出"建设中国特色的一流国家教育智库"。2021 年，中国教育科学研究院和教育部教育发展研究中心整合，组建新的中国教育科学研究院，教育智库"国家队"整体实力得到进一步提升和加强。从地方层面来看，大部分的教科院所除了服务区域教育决策外，还有一个非常重要的工作，就是开展教学研究和教学指导，相对来说，指导实践的比例要更大一点。如北京教科院、天津市教科院、上海市教科院，在服务区域教育决策和实践指导中发挥了重要的作用。此外，像一些国家级的教育学会，如中国教育学会、中国高等教育学会等，也都具有教育智库功能，甚至一些媒体机构，如中国教育报刊社，也设置了类似的教育智库部门，发挥着相应的智库作用。

政府教育智库最大的优势是具有政府背景，能够直接参与到国家或区域的教育决策和政策制定中来，相对来说更加了解政策前沿，能够集结全国或区域范围的力量开展高效有组织的科研和集中攻关；同时，还拥有课题规划、出版发表等许多重要的学术平台。但总体上其支撑作用发挥相对更多，引领教育政策的意识和能力还有待进一步提升。

（二）高校教育智库

高校教育智库是指高校依托学科优势和专业优势设立的开展教育政策与理论研究，并为教育主管部门提供政策咨询的专门机构，其经费主要来源于学校内部拨款、课题经费、社会捐助等，如北京师范大学中国教育政策研究院、清华大学教育战略决策与国家规划研究中心、中国人民大学教育发展与公共政策研究中心等。此外，自 1999 年以来，教育部在全国相继设立了 151

个人文社会科学重点研究基地。这些基地是教育部按照"一流"和"唯一"的标准进行建设的，都具有智库的功能。经过 20 多年的建设和发展，大部分基地已经实现这样的建设目标，堪称本领域的学术高峰、人才高地、交流窗口。教育领域主要有北京大学中国教育财政科学研究所、华东师范大学课程与教学研究所、南京师范大学道德教育研究所等，在服务决策、理论创新与人才培养等方面都发挥了教育智库的重要功能。

高校教育智库的优势是具有人才资源集中、学术氛围浓厚、学科门类齐全等优势，在开展跨学科研究等方面具有相对的学术和专业优势。但高校智库由于受到大学科研组织文化的影响，容易陷入书斋式、自由探索的研究，写作方式上也容易落入学术发表的范式和体例，许多学者对政策语言、实践语言的掌握并不擅长；此外，许多高校并没有建立相对独立的智库评价体系，影响了高校学者参与教育智库工作的积极性。笔者在调研的过程中还了解到，有些高校教育学部（学院）开始重视智库工作，往往也容易受到一些院系专家的质疑，认为偏离了高校教育科研和人才培养的正常轨道。

（三）民间教育智库

民间教育智库是由民间发起成立的以教育公共政策研究为主的非营利性组织，一般是由具有社会影响力或政府官员背景的教育专家担任负责人，具有一定的学术独立性、自主性和思想性，包括 21 世纪教育研究院、长江教育研究院等。据不完全统计，目前我国拥有超过 100 家较为完备的民间教育智库。

民间教育智库最大的特点是体制机制相对灵活，对现实问题把握比较敏锐，特别是非常重视并善于和媒体打交道，在新时代教育智库的发展过程中，民间教育智库同样扮演了非常重要的角色。但民间教育智库最大的挑战，在于很难吸引高层次的专业人才加入，也很难组织高水平相对稳定的科研团队，影响了民间教育智库的高质量发展。同时，因为民间性质，在开展对外合作的过程中，相对来说会更难获得优质资源，在申报国家重大科研项目、课题等方面也没有相应的独立资质。

总体来看，民间教育智库研究水平稳步提升，治理体系不断完善，在服务教育决策、破解教育改革发展难题、回应人民教育期盼、引导社会舆论等方面取得明显进展，为推进教育改革发展发挥了重要作用。在 2022 年第三方发布的国内教育智库榜单方面，民间教育智库长江教育研究院、21 世纪教育研究院分别位列第 16、17 位。❶总体来看，民间教育智库已成为我国新时代教育智库的重要组成部分，为我国教育高质量发展发挥了积极的作用。

三、教育智库的基本职能

智库在服务政府和社会发展的过程中，主要具备哪些职能？对于不同类型的智库，其所具有的职能也会存在相应的差异。虽然教育智库一般提到比较多的是服务决策、创新理论、引领舆论、指导实践四种基本职能，但实际上，参照国际上一流国家教育智库的做法，教育智库通常都具有以下六种职能。

（一）服务决策

服务决策是绝大多数智库的首要职能，也是智库存在的最重要意义和价值。社会发展到今天，政府部门的任何一项决策，都需要相应的调查研究和前期论证，它是一个决策民主化的过程，也是决策科学化的必然要求。无论是西方发达国家，还是在我国，都越来越重视教育智库在服务科学教育决策中的作用，特别是政府类型的教育智库，在服务教育决策中扮演着更为重要的角色。一方面，政府的教育决策，需要教育智库提供相应的科学论证；另一方面，教育智库也需要通过积极服务政府决策，才能够证明教育智库存在的价值和推动自身的进一步发展。相对于民间教育智库来说，也是极力通过服务政府、影响决策的形式，为智库发展寻求政府背景，进而在社会和市场上发挥更大的积极影响。

（二）创新理论

创新理论是智库的基本职能，也是智库的立身之本，是智库区别于政府部门和媒体等组织的主要标志。教育智库其他职能的发挥，都应立足于理论研究的基础上，但更重要的是，从组织发展的角度来看，创新科学理论是教育智库本身的职责。这种理论创新，不同于高校学院派的研究，而是立足于更立体化、深层次对社会现象问题的解释和剖析。理论创新一般是应用导向的，能够为经济社会各个领域的现象和问题提供解释力，并探索解决的策略和方法。同时，在创新科学理论上，智库还有对政党、国家领导人思想及重要政策深入研究的职责，推动有关研究不断发展。比如在我国，创新教育科

---

❶《2022 全球教育智库影响力评价 PAP 研究报告》重磅发布［EB/OL］.（2022-12-23）［2023-12-30］. https://learning. sohu.com/a/620438201_608848.

学理论是智库很重要的一项任务，需要深入学习研究习近平新时代中国特色社会主义思想，不断丰富和发展中国特色社会主义教育理论，构建中国自主的教育学知识体系，为服务决策、指导实践提供科学有效的理论支撑。

（三）引领舆论

作为专业知识的供给者，智库必须通过一定的渠道来影响政府决策。部分教育智库是通过政策咨询的固定渠道，向政府部门提供决策参考。但是更多的教育智库，特别是缺乏政府背景的智库，必须通过媒体、网络等平台发表研究成果和专业观点，进而影响政府部门的决策。在西方发达国家，智库引领舆论的功能非常明显。同时，除了服务政府部门决策之外，教育智库还需要通过舆论，对群众进行科学普及和引导，促使更多的群众积极服务、参与涉及其切身利益的教育改革。正是通过向上影响政府、向下引领民众，教育智库才能不断扩大社会影响力和知名度，进而促进其自身的不断发展和壮大。相对于政府部门教育智库，第三方的民间教育智库在引领社会舆论方面表现得更加活跃。总体来看，教育智库在引领舆论方面还需要进一步提升自身的能力和水平。

（四）指导实践

智库和社会有密切的联系，其成果既来源于社会实践，同时也有指导社会实践的功能。它不是仅仅通过影响政府决策间接指导实践，也有通过社会舆论来推动社会实践的变革。许多智库都有"试验场""试验区""实验区"或"示范区"等，其通过试验区来了解基层的实际情况，推动试验区的发展，进而进行政策的提炼和经验的推广。在教育领域，就有综合教育改革实验区或实验校。教育智库机构的研究，不能只是从政策到政策、从文本到文本，而是需要通过指导实践，既验证研究理论的科学性，也为更高层次的理论和政策建言厚植土壤。尽管有些智库并没有所谓的实验区，但是在具体工作上，也经常参与指导社会实践的工作，既有助于扩大其自身的影响力，也在不断指导社会实践和深入调查调研中积累经验、丰富理论，推动完善政策。

（五）人才培养

智库作为专业的政策咨询机构，还具备人才培养的功能。许多教育智库机构，特别是高校教育智库，其许多项目都有硕士研究生和博士研究生的参与，许多研究人员本身也是硕士研究生或博士研究生导师；同时，作为非高校类型的教育智库，许多教育智库机构也拥有招收高级访问学者、青年访问学者、博士后等资质，通过项目的开展，服务于人才的培养。此外，教育智库本身也是通过项目的开展培养一批专业人士，这些人员中有的通过"旋转门"等机制到政府、高校或企业任职，同样发挥了人才培养的职能。总体来看，教育智库虽不同于大学的人才培养，但教育智库培养的人才在理论研究特别是政策研究方面具有独到的优势。

（六）国际交流

智库作为"第五阶层"，或者说第五种力量，在国际交流中发挥了非常重要的作用。智库外交作为一种软外交，有助于国与国之间政策的了解、民心民意的相通。对于智库外交的功能，习近平总书记多次在多个场合作出指示批示。事实上，许多国与国之间的交流，最开始都是通过智库、智库专家进行铺路促成的，最终促使国与国之间关系的缓和，实现共赢的目的。教育智库在国际交流方面理应发挥更加重要的作用，团结更多亲华友华的智库学者，积极参与国际教育治理，讲好中国教育故事。

总体来看，教育智库的职能主要有服务决策、创新理论、引领舆论、指导实践、人才培养、国际交流六个方面。当然因教育智库的不同定位或处于不同的发展阶段，甚至不同的领导风格，职能也会有所不同或各有侧重。教育智库通过这些职能，发挥积极作用，推动其自身的高质量发展。

第三节　教育智库发展规划

方向决定出路，战略奠定未来。一个组织的可持续发展，必须上升到战略层面来思考。本研究中的发展规划，指的是教育智库发展的中长期规划，特别语境中，也泛指有关的国家重要政策文件。研制新时代教育智库战略规划，对于新时代教育智库的发展，其重要性是不言而喻的。它有助于进一步深入剖析教育智库发展环境，明确总体战略目标，厘清重要战略任务，明晰改革思路举措；更重要的是，在研制发展规划的过程中，也有助于凝聚共识、统一思想，为共同的组织目标而努力。

一、诊断所处"方位"

规划首先需要做的就是分析组织所面临的发展环境，充分地总结成绩，提炼取得成绩背后的经验，同时要分析存在的挑战及自身存在的不足和短板问题，这是研制一份高质量规划的前提。因此，从一定程度上来说，新时代教育智库发展规划的制定，也是总结成绩、提炼经验、发现问题的过程，特别是对于形势的分析，有助于新时代教育智库明确所在"方位"和"坐标"，明确自身的优势与不足。只有基于自身情况与外部环境的深刻分析和准确把握，才能更好地推动新时代教育智库的发展。

在制定新时代教育智库发展规划的过程中，对发展环境的分析是研制好一份规划的基本前提。一般来说，要对一定时间范围的成绩作出总结，比如笔者在参与研制中国教科院发展规划时，相应地会从服务决策、创新理论、指导实践、国际交流等维度总结成绩，并在此基础上提炼若干经验；同时，要结合世情、国情、教情对于新时代教育智库所处的环境进行分析，并且对自身发展的不足也要作出判断。在对成绩、经验、挑战和问题充分剖析的基础上，才能有效推动新时代教育智库规划的研制。

二、明确战略"目标"

战略目标是发展规划的"灵魂"，有了战略目标，战略规划便有了方向和方位。一般来说，战略目标部分会包括指导思想、总体目标、基本原则等，但有些战略规划只包含指导思想和总体目标两部分。总体目标下，有些战略规划还做分解具体的分目标。制定发展规划，最重要的也是最有价值的事，就是通过集思广益，确定组织面向未来三年或五年的总体目标，重点解决"成为什么""向何处去""向何种目标去努力"的问题。总体目标的确定，既有来自上级部门的指示或批示，也有来自组织领导的深入思考，还有来自同事们的集思广益，更大程度上是多种因素的考虑，最后形成组织战略规划的总体目标。

对于新时代教育智库来说，发展规划确定的总体目标是极其关键的。以中国教科院为例，2011 年 11 月，刘延东同志对由"所"改"院"后的中国教育科学研究院提出"建设中国特色的一流国家教育智库"，这为中国教科院的发展指明了方向，提出了明确要求。从 2011 年至今，中国教科院一直在为建设中国特色的一流国家教育智库而努力。2015 年 1 月 20 日，中共中央办公厅、国务院办公厅印发《关于加强中国特色新型智库建设的意见》，明确提出了构建中国特色新型智库的指导思想和总体目标，这为中国教科院智库建设提供了根本遵循。在总体目标之下，具体又可以细分为党的建设、创新理论、服务决策、指导实践、队伍建设、国际交流、基础平台建设等维度的分目标。

三、确定任务"清单"

新中国成立 70 多年以来，我国智库建设取得了长足发展，官方统计中国有 2500 多家智库，因为统计口径不一，也有 3000 家左右智库的提法，但截至 2020 年国际上公认的智库数量达到了 1413 家。这一可喜的发展成就，充分地说明我国智库建设和研究质量都得到了显著提高。其内在原因离不开智库战略发展规划的任务举措。智库通过提高自身认识，厘清发展规划任务，攻关重大问题，提升智库综合实力，并为政府部门提供科学决策的依据。

新时代教育智库能为政府教育咨政建言，并从理论构建、实践探索等方面提供参考意见，主要原因在于战略规划能够对教育改革发展方位有清醒的认识，能够着眼于党和国家事业发展的全局性，厘清教育事业发展的重大改革任务，积极对时代发展、人民需要、民族复兴等教育战略问题及时作出回应。只有充分确定发展规划的战略任务，通过深化机制体制改革，完善改革发展举措，破解重点战略难题，为教育改革发展提供基础性、全局性、战略性、前瞻性的政策建议，我国教育智库才能真正发挥好教育"思想库"和"智囊库"的作用。

四、厘清改革"进路"

规划在我国有着悠久的历史。智库发展规划的研制，为新时期中国特色新型智库建设绘制了发展蓝图。作为为公共政策决策服务的智库，在新时期也面临一些发展困境。尤其是在当前"两个大局"交织激荡的时代背景下，在大国竞争加剧、保护主义蔓延、逆全球化抬头、全球经济低速增长、地缘冲突频发等因素的影响下，各种挑战矛盾相互交织叠加，对政府的决策提出了较大挑战，也对新时期中国特色新型智库建设提出了更高、更多的要求。这些都需要战略规划的指引，以此明晰改革的思路，提高战略规划的前瞻性。

新时代教育智库规划要加强顶层设计，跳出教育看教育，积极分析新时代政治、经济、文化、社会、生态等对教育的诉求和影响，明晰教育改革思路。把握教育发展的主题主线，明晰教育战略的主攻方向，有利于在教育改革发展中开拓视野，以长远的眼光和战略性的视角，用发展的、辩证的思路和洞察力来审视未来教育改革的趋势，提高服务决策的针对性和适用性。同时，基于教育战略规划的改革举措，还能有效加强教育科学决策、民主决策，真正按照发展规划设定的"任务书""路线图""时间表"来推进工作。因此，在某种程度上，教育智库规划不仅有助于破解教育改革发展中的难题，回应当前教育中存在的重大问题和挑战，而且能够有效提升新时代教育智库自身治理体系和治理能力现代化水平。

五、形成发展"合力"

战略规划不仅是新时代教育智库的发展蓝图，而且一份高质量的规划，也是所有智库人员及利益相关者凝心聚力共同努力的成果。教育智库规划，除了自身的发展与建设外，更重要的是能够对教育未来发展的重大问题进行全局谋划，引领教育未来发展。但这样一种功能的实现，必须激励所有智库人员坚持围绕中心、服务全局，以强烈的历史主动和担当精神，全身心地投入新时代教育智库建设中去。

实际上，教育智库规划的研制及其组织实施，对智库行政、科研人员的要求较高。"既要有在理论上庖丁解牛的功夫，又要有在管理上统筹协调的能力；既要在课题选择、课题研究上发挥学术带头作用，又要在课题组织、团队管理上发挥激励鼓舞的作用，以有序的管理、有力的协调带动整个团队的持续发展。"❶这就需要凝聚不同领域人员的研究力量，加强人才队伍建设，深入关注战略问题，发挥不同岗位人员的主观能动性，把握战略规划的未来趋向，协同创新，以教育战略问题和教育公共政策为主要研究对象，对教育改革发展问题进行深入思考、多方研判、综合解决，发挥教育战略规划的引领作用。因此，在一定程度上也可以说成是智库的"共享领导"。"共享领导"是教育智库规划产生新思想、新观点的"基石"，"在共享领导模式下，智库的每个成员都有机会体验到充分的授权，员工的自主性与创造性被赋予了自由的发挥空间，而员工对智库发展愿景、项目决策的参与，也会大大激发员工的使命感与责任感"❷。只有充分调动每一个智库人员的积极性，教育智库战略规划才能更加科学民主，真正凝心聚力、广集众智、共谋发展。

第四节　小　　结

本章主要从内涵界定的角度，对"智库""新时代教育智库"做了系统的梳理和概念界定，并对教育战略规划的意义与作用做了全面的阐释。第一节

---

❶ 崔树义，杨金卫. 新型智库建设：理论与实践［M］. 北京：人民出版社，2015：68.

❷ 苗绿，王辉耀. 全球智库［M］. 北京：人民出版社，2018：30.

阐述智库的内涵和外延，本研究认为智库是指为政府公共决策提供专业知识、开展政策研究与咨询的专门科研机构，并从世界、历史、功能等视角分析了智库概念的外延，同时提出了智库的三种类型，提出智库具有专业性、思想性、独立性和开放性等特点。第二节介绍新时代教育智库的内涵和类型，重点阐述了教育智库服务决策、创新理论、引领舆论、指导实践、人才培养、国际交流六大职能。第三节从五个维度说明研制新时代教育智库战略规划的重要价值，即研制教育智库战略规划有助于诊断所处"方位"，明确战略"目标"，确定任务"清单"，厘清改革"进路"，形成发展"合力"，切实发挥好规划对新时代教育智库发展的战略引领作用。

第三章 发展规划研制的理论基础

发展规划是一种全局性的中长期愿景，是基于历史经验、现实判断及面向未来而确定的发展方向，是国家或组织机构依据战略需求而谋求未来发展的蓝图。本章主要阐明研制战略规划有哪些价值意义，理解战略规划的基本内涵和特点，研究战略规划主要有哪些范式和类型，以及明晰战略规划研制的基本路径等理论问题。

第一节 发展规划的重大价值

凡事预则立，不预则废。战略规划的研制，从人类文明发展的层面来看，是推动人类文明进步的需要；从国家层面来看，是总结成绩经验、继往开来的需要；从各领域改革发展的层面来看，是促进科学决策、民主决策的需要；从战略学科来看，是推动战略学科建设，形成中国特色战略话语体系的需要。

一、推动人类文明进步

规划是人类文明进步发展的助推器。从人类文明发展史来看，人类从原始文明到现代文明的每一次伟大跨越，都可以窥见人类对世界未知的探索不是自然而为的，而是有目的、有计划、有系统的阶段性变革的产物。❶这样的产物源自人类从自然静态性、思维封闭性、实践盲目性的窠臼中不断得以突破、解放出来；同时，不断勾勒出人类文明探索的主导性、计划性和前瞻性图景。这一图景的产生离不开战略规划的作用，其规划的内容不仅表达了人类文明进步的要求，而且所意指的目的展现了人类的内生自觉性和高度能动

---

❶ 韩静，雷龙乾. 创造人类文明新形态之历史必然性与重大意义［J］. 桂海论丛，2022，38（5）：15-20.

性。❶作为人类文明进步不可缺少的力量，发展规划正在成为人类进步与发展的重要理论和战略工具。在人类社会发展的实践中，人们依据社会、教育、企业、人力等不同方面的需要，自觉构建适用不同领域的发展理念、发展途径和改革举措，以期实现所规划的理想目的。

规划可以看作人类文明的"心脏"。如果忽略或失去了这一"心脏"的功能，人类文明的进步与发展将会受到极大挑战，而各国的经济、政治、文化、教育等也会面临一定的困境。作为人类文明进步的重要"器官"，战略规划正成为一个世界性的议题。尤其在百年未有之变局的时代背景下，各个国家都紧锣密鼓地在政治、经济、科技、教育等不同领域颁布了不同的战略规划，希望能够抢占发展先机，实现国家的跨越式发展。从国内来说，新中国成立70多年来，党和政府高度重视战略规划的制定，不断在各个领域研制战略规划的目标、内容与改革举措，推动经济社会等各项事业取得历史性成就。因此，通过系统研究发展规划的内容，深化理论研究，总结成功经验，加强面向未来的战略规划研究，不仅对于以中国式现代化推动中华民族伟大复兴起到举足轻重的作用，而且对人类文明的发展与进步也同样具有十分重要的价值和意义。

二、总结成绩经验、继往开来

战略问题是一个政党、一个国家的根本性问题。党的十八大以来，以习近平同志为核心的党中央高瞻远瞩，从战略层面提出了一系列治国理政的新思想、新战略，颁发了一系列具有时代性、实践性、全局性的重大战略方针，研制了一系列事关人民幸福、民族复兴的重大战略工程，实施了一系列事关民心所向、国家繁荣的重大战略举措，解决了长期以来我们想解决而未解决好的难题，办成了以前想办而没办好的大事要事。进入新时代，中国在事关国家繁荣、民族富强、社会和谐、人民幸福等方面所积累的发展规划经验，为深化中国特色社会主义各方面的综合改革提供了理论和实践上的指引。

习近平总书记强调，战略思维永远是中国共产党人应该树立的思维方式。在党的二十大报告中，习近平总书记强调：不断提高战略思维、历史思维、辩证思维、系统思维、创新思维、法治思维、底线思维能力。在这七种思维中，首要的便是战略思维。面对世界百年未有之大变局，必须保持战略清醒，

---

❶ 何哲. 人类文明竞争演化的基本原则与中国国家战略构建[J]. 甘肃行政学院学报，2017（1）：4-12，47，126.

坚定战略自信，认真总结 70 多年来我国战略规划的经验，凝练战略规划的理论，推动战略规划实践，将发展规划厚植于中国大地这片沃土上，全面、准确、深入地研究中国战略的内涵、特征和价值。同时，要积极面向未来，拥抱不确定的变化，积极构建相对完善的发展规划思想体系、理论体系、实践体系，才能使中华民族真正"强起来"，为世界各国制定战略规划贡献更多的中国智慧、中国方案。

三、实施科学决策、民主决策

规划是实施科学决策和民主决策的先行条件。在日趋复杂的国际国内环境下，经过认真调研、充分论证的战略规划，必定能够对国家发展或有关领域的发展起到非常重要的引领作用。通常来说，一份科学的战略规划，不仅依赖于研制发展规划的机构或部门，还要充分发挥民主意识，通过民主集中讨论，分析发展规划的利弊要害，对规划可能出现的问题进行反复研讨论证，不断健全完善战略规划实施、推行、监督、评价等全过程民主的体制机制，最大程度地通过民主程序，进而提升发展规划的科学性。

以国家教育发展规划制定的过程为例，教育主管部门通过制定科学民主的战略程序，积极邀请不同部门的研究人员参与，对教育战略的理念、内容、实施、监督等过程进行全面科学的分析和预测。同时，教育规划战略制定还邀请社会各界不同人员积极参与其中，倾听不同的意见和建议，完善战略制定、实施、监督等过程中的机制，从而有利于教育主管部门在推进战略实施的过程中做到决策科学、执行有力、监督透明，全面提高组织机构战略规划的能力。当然，有些发展规划的制定、执行、实施、反馈等环节中，还存在因各种利益而产生的博弈问题，致使战略的决策、执行、监督、改进等问题不能有效体现。此外，在战略实施的过程中，还存在监督不及时、评价机制不健全、职责分权不明晰等问题，会使决策主管部门深陷"马太效应"的泥潭中。❶但总体来看，战略规划依然在组织发展中占有非常重的分量，好的发展规划的研制过程，本身就是科学、民主决策的过程。

四、推动学科建设发展

规划是推动战略学科建设的重要组成部分。推动战略学科建设是我国战略学科体系构建的基础。新中国成立以来，从 1953 年我国实施"一五"计划

---

❶ 陈卓芊. 战略引导的预算绩效管理［D］. 厦门：厦门大学，2023.

开始，中共中央、国务院每五年都会发布一次五年发展规划，以作为国家改革和发展行动的总纲领。随着新时期学科建设不断得以完善，形成诸如政治、经济、社会等不同学科的发展规划。但把战略规划应用于不同学科体系构建当中来，我国尚处于初建探索阶段。❶战略规划学科建设相比其他学科而言，其研究成果较少，关注的领域不广，缺少在中国特色社会科学体系下进行战略学科建设的探索。即便有一些零星散碎的成果，其理论、方法和研究范式上多源自西方，缺少中国特色化、时代化、本土化的创造。❷而国外相关战略规划理论、方法、范式等并不能完全解释中国战略规划内在特征需求，一般很难适应中国文化国情，更无法解释中国战略内在质的规定性和特殊性，因而中国政治、经济、社会、教育等事关国家发展的战略规划不能简单复制国外做法。

学科建设是龙头工程，对发展规划的研究要从学科发展的需要着手，依据发展规划的前瞻性、整体性、开放性、动态性等特征，加强战略规划学科的组织机构、科学研究、人才培养、社会联动等跨学科研究。一个重要的目标，就是通过系统地研究战略规划来推进中国战略学科体系的构建，以提升战略规划的理论性、学术性、实践性。❸因此，开展发展规划研究，说到底就是要推动建设战略学科体系和战略学术体系，进而在世界战略舞台上形成中国特色的战略话语体系。

第二节　发展规划的基本内涵和特点

规划在许多政策文件或相关的话语体系中会被经常提到。发展规划究竟具备怎样的基本内涵？怎样的规划才能称得上战略规划？它应该具备怎样的特点？这些问题需要进一步从理论上进行澄清。

一、基本内涵

发展规划的基本内涵不在"规划"一词，重点体现在"战略"上。"战略"这一词语肇始于军事领域，指谓军事战争规划、物资供给、人员调配等方面

---

❶ 高书国. 教育战略规划研究 [D]. 北京：北京师范大学，2007.

❷ 曹斯. 研究型大学本土化路径探析 [J]. 湖北第二师范学院学报，2009，26（9）：109-110，114.

❸ 孟凡. 从学科属性看中国高等教育管理学学科建设的契机 [J]. 江苏高教，2010（1）：29-32.

的部署概况。后来这一概念被引用到管理学领域，被企业视为管理经营的一种计划和规划。美国经济学家切斯特·巴纳德（Chester Barnard）在《经理人员的职能》中重点阐释了战略是企业经营管理的灵魂，企业要开展战略研究，将战略当作企业经营的重要理念，通过对企业的人事、资金、组织等战略性的管理，可以应对外界不断变化的客观环境，促使企业实现跨越式发展。❶此外，还有些学者通过对战略的价值、特征、方向等方面的研究，探索了战略在不同领域中的重要性。美国学者勒尼汉·帕特里克（Lenihan Patrick）通过考察企业的生产、经营和管理等方面的问题，认为战略就是将企业各方面的管理形成有机的组织，进而构建出一种模式。❷黛安·乌扎斯基（Diane Uzarski）等认为，战略就是在管理过程中制订的全局性计划，具有事关全局的、整体的、影响管理目标达成的根本性问题。❸赫兹尔特·雷克斯勒（Hirtzel Trexler）也认为，战略不仅是企业发展的基础，对社会、文化、教育等方面都具有一定的适切性，包括所要的达成度、适应决策、观念定位、管理模式等部分。❹

　　由此可见，战略本身就包括规划之意，是指从全局性的角度对未来事物的发展进行规划和部署，依此来制定相应的理念、目标、原则、内容、任务、举措等。对不同领域的战略规划来说，其不仅是不同领域开展全局性、主动性、计划性的行为目标，而且是开展资金预算、人事管理的前提性条件。总体来说，发展规划主要包括以下三项内容：一是从不同角度提出所要达成的战略目标，这一目标应具有时代前瞻性，是对未来一段时间里的努力目标、价值创造和前进方向的规划。二是为达到或实现战略规划的目标，会对战略总体目标进行分解和细化，推出一系列的具体的分目标或子目标；同时要配备相应的重大工程、重点任务等宏观内容，以确保总体目标的实现。三是战略规划制定和实施的过程中还有一定的改革举措和保障措施，如组织领导、体制机制改革、人员投入、经费保障、政策宣传及监督评估等，甚至还要制定相应的落实细则，明确时间表、任务书、路线图、责任部门、责任人等，以确保战略规划各项目标能够稳妥有序地推进实施，并最终取得预期的成效。

---

❶ 切斯特·巴纳德. 经理人员的职能［M］. 王永贵，译. 北京：机械工业出版社，2007：6.

❷ PATRICK L. Strategic planning in public health［D］. Chicago: University of Illinois at Chicago，2001.

❸ UZARSKI D，BROOME M E. A leadership framework for implementation of an organization's strategic plan［J］. Journal of Professional Nursing，2019，35（1）：12–17.

❹ TREXLER H. Permeation of organization-level strategic planning into nursing division-level planning［M］. The Journal of nursing administration，1994，24（11）：24–29.

二、发展规划的特点

发展规划是时代进步的助推器。不同领域的战略规划，对时代的问题有着不同的长远规划和安排。规划能否在时代的发展中扮演重要的角色，对国家的发展起到跨越式推动作用，还需要看战略规划的理念、内容、举措等是否适合社会发展的环境，是否有利于促进国家发展、人民幸福。此外，战略规划是一个需要组织运行、监督、反馈的管理过程，与人员的管理、机制的构建、资源的分配、资金的预算与保障等方面都存在密切联系。从总体来看，一份高质量的发展规划，一般而言具有以下四个方面特点。

（一）目标的明确性

明确的战略目标是发展规划的第一要义。战略规划应包括具体的战略要求，通过一系列相关要求，在某段时间内达成相应的战略目标。这些战略目标应该简练明确而非主观臆断，是通过人员的不断努力能够实现的目标，而非复杂、模糊不清、不切实际的战略目标。[1]以企业人力资源规划为例，人力资源规划不仅是为了满足企业经营的需要，而且具有长远发展的具体要求，如新市场的开拓、老客户的稳定、人力需求、人力资源、市场环境等不同需求，这些具体要求都需要企业战略规划具有科学合理、具体明确的目标。因而，其一切的人力资源现状分析、供需预测、人力资源方案设计等具体细节的研制都要以此为指导，确保在战略目标的达成上具有一致性。[2]若人力资源在战略规划的过程中缺乏明确的战略目标，对人力的供需现状分析、资源方案的应对、资金的流向等方面较少规划，仅依赖战略规划中空泛的战略意图，那么可以说，此战略规划目标不够明确，落实起来也较为困难。因此，科学的战略规划一定具有长期、中期和短期的战略目标相互融合的特点，而且每一时期的战略规划都具有与之相应的具体要求。按照这一具体要求，才能稳中求进、以进促稳，最终促进战略规划的目标如期实现。

（二）任务的可操作性

所谓可操作性的战略任务，是指发展规划的内容任务切合实际，使之具有较好的可操作性。不仅规划的管理者和制定者要明晰发展规划的相关内容，

---

❶ 徐梦佳. 大学战略规划实施效果案例研究［D］. 西安：西安建筑科技大学，2022.

❷ 乔治·凯勒. 大学战略与规划：美国高等教育管理革命［M］. 青岛：中国海洋大学出版社，2005：90，101.

而且相关人员也要明白战略规划的任务内容。规划的任务内容并非空中楼阁，而是具有实践上的可操作性，能够通过对现实问题的探索，提出解决问题的方案，达到战略规划的目标。❶例如，中共中央、国务院于 2019 年 2 月印发的《中国教育现代化 2035》，这一战略规划的颁布具有较强的可操作性，不仅契合中国在 2035 年建成教育强国的战略需求，而且坚持立足现实，着眼长远，聚焦教育发展的问题，提出了未来一段时间中国教育改革发展的十大战略任务。在一些具体的任务中，还有非常明确的量化指标或任务要求。这些战略任务的落实是当前我国教育改革的重点战略内容，有力地阐明了中国教育现代化发展的未来进路。特别是在战略内容实施中提出了许多具有可操作性的政策举措，例如，提出了要通过科学设计和细化不同发展阶段的目标和重点任务，加强区域教育资源共享，注重对西部教育的对口支援，促进教育公平等建议，这些建议展现了战略规划内容的合理性和有效性，为战略的有效实施指明了方向。因此，高效的战略规划不仅要有具体的战略内容，而且这一战略内容还应具有较强的实践性和可操作性。❷概言之，战略任务的可操作性，就是能够把战略内容运用到现实问题中，关键是要解决实际问题，并为未来战略规划的再研制提供可资借鉴的经验。

（三）管理的科学性

科学化的战略管理是战略规划得以顺利运行的保障。❸战略管理不仅是对制定战略的管理，也是对战略的运行、监督及不同主体之间沟通和约束等方面的管理。战略管理的科学性离不开战略管理者的领导能力，同时也离不开外界环境对战略规划的影响。特别是在面对复杂的外界环境时，高效的、科学化的战略管理通常遵循以下管理原则❹：一是对战略规划实施的环境进行分析。在战略管理过程中，要对所规划的战略所处的市场环境变化进行深入调查，如经济环境、政治环境、地理环境、社会环境、生活环境等因素，并结合其战略经营、组织架构及未来发展趋向等方面的分析，制订战略规划的方案。二是人员的管理。人员作为战略管理的重要组成部分，其科学性体现在对人员的知识、道德、技能等方面的培训，让人员明白战略的管理与个人的

---

❶ 沈琪. 战略风险和操作风险：分类与管理 [J]. 经贸实践, 2015（7）：94.

❷ 沈琪. 战略风险和操作风险：分类与管理 [J]. 经贸实践, 2015（7）：94.

❸ 张菲菲, 王倩, 张南南. 美国 EPA 战略规划经验借鉴研究 [J]. 环境科学与管理, 2013, 38（11）：20–24.

❹ 陈卓芊. 战略引导的预算绩效管理 [D]. 厦门：厦门大学, 2023.

发展具有一致性，提升员工的高度认同感、使命感和责任感。三是机制的制定。战略资源的分配机制的制定，对战略规划的有效运行起到了决定性作用，尤其是制定科学有效的战略管理规则机制及相应的制度安排，有效规避了管理者的"长官意志"，使其按照战略规则和制度规定运行，一定程度上避免了战略运行的人为干扰，提高了战略实施的效率。

（四）举措的灵活性

所谓灵活性的战略举措，是指战略目标可能不会随着时间的改变而发生改变，但其战略实施的内容或组织形式可能会随战略客观环境的变化而变化。❶一般而言，总体的战略目标是相对稳定不变的，但有关的战略内容举措不应是僵化和一成不变的，而是内含着灵活性的战略举措，通过依据战略的环境变化，结合工作中任务周期的反馈情况，构建及时高效的反馈机制，能够对战略实施的方案进行有效的调整和完善。例如，企业战略规划为了展现战略运行的灵活性，会把企业战略与各阶段的发展规划同步进行研制，把人力资源规划纳入企业战略和发展规划中，为的是更好地应对人力资源战略环境变化的问题。❷因此，企业战略规划会把人力资源规划作为其规划的核心，通过设置灵活的薪酬制度、业绩梯度等举措来激发员工的能动性，双向灵活的规划设计不仅给予员工较多的切实利益，还能促进企业获得较大的发展。可见，灵活性的战略举措蕴含着战略规划的动态性、预见性、创造性，能够把握战略规划的主要矛盾和次要矛盾，通过善于识变、应变、求变，把战略的具体问题与所要解决的深层次矛盾有效结合起来❸，从微观处洞悉事物的变化，并依据客观环境的变化适时对战略规划内容举措进行调整，更好地发挥战略规划的引领作用，使其在危机中育新机、于变局中开新局。

第三节 发展规划研制的主要范式

按照科学哲学家托马斯·库恩（Thomas Kuhn）的范式理论，范式是指科学界所接受的一种基本观念、方法和理论，是科学共同体在特定历史时期

❶ 杨明. 把战略的原则性和策略的灵活性有机结合起来［N］. 人民日报，2023-04-27（009）.

❷ 李成锐，宋怡林. 战略绩效管理如何兼顾稳定性和灵活性？——基于一家国有企业的案例调查［J］. 管理会计研究，2021（4）：62-71，88.

❸ 杨明. 把战略的原则性和策略的灵活性有机结合起来［N］. 人民日报，2023-04-27（009）.

所公认的规范和准则。战略范式作为一种战略规划模式，是研制规划的基本遵循。国内外学者围绕着战略规划的范式及战略规划的类型，展开了多维的理论研究和实践探索，总结归纳了不同范式之间的特点，其中较为代表性的战略规划范式有 SWOT 模型、PEST 模型、波特五力模型、SMART 模型等。这些范式经常被用在市场开发、企业管理、资源整合、城市规划等不同的管理中，具有较强的可适用性和推广性，在教育发展规划中也经常被使用。

一、SWOT 模型

SWOT 模型是政府、企业、社会、文化、教育、医疗等不同领域战略规划经常使用的一种管理范式，已被国内外不同领域战略规划研究者视为时代的"宠儿"。其是由优势（Strength）、劣势（Weakness）、机会（Opportunity）、威胁（Threat）英文首字母组成的，以帮助不同领域精准分析对象事物的内部和外部条件，利于更好地审视自我和强化自我定位。❶作为一种分析战略管理的范式，SWOT 战略可以较好地展现不同领域的优劣势及目前存在的机遇和挑战，让企业、教育、社会、医疗等不同领域的战略规划可以更明晰现在的不良处境及可能带来的发展机遇，有利于战略管理者在制定、实施、监督战略的过程中及时地调整战略内容，采取相应的举措纠正问题，为不同领域的战略规划和管理提供指导和借鉴。❷

以企业战略规划为例，由于受外部复杂、不确定和不可控的环境影响较大，企业发展所承受的风险较高，SWOT 战略所发挥的时效性作用相对而言要比其他战略分析范式高，灵活性比其他战略领域规划好。❸SWOT 战略通过关注企业的外部环境变化，评估运营风险指数，并根据企业阶段性的发展目标来制订财务支出计划，从而帮助企业管理者精准地实施内部调控措施。❹因此，企业的战略规划需要在战略检测与监督方面不定期地为其提供相应的反馈报告，以提升 SWOT 战略规划适应外界环境的不可控变化的能力。

---

❶ NICKLES C，BEIGHLEY E，FENG M. The applicability of SWOT's non-uniform space-time sampling in hydrologic model calibration［J］. Remote Sensing，2020，12（19）：1–20.

❷ VERONIQUE S，DANIEL D，ATTANNON F，et al. Point-of-care ultrasound for tuberculosis management in Sub-Saharan Africa—a balanced SWOT analysis［J］. International Journal of Infectious Diseases，2022：46–51.

❸ 金景. 基于 SWOT 模型分析的地方国有企业发展战略研究［J］. 中国市场，2021（10）：72–73.

❹ 杨静. 战略管理会计在我国的发展及应用对策［J］. 市场瞭望，2023（4）：67–69.

实际上，SWOT 模型中对优劣势、挑战、机遇的分析并没有固定的标准，对一项战略规划的时效性、前瞻性、全局性的把握，往往不是全部依据 SWOT 的分析报告来决定的，而是更多在于战略管理人员主观层面的判断。依据管理人员的管理经验及对 SWOT 中劣势风险的分析来制订规划的方案，是规划战略制定较为科学有效的方法。尤其是运用 SWOT 分析时，所赋予制定的标准及不同指标的参照系数，往往与分析战略规划时所得到的结论大相径庭。因此，在运用 SWOT 分析时，需要战略管理者制定一定的标准，以多维的视角对战略进行分析。而 SWOT 战略分析也有短板所在，就是缺乏量化的分析方法，不能较好地兼容 SWOT 分析的相关数据，得出比较客观的规律。❶可以说，想要一种能够兼顾 SWOT 战略分析的量化方法，可以适用于不同领域的未来战略规划是较为困难的，其需要运用多重理论分析工具进行多元分析，以得出更多科学有效的战略规划方案。❷基于这一难题，对 SWOT 战略分析研究的许多学者都尝试着进行修正和完善。美国企业营销之父菲利普·科特尔（Philip Kotler）通过制定纵横交错的坐标来进行战略的优劣势分析，但仍旧无法更好地展现企业管理所带来的人为的影响。❸我国学者王秉安等通过矢量梯度及极坐标的赋值方法进行多方面的研究。❹黄晓斌等也曾对 SWOT 的整个规划分析模式进行深入探究，为了优化 SWOT 的整个分析流程，其以不同分析模型嵌入 SWOT 规划流程中❺，但在 SWOT 分析中对不同领域的适用范围不够明晰，不具有适用性。

　　针对 SWOT 分析的这些缺陷，需要不同管理人员在其适用范围上选择所关注的侧重点，以提高不同领域战略规划的科学性。一般而言，制定 SWOT 战略规划要具备良好的竞争战略，对不同的战略需要采取不同的分配策略。从表 3.1 中的 SWOT 矩阵分析可以看出，战略规划需要制定四种不同的分配策略。❻

❶ 金景. 基于 SWOT 模型分析的地方国有企业发展战略研究 [J]. 中国市场，2021（10）：72-73.

❷ GHAZINOORY S，ABDI M，AZADEGAN-MEHR M. SWOT methodology：A state-of-the-art review for the past，a framework for the future[J]. Journal of Business Economics and Management，2011，12（1）：24-48.

❸ PICKTON D W，Wright S. What's SWOT in strategic analysis？ [J]. Strategic Change，1998，7（2）：101-109.

❹ 王秉安，甘健胜. SWOT 营销战略统计分析模型 [J]. 管理与效益，1995（3）：25-27.

❺ 黄晓斌，江秀佳. SWOT 战略分析模型的动态改进 [J]. 情报理论与实践，2009，32（7）：78-81.

❻ 叶婧毓. Z 公司加油站品牌战略规划研究 [D]. 成都：电子科技大学，2020.

表 3.1 SWOT 矩阵分析

外部 内部	优势（S）	劣势（W）
机会（O）	SO 战略 （优势、机会组合）	WO 战略 （劣势、机会组合）
威胁（T）	ST 战略 （优势、威胁组合）	WT 战略 （劣势、威胁组合）

优势和机会（SO）战略：通过分析不同领域战略的优势和机会的发展战略，发挥战略的优势和可能产生的机会，以规避劣势和威胁因素所造成的影响。

劣势和机会（WO）战略：通过分析组织机构存在的劣势和可能的发展机会，以最大化规避劣势，寻求发展机遇。

优势和威胁（ST）战略：通过分析不同领域的优势和劣势，把握战略规划的优势，规避未来规划的潜在风险问题。

劣势和威胁（WT）战略：通过分析所研制战略的劣势和威胁，明确战略问题产生的根源，探索解决问题的策略，寻求新的战略机会，以把握战略的未来演变方向。

总之，在企业战略管理中，SWOT 分析是一种常用工具。但在实际的企业管理实践中，并不存在 SO、WO、ST、WT 四种战略并存的现象。作为战略，只需要考虑 SO 这一种方式，至于威胁 T、劣势 W，其策略思考就是"避"与"补"，使其向 SO 靠近，不需要将威胁、劣势与机会、挑战一起构成四种战略模式。因此，如何"扬长避短"才是 SWOT 战略分析的主要方向。❶

二、PEST 模型

PEST 模型是以外部宏观环境的变化为分析基础，将战略的影响因素作为分析问题产生、形成、演变的主线。❷PEST 战略分析法包括政治（Politics）、经济（Economic）、社会（Society）、技术（Technology）四个主要的影响因素（图 3.1），其主要为制定经济、科技、社会、企业、教育等不同领域

---

❶ 安春雨. 战略管理工具 SWOT 分析新用法 [J]. 企业管理，2021（9）：94-97.

❷ 赵梦，赵宸册，李津. 老年人文护理教育的 SWOT-PEST 分析 [J]. 护理学杂志，2023，38（16）：14-18.

图 3.1　PEST 分析模型

的战略提供可分析参考的指数。PEST 分析能够为不同战略的制定提供较好的外部环境，以便不同战略更好地应对外部环境的变化，促进战略更好地落实。❶

P 战略分析法，又叫政治法律环境分析法，通俗地说就是国家意志对战略规划的影响。作为战略权力制定者，国家可发挥主权意志，通过颁发相应的法律文件和政策制定文件对不同领域的战略进行规划。由于受制于国家意志的影响，企业、教育、社会、文化、经济等领域在制定战略过程中必须考虑国家所实施的政治影响力，所研制战略规划的思想、内涵、方向、价值等都要体现国家意志，对现有的法律法规、政治政策、制度举措等都要与之相契合。❷以新时代智库建设为例，党的十八大报告明确提出"发挥思想库作用"，党的十八届三中全会通过的《中共中央关于全面深化改革若干重大问题的决定》明确提出，要"加强中国特色新型智库建设，建立健全决策咨询制度"。2015 年，中共中央办公厅、国务院办公厅正式印发《关于加强中国特色新型智库建设的意见》，提出中国特色新型智库是国家软实力的重要组成部分，这一规划文件体现了国家意志。这说明研制的战略规划只有充分与国家政治意志保持一致，具有高度的政治站位，才能更好地促进各领域战略规划的落实。

E 战略分析法，又叫经济因素分析法，包括宏观经济环境和微观经济环境。宏观环境主要是指国家经济的发展状况，以国民收入和国内生产总值为指标而构建的外部环境。❸作为衡量国家发展的状况，经济是国家发展的龙头，决定着上层建筑的发展情况，不同领域战略的规划深受经济发展的影响。❹因此，在作出相应的战略规划时必须考虑经济的因素。从微观经济而言，人们的购买力、存款额度、消费欲望、公司企业的经济等方面都与不同战略规划

❶ 徐之勋. 富士通将军发展战略规划 [D]. 上海：上海交通大学，2021.

❷ 徐之勋. 富士通将军发展战略规划 [D]. 上海：上海交通大学，2021.

❸ Taylor M M, Creelman C D. PEST: Efficient estimates on probability functions [J]. The Journal of the Acoustical Society of America, 1967, 41（4A）：782—787.

❹ 徐之勋. 富士通将军发展战略规划 [D]. 上海：上海交通大学，2021.

的落实有着千丝万缕的联系。就教育战略规划或文件制定而言，以"双减"政策出台为例，"双减"政策的实施与"双减"政策改变了家庭教育消费结构有关，一定程度上使家庭教育支出从以学科类校外补习为主转变为以兴趣活动为主，减轻了家庭教育消费压力。为此，在教育战略规划的制定方面，也需要考虑微观经济的影响，只有将宏观经济与微观经济的因素纳入教育战略规划的意图当中，才能确保战略规划的科学性。

S 战略分析法，又叫社会文化环境分析法。社会文化环境分析法是将社会与文化环境作为制定战略的考虑因素。❶人的本质属性是社会属性。作为人生存的客观环境，社会的发展为人的发展提供了必备条件。战略规划的制定要考虑社会人的需要，而社会人的需要达成，需要文化因素作为支撑。其内容包括知识道德、情感技能、思想文化、教育内容、社会风俗等不同领域对人的影响而构成人依赖的社会文化环境。❷如人才发展规划纲要的制定，需要尊重文化传统，考虑社会发展需要，加强文化教育的投入，以推动公共文化服务体系现代化建设，实现教育公平，推动教育高质量发展。因此，在不同领域战略规划的研制中，需要正确认识到社会和文化的影响，通过不断厚植社会文化的因素，融入社会时代的发展变化和传统文化的影响，制定与之适切的战略发展规划纲要。

T 战略分析法，又叫技术环境因素分析法。科学技术是第一生产力，谁掌握住科学技术，谁就掌控住时代主动权。这种战略分析方法主要应用于科学技术领域的规划研制，是指通过对高新技术的分析，制定相应的科学发展规划，包括运用人工智能、芯片、大数据等对航空航天、自然灾害、医学治疗、军事战争等领域的探索与应用。因此，不同领域的战略规划也需要考虑科学技术对其产生的影响，只有充分挖掘高新科技所带来的全新力量，才能更好抢占科技高地，实现国家的跨越式发展。当前，我国正在大力实施科教兴国战略，必须坚持科技创新，提高自主创新能力，努力破解西方发达国家对我国关键核心技术"卡脖子"的问题，将技术的发展权牢牢掌握在自己手里，推动经济社会高质量发展。

---

❶ 杨积尚. 伊犁州旅游产业的发展战略研究——基于 SWOT-PEST 分析模型 [J]. 营销界，2022（18）：68-70.

❷ ABATE T，van Huis A，Ampofo J K O. Pest management strategies in traditional agriculture: An African perspective [J]. Annual Review of Entomology，2000，45（1）：631-659.

三、波特五力模型

波特五力模型（Michael Porter's Five Forces Model）是美国哈佛大学教授迈克尔·波特（Michael Porter）于 20 世纪 80 年代所提出的商业战略分析的重要范式，主要应用于企业商品的战略管理，包括行业内现有竞争者、潜在的影响力、替代品的威胁、供应商的议价能力、购买者的议价能力。❶在波特所构建的五力模型中，任何一种模型的力量都会对企业战略的运行产生重要影响，如图 3.2 所示。可以说其中一种力量若变强，都会加剧企业的竞争力，而若任何一种力量变弱，对企业的发展来说可能带来新的发展机遇。❷

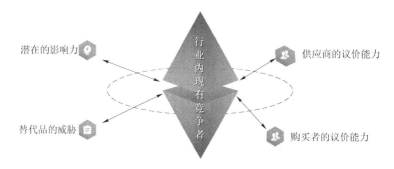

图 3.2　波特五力模型分析范式

第一，行业内现有竞争者。在五力模型中，行业内的竞争是所有模型中最为重要的一个竞争力。在企业的竞争力模型中，最重要的模型是利益的相互捆绑，形成利益共同体，构建企业的整体战略，其目标是能够应对其他企业的挑战。然而在实际上，在行业竞争中会形成不同企业之间的冲突和对抗，构成企业之间在广告、价格、产品质量、销售服务等方面的竞争。往往影响竞争的有以下几个因素：一是企业自身的能力，包括企业的数量和发展规模；二是企业销售的产品与市场需求变化；三是企业的固定资产与流动资产；四

---

❶ GRUNDY T. Rethinking and reinventing Michael Porter's five forces model[J]. Strategic Change，2006，15（5）：213-229.

❷ RICE J F. Adaptation of Porter's five forces model to risk management [J]. Defense AR Journal，2010，17（3）：375-388.

是企业产品的质量；五是企业未来发展的潜力；六是行业市场的应对及其发展机遇。❶

第二，潜在的影响力。潜在的新进入者可能会对行业的发展带来威胁，尤其是在资金、新技术和新产品投入开发等方面都可能对企业战略的运行产生影响。如果这些新要素要进入这些行业中，就需要重新占领市场，对商品的价格、成本、需求等多方面进行调研，这有可能加剧现有企业的竞争，导致现有企业不能达到战略要求中盈利的目的，其决定因素与潜在竞争进入市场的难度和企业对潜在竞争力的反应程度有关。

第三，替代品的威胁。替代品的威胁是指存在两种以上的竞争产品，且它们之间存在竞争行为，这会影响企业的战略运行。为了防止替代品的威胁，可从以下三个方面着手：一是企业产品销售的价格获得消费者满意，而且其产品功能无法被其他产品替代；二是当面对替代品的威胁时，现有产品已占据大部分市场，能够及时提高产品的质量，而且在价格方面较低；三是用户在产品的使用上形成了依赖。❷只有企业在这些战略中处于优势，才不会受到替代品威胁，否则替代品的出现会影响企业战略的实施。

第四，供应商的议价能力。供应商的议价能力主要通过产品价格和服务能力来影响企业战略的规划。一般而言，产品的价格和质量是企业战略规划研制的重要条件，但是也不可忽视企业产品在销售时供应商的议价能力。若其在产品的价格规定上忽视供应产品的议价能力，会使产品的供应量和销售量受到影响，从而影响企业战略规划的运行。

第五，购买者的议价能力。购买者的议价能力就是我们日常所说的消费者"讨价还价"的能力。作为企业战略规划生产的产品，其最终目的是将商品销售到用户手中，用户希望所购买的产品是物美价廉的商品，在产品的售后服务上能够得到高质量的服务，然而在价格和质量要求方面，可能与公司战略运行之间出现冲突。❸因此，公司的战略规划要得到有效落实，就需要在产品价格和质量及售后服务上允许消费者讨价还价。

---

❶ TEHRANI M B, RAHMANI F. Evaluation strategy Michael Porter's five forces model of the competitive environment on the dairy industry（Case study：Amoll Haraz Dvshh dairy company）[J]. American Journal of Engineering Research（AJER），2014，3（5）：80–85.

❷ TEHRANI M B, RAHMANI F. Evaluation strategy Michael Porter's five forces model of the competitive environment on the dairy industry（Case study：Amoll Haraz Dvshh dairy company）[J]. American Journal of Engineering Research（AJER），2014，3（5）：80–85.

❸ DOBBS M E. Porter's five forces in practice：Templates for firm and case analysis [C] //Competition Forum. American Society for Competitiveness，2012，10（1）：22.

四、SMART 模型

SMART 模型是基于美国管理学家彼得·德鲁克（Peter Drucker）成名之作《管理的实践》所提出的企业管理和人力资源管理概念而形成的管理范式。其目的是让企业有效地对员工进行绩效考核，使其管理更加科学化、规范化。他在该书中指出，作为管理人员要时刻记住自己的战略目标，让不同的人员参与战略目标的制定，才会有利于战略的实施。[1]SMRAT 包括绩效指标必须是具体的（Specific）、绩效指标必须是可以衡量的（Measurable）、绩效指标必须是可以达到的（Attainable）、绩效指标必须与其他指标具有一定的相关性（Relevance）、绩效指标必须具有明确的截止日期（Time-bound）。[2]实际上，对 SMART 战略原则的确定是美国马里兰大学管理学教授埃德温·洛克（Edwin Locke）在实践中总结出来的，他认为这五个原则不仅是团队战略规划需要遵守的原则，而且可以视为个人必须履行企业管理所制定的规则。[3]SMART 模型在发展规划的研制过程中经常被使用。

具体（Specific）的战略规划，就是要阐明战略规划具体的理念、内容、标准、保障等内涵要义。有着明确的目标才是战略规划行动的方向。战略规划落实以具体性目标为中心，是要在战略规划期限内达到目标，而且这一目标还应该具有一定的区分度和可测量度，不能模糊、大而空、不具体。[4]不同领域战略规划的制定是不同的。一般而言，需要制定战略规划的重难点，统筹和兼顾多方面的目标，明确自身的优势、劣势、机遇和威胁，根据实际情况制订可行性的方案，以达到战略规划的总目标。

可衡量（Measurable）的战略规划，就是依据明确的数据对战略目标的达成情况进行分析和衡量。其目标的可衡量度，一般而言是用量化的工具来进

❶ 彼得·德鲁克. 管理的实践［M］. 齐若兰，译. 北京：机械工业出版社，2018：13-16.

❷ SMART R E, DICK J K, GRAVETT I M, et al. Canopy management to improve grape yield and wine quality—principles and practices［J］. South African Journal of Enology and Viticulture，1990，11（1）：3-17.

❸ JIE Z，XIN D，Ping N，et al. Evaluation of the effectiveness of hospital infection prevention and control based on the SMART principle［J］. Journal of Central South University (Medical Sciences)，2023，48（7）：1059-1065.

❹ MORA L，DEAKIN M，REID A. Strategic principles for smart city development: A multiple case study analysis of European best practices［J］. Technological Forecasting and Social Change，2019，142：70-97.

行。从测量学来说，战略规划的目标衡量标准要遵循数据的量化测量原则。❶因为用客观的测量工具和实际的测量数据，能够较好地规避战略管理中的主观性认识，避免在目标达成过程中产生概念模糊和无法衡量的情况发生，进而使可衡量的战略实施具有一定的说服力，也能够说明所实施的战略过程中的问题，为进一步保障战略规划的实施提供可行性的管理举措。

可实现（Attainable）的战略规划，就是制定的战略规划不能脱离实际，不能好高骛远地提出"大""空""泛"的战略目标。战略目标的研制不能存在浮夸的想象，违反实事求是的原则，否则不能按照计划实施。为此，战略规划应该尊重现实，依据实际问题来制定，确保其实施的合理性、可行性。❷一般而言，可实施的战略规划是依据任务的可实现性而形成的，每一个可实现的目标都是由小目标组成的，而每一目标的组成就构成了整体目标的实现。只有确保战略规划的小层次目标都具有可实现性，才能确保整体目标的实现。

相关性（Relevance）的战略规划，就是战略规划目标的达成不仅是战略规划管理人员的事情，还与战略规划相关的每一个人员密切相关，同时深受政治、经济、文化、教育等不同领域的影响。从战略实施的密切相关性来看，战略规划涵盖的人员、部门、学科等多方面都与之存在千丝万缕的联系。因此，战略规划的制定要关注多重方面，构建一个战略规划共同体，联合不同层面的战略目标，形成整体战略的提纲和战略的行动方案。❸这一相关性的战略规划就像"石榴籽"一样紧紧地联结着，使战略规划更具向心力。这源自战略规划的过程中坚持了让每一主体在民主中商议、在商议中达成共识的原则，发挥每一位主体的战略制定者的角色，使不同主体的需求与战略目标的达成度相匹配，实现不同主体与战略规划的双赢。

时效性（Time-bound）的战略规划，就是战略规划需要在具体的时间节点上完成相应的任务和目标。具而言之，就是根据事务的轻重、缓急及未来发展态势来制定解决问题的时间，以了解问题的解决情况，以便在战略目标的时限阶段性上根据战略实施的情况及时调整战略计划。❹从这一点而言，战略规划就是一个动态调整的过程，是随着外界环境和战略目标的落实情况而

❶ SMART R E，DICK J K，GRAVETT I M，et al. Canopy management to improve grape yield and wine quality—principles and practices［J］. South African Journal of Enology and Viticulture，1990，11（1）：3–17.

❷ 徐之勋. 富士通将军发展战略规划［D］. 上海：上海交通大学，2021.

❸ 杨之艺. 基于战略规划视角下 Y 高校预算绩效管理研究［D］. 南宁：广西财经学院，2023.

❹ MORA L，DEAKIN M，REID A. Strategic principles for smart city development：A multiple case study analysis of European best practices［J］. Technological Forecasting and Social Change，2019，142：70–97.

进行动态变化调整的，并非一成不变。❶因此，战略规划的制定可以根据实际情况制定长期战略规划和中期、短期战略规划，既保证战略规划的稳定性和指导性，也利于在战略规划的实施中根据变化的内外环境及时地调整战略规划的时间节点，确保战略规划的目标得以实现。

总之，SMART 作为战略目标制定和管理的黄金法则，备受企业、市场、人力资源等不同领域规划的青睐。其不仅可作为不同领域战略管理所应坚持的原则和手段，还可作为管理员工和激励员工的重要管理工具。对于战略目标的制定和落实，SMART 的五个基本原则缺一不可。❷因此，以 SMART 原则为基础，国家在不同领域战略规划的制定，应结合各自的特点及现实所面对的问题，不断适应内外部环境的变化，展现出不同领域战略规划的科学性，进而推动事业改革发展。

第四节　发展规划研制的实践进路

发展规划不仅是一种意识和思维能力，更是一种行动和实战能力。开展发展规划的研制工作，通常包括以下一些基本步骤。

一、树立战略先行理念

随着新时代国家所面临的外部环境的大变化，战略规划的意义逐渐彰显，我国也在不断地调整事关国家发展的战略规划的内容，如在经济上实施"双循环"改革、教育领域实施"双减"政策、卫生上实施医疗保障制度改革等，这些事关社会发展、人民幸福的战略改革，从原先的局部性战略转向了全局性战略的变革。面对这些战略的变革，需要我们重新审视未来中国战略规划的改革问题，其中最为重要的是明确战略规划的理念问题。❸这也是一个有效的战略规划到底该如何构建的前提。战略规划的研制必须立足时代，要在战略规划的理念上自主变革、自我创新，这些创新和变革是全局性和时代性的，并且需要结合自身的特色才能推动不同领域的战略变革。

---

❶ 徐之勋. 富士通将军发展战略规划［D］. 上海：上海交通大学，2021.

❷ 张敏，郑勇. 基于 SMART 原则的高校图书馆战略规划探析［J］. 农业图书情报学刊，2016，28（6）：100-103.

❸ 徐之勋. 富士通将军发展战略规划［D］. 上海：上海交通大学，2021.

　　鉴于此，作为组织部门，特别是组织的领导班子，要在理念上发生改变，明确战略规划的重要性，将其作为日常工作的导向。要紧紧围绕战略规划的目标，把现实问题与目标的达成度相结合，制订系统的方案，并将其付诸实践。❶例如，在高等教育领域的战略规划研制中，就需要在战略规划的理念中明确"中国需要什么样的大学""怎样将中国大学建设成未来高等教育战略所规划的样子"，这一理念的确立，有利于我们明确未来一段时间内中国高等教育战略规划研究的内容。❷此外，高效力的战略规划还应该具备战略理念的动态变化的特点，能够通过战略推行中的问题有效地调整改革理念，尤其是面对主客观条件的变化，能有效采取不同的方案进行适当的调整，以确保整体战略规划能够顺利实施。

二、强化规划顶层设计

　　战略规划是一项系统性、长期性、复杂性的研制过程，需要展现出战略规划的整体性、特殊性、时代性。❸这要求战略规划的研制应该依据战略规划的原则，加强战略规划的顶层设计，完善相应的机制建设，以利于进一步增强战略规划的针对性和科学性，促使战略规划得以顺利实施。❹

　　在具体规划研制的过程中，要加强顶层设计，统分结合。一方面，在战略规划的制定中，要起草相应的整体工作方案，明确规划起草的背景、目标、原则、程序、保障等。一般来说，要有规划领导小组和工作小组，如涉及面较多，还应有相应分门别类的工作小组，做好任务细化分解工作，通过方案来整体推动。另一方面，要尊重战略规划的规律，注重战略的民主化、科学性、主导性、前瞻性、全局性等客观要求，从顶层规划入手，针对某一项问题或某一类问题成立专门的领导小组或专门的机构，以便进行深入调研，找出其形成的根本原因，然后针对其问题组织不同机构、人员进行深入的论证，最后分析、总结、归纳，提出分领域的专项战略规划报告。以教育智库为例，可以从科研、人事、财务、国际等方面，分别形成初步的规划，加强调查研究和深入论证，最后把战略规划所关注的条款内容进行统筹整合，面向社会或组织自身发布相应的战略规划。

❶ 杨之艺. 基于战略规划视角下 Y 高校预算绩效管理研究［D］. 南宁：广西财经学院，2023.

❷ 徐梦佳. 大学战略规划实施效果案例研究［D］. 西安：西安建筑科技大学，2022.

❸ 徐之勋. 富士通将军发展战略规划［D］. 上海：上海交通大学，2021.

❹ 张永福. 高校发展规划实施的困境及其纾解策略［J］. 西部素质教育，2022，8（23）：17-20.

三、优化发展规划内容

作为一个事关全局的战略规划内容，其重要性不言而喻。任何领域的战略规划都可以客观真实地反映不同领域发展的未来前景，同时也可构建不同领域战略规划的实施路径。[1]通过对所研制领域的战略进行科学的规划，尤其对战略规划的内容进行优化，反映出战略规划的现实情况和政治、经济、文化等领域的精神，有助于推动学科战略领域研究的深化，促使领域目标的达成。[2]因此，战略规划的科学性研制可以从战略的需求上进行确定，合理规划战略的愿景、目标、举措、建设项目、经费的划拨等方面的情况，以更好地体现出战略规划内容的完整性。[3]

战略规划最重要的特点就在其"战略"性，这就是要把握主要矛盾和矛盾的主要方面，重视战略规划的重点问题，避免面面俱到、眉毛胡子一把抓。作为一种前瞻性的战略规划，其研制要站在时代的高度，吸取历史教训，展望未来，积极围绕不同领域的重难点进行规划。比如从国家层面的规划来看，就要对经济、社会、教育、医疗等能够反映时代发展和人民需求最为强烈的部分进行调研和规划，进而把握住战略规划的全局性。

四、吸纳多主体参与

多主体参与是发展规划研制民主性的体现。以学校层面的规划为例，发展规划不仅是发出战略管理者的声音，而且要发出家长、学生、企业、社会等不同领域的主体声音。[4]尤其在发展规划制定的过程中，要多方、广泛听取不同人员的意见和建议，摒弃战略规划个人主义、英雄主义的绝对性，发挥民主集中的原则。[5]

就管理者而言，不能仅停留在口头上听取多主体意见，而实际上依旧是以"长官意志"对待他者的意见，没有真正将公众的建议融入发展规划的意

---

❶ 柏必成. 制度建设：智库内容建设的关键 [J]. 智库理论与实践，2021，6（6）：3-11.

❷ ROSELL G, QUERO C, COLL J, et al. Biorational insecticides in pest management [J]. Journal of Pesticide Science, 2008, 33（2）：103-121.

❸ 柏必成. 制度建设：智库内容建设的关键 [J]. 智库理论与实践，2021，6（6）：3-11.

❹ 张菲菲，王倩，张南南. 美国 EPA 战略规划经验借鉴研究 [J]. 环境科学与管理，2013，38（11）：20-24.

❺ 戈大专，陆玉麒. 面向国土空间规划的乡村空间治理机制与路径 [J]. 地理学报，2021，76（6）：1422-1437.

图中。极有可能因为忽略多主体的意见，而致使该战略的实施不能得到较好落实。因此，战略规划的研制可通过研讨会、利用网络邮箱和意见征求等方式进行多元参与。充分展现战略规划的开放性，从某种程度上讲，仅停留在"听""看""说"的水平上，无法体现战略制定的民主性，与要求完全主动积极地参与战略研究的环节还相差较远。因此，发展规划的研制要打破这种境况，提高多元主体战略制定参与的积极性，要确保其发展规划能深入多主体的内心，尊重多主体的需要，发出多主体的声音。❶高明的战略管理者，会让战略规划研制成为广集众智、凝聚共识的过程，成为团结合作、协同创新的过程，成为统一思想、鼓舞干劲的过程。

五、健全完善保障机制

发展规划研制能否科学有效，很大程度上依赖于战略保障的举措能否得到有效落实。以国家层面的规划而言，一般从社会、政治、经济、城市、教育等不同领域战略规划的内容上构建相应的战略保障措施。❷

在组织保障方面，组织机构会因战略的需要，制定符合不同部门的职能，或重新组建和调整组织机构，以此制订与之符合的战略规划方案。这也涉及岗位的设定、人员的编制、组织的架构等方面的变化。值得注意的是，各机构人员的组织并不是独立的，而是相互结合交融，战略规划的政策和方案都需要获得人员的认同，从而使管理者能够充分认识战略规划的意义和价值。❸除此之外，战略规划的研制过程中还需要不定期地召开不同主题的战略规划会议，听取不同组织人员的意见，强化人员之间的沟通和交流，以便对战略实施的运行情况和其中产生的问题进行跟踪分析，并及时反馈和调整战略规划的内容，为下一阶段战略规划的完善奠定基础。

在制度保障方面，要构建完善的战略规划保障制度，提高战略的运行效率。❹通过对战略相关制度的完善，有利于规范制度的运行机制，明确战略运行的范围。管理者要对战略规划有高度的敬畏之心，产生战略的规则意识，自觉遵守战略管理的制度。不同领域战略规划的研制，还要构建多部门协同战略

❶ 曹睿. 地方高校发展战略规划的有效性研究［D］. 西安：陕西师范大学，2017.

❷ 单世蕊. 战略规划长久制定对企业稳定发展的作用及保障机制［J］. 财经界，2020（17）：67-68.

❸ MORA L，DEAKIN M，REID A. Strategic principles for smart city development：A multiple case study analysis of European best practices［J］. Technological Forecasting and Social Change，2019，142：70-97.

❹ 闫二旺. 以山西省为例进行区域卫生可持续发展战略规划研究［J］. 卫生软科学，2003（5）：29-32.

的联通机制，不仅要使人员能够通过信息沟通交流互通有无，而且在战略管理的机制上要明确不同部门和人员的使命与职责，以确保战略得以有效实施。

在资金保障方面，虽然在战略规划研制的过程中不会说明实施一项战略需要多少资金，但充裕的资金预算是保障战略得以顺利实施的基础。❶因此，在研制战略计划时要对财产资金如何分配、使用和管理等进行详细的预算，发挥资金的经济杠杆作用，使资金预算与战略规划的达成目标相一致。这就需要战略规划部门强化资金的管理，对资金的使用进行预算。对大额的资金要提前进行绩效运算，设定合理的资金分配指标，确保资金的使用契合战略任务目标的实现。❷此外，为保证资金的充足、科学，战略规划部门可以在资金的预算上寻求第三方机构的帮助，验证其资金的预算是否达到战略规划的要求。

第五节 小 结

理论研究是开展战略规划的基础。本章深入探讨了战略规划的重要价值和意义，从推动人类文明进步、总结成绩经验、实施科学管理、推动学科建设等方面探索战略规划研究的价值。通过对中外文献的梳理，总结概括出战略规划是从全局性的角度对未来事物的发展进行规划，依此来制定相应的理念、目标、原则、内容、举措等。因而，战略规划也显现出战略目标的明确性、战略内容的可操作性、战略管理的科学性、战略举措的有效性等特点。作为一种战略规划模式，发展规划编制常用的范式主要有 SWOT 模型、PEST模型、波特五力模型、SMART 模型等，这些战略分析范式经常被运用到不同的战略规划领域，以此作为开展战略规划管理的重要工具。为了更有效地推进战略规划的研制，本章还提出了研制发展规划需要树立战略先行的理念，强化规划的顶层设计，优化发展规划内容，吸纳多主体参与，健全完善发展规划保障举措，确保发展规划得以顺利研制和有效实施。

---

❶ 浦天洋. 昆明 WLC 房地产开发有限公司发展战略研究 [D]. 昆明：云南大学，2015.

❷ ROSELL G，QUERO C，COLL J，et al. Biorational insecticides in pest management [J]. Journal of Pesticide Science，2008，33（2）：103–121.

第四章 新时代教育智库的成就与经验

　　教育智库作为中国特色新型智库的重要组成部分，与我国政治、经济、文化等新型智库建设的发展基本同步。自党的十八大特别是 2015 年中共中央办公厅、国务院办公厅印发《关于加强中国特色新型智库建设的意见》以来，新时代教育智库进入一个加快发展的新时期。时任教育部副部长郝平在 2016 年度全国教育科学研究院（所）长工作会议上表示："十三五"期间，是彰显教育科研作用、做大做强教育智库的黄金时期。❶近年来，乘着加强中国特色新型智库建设政策的东风，新时代教育智库在服务决策、创新理论、指导实践、国际交流及自身建设等多个方面取得了巨大进展和优异成绩，积累了丰富的发展经验。

第一节　新时代教育智库建设的成就

　　在国家政策的推动下，新时代教育智库深入开展教育科学研究，积极做好建言献策、创新理论、指导实践和引领舆论等工作，取得丰硕成果。这些成果既有数量上的提升，也有质量上的突破。总体而言，新时代教育智库对政府决策的贡献力、对社会的影响力持续提升，为我国教育事业高质量发展作出了积极的贡献。

一、服务教育决策成果量质齐升

　　服务决策是新时代教育智库的首要功能。教育智库特别是官方教育智库紧密围绕政府中心工作，突出决策服务的战略性、前瞻性和针对性，在服务决策方面不断出实招、谋良策，以高水平的教育科研成果积极助力国家和地方教育事业高质量发展。

---

❶ 晋浩天，陈鹏．"十三五"是教育智库发展黄金期［N］．光明日报，2016-01-15．

（一）决策服务成果的数量初具规模

进入新时代，教育智库积极为国家或区域重大教育政策的出台开展前期调研、项目论证和文本起草、监测评估等工作。根据课题组前期对北京教科院、上海市教科院、湖北省教科院等 20 家省级教育科研院所的调研，仅 2017 年共提交决策服务成果 614 份，决策服务成果的数量已初具规模。中国教科院官网显示：近年来，中国教科院围绕中心，服务大局，聚焦国家教育战略发展和社会现实需求，扎实开展习近平总书记关于教育的重要论述、《教育规划纲要》十周年终期评估、教育脱贫攻坚总结、抗疫和人工智能背景下办学模式和育人方式、家校社协同育人、基本公共教育服务体系、职业技术教育体系、"五项管理"、"双减"、社会资本对教育的影响等一系列重大研究工作，取得了丰硕的科研成果，为国家教育事业改革发展作出了积极贡献。2018—2021 年，共认定决策服务成果 288 份。❶自 2020 年以来，湖南省教科院开展了 47 项省教科规划决策咨询专项课题及 8 项"省领导出题 社科专家答题"等其他智库课题研究，组织专家完成了《加大职业教育专业与新兴产业的对接，培养适应湖南经济发展的技术技能人才》等研究报告。无论是国家层面，还是省域层面，新时代教育智库决策服务成果在数量上有了巨大突破。

（二）决策服务成果的质量逐步提升

新时代教育智库积极参与重大政策文件的研制，加强研究服务决策主题的策划，注重运用实证研究、比较研究、大数据分析等教育科研方法和手段，着力提出解决教育深层次矛盾和问题的思路与办法，切实提高了决策服务成果的质量和水平。

从官方教育智库来看，在课题组前期调研的 20 家省级教育科研院所中，提交的决策服务报告被省部级以上部门采纳的达 463 份，采用率 75.4%，决策服务成果的质量逐步提升。

近年来，中国教科院、上海市教科院、湖北省教科院等教育智库积极参与教育部委托的《关于加快推进教育现代化的若干意见》《中国教育现代化2035》《关于深化教育体制机制改革的意见》《先进制造业十大重点领域人才培养体系研究》等重要项目。2019 年，中国教科院牵头研制了《教育部关于加强新时代教育科学研究工作的意见》，这是新中国成立以来教育科研系统第

❶ 中国教育科学研究院官网：我院简介 [EB/OL]. [2023-12-30]. http://www.nies.edu.cn/gywm/lsyg/202203/t20220310_337985.html.

一个专门政策文件。特别是 2023 年以来，中国教科院按照教育部的决策部署，聚焦教育强国建设目标，围绕国家重大发展战略，深刻分析理解教育强国的内涵特征，研制评价指标、标准和模型，在《教育研究》2023 年第 2 期发表了重要研究成果《建设教育强国：世界中的中国》。2023 年 5 月 29 日，习近平总书记在中共中央政治局第五次集体学习时的重要讲话中指出："据测算，我国目前的教育强国指数居全球第 23 位，比 2012 年上升 26 位，是进步最快的国家。"此测算结果出自上述研究成果，被业内认为是教育科研成果引用的"天花板"。2023 年第 18 期的《求是》杂志以《扎实推动教育强国建设》为题刊发了习近平总书记的重要讲话全文，在这个数据的使用上，文章明确指出是"据中国教育科学研究院测算"❶，研究成果得到党和国家领导人的直接采用，充分体现了新时代教育智库决策服务成果的质量和水平。

从高校教育智库来看，许多高校积极参与服务决策工作。北京师范大学中国教育政策研究院由民进中央和北京师范大学共同组建，因过去十余年为国家重大战略和教育重要决策提供了有力的咨政支持，成为中国教育与社会发展研究院的主建单位。2017 年 9 月，中国教育与社会发展研究院获批国家高端智库建设培育单位。2020 年 3 月，中国教育与社会发展研究院正式获批国家高端智库建设试点单位。从民间教育智库来看，长江教育研究院十多年来一直为中国的教育政策提供决策咨询，如义务段学生免费、义务段学生教材免费和中职生免费等重要议题，多项建议被国家教育部门采纳。

无论是官方教育智库，还是高校教育智库或民间教育智库，近年来在教育强国建设、教育数字化、"双减"工作成效、教育与人口等重大教育战略或民生问题上，都提供了大量的高质量的服务决策成果。其中，2023 年中国教科院发挥国家智库的优势，主动策划、主动作为，开展了面向 31 个省（自治区、直辖市）的"教育强国大调研"，形成了上百万字的服务决策成果。华东师范大学国家教育宏观政策研究院牵头承担了《教育强国建设规划纲要》（学术版）研制工作。以上服务决策工作为《教育强国建设规划纲要》研制提供了强有力的智力支撑。

（三）决策服务成果的发布渠道不断拓展

近年来，新时代教育智库基本都有固定的决策服务平台或常规的报送渠道。比如，中国教科院的《科研与决策》《教育成果要报》等平台，长期为教

---

❶ 习近平. 扎实推动教育强国建设 [J]. 求是，2023（18）：4.

育部提供高质量的咨询报告。从课题组有关的材料搜集和调研来看，在省级教育智库中，也都积极发挥服务决策的职能。北京教科院通过编发《成果快报》更快、更好地实现成果转化。湖南省教科院把《教育决策参考》作为拳头产品，在《湖南教育快讯》设立"教育决策参考"专刊，及时刊发各类教育决策咨询研究报告。山西省先后编撰了《教育决策参考》《教育工作参考》《教育舆情旬报》《教育资讯》等内参资料，围绕教育决策关注的重大教育问题，收集、梳理、评价有关资料和研究成果。类似的服务决策平台，都为国家和地方教育部门的决策提供了重要参考，发挥了积极作用。许多高校教育智库都接受教育部司局的委托，开展决策服务。北京师范大学中国教育政策研究院因是和民进中央共建智库，所以长期稳定向民进中央报送智库成果。此外，还有一些中央媒体，如《人民日报》《光明日报》、新华社等都有内参平台。总体来说，智库成果上报的渠道更加多元畅通。

新时代教育智库在巩固好传统决策成果报送渠道的基础上，强化成果发布载体的多样化建设，充分利用微信平台等现代新媒体技术加快研究成果的发布与转化。多地教科院所打通了决策成果"向上"报送与"向下""向外"发布渠道，把研究成果及时发布到县市区及全社会，受到基层教育管理部门和学校的广泛欢迎。随着服务决策质量和水平的提高，新时代教育智库越来越成为教育行政部门可依靠、用得上、离不开的智囊团和思想库。

二、教育理论研究成果集中涌现

近年来，新时代教育智库成果颇丰，产生了一批学术价值厚重、社会影响广泛的优秀成果。2021年，全国教育科学规划领导小组办公室组织开展了第六届全国教育科学研究优秀成果奖评选，共评选出获奖成果344项，其中一等奖26项，二等奖119项，三等奖199项，评选出顾明远的《中国教育路在何方》、何克抗的《中国特色创新型教育信息化理论与实践》等一大批优秀的教育理论成果。这些成果，无论是在理论界还是在实践领域，都产生了广泛的影响。

（一）丰富发展中国特色社会主义教育理论体系

理论研究是教育智库立身之本。近年来，新时代教育智库围绕习近平总书记关于教育的重要论述、马克思主义教育思想、党的教育方针、教育现代化、教育强国、办好人民满意的教育等重大的时代课题，开展了一系列卓有成效的研究，一系列富有创新价值的研究成果公开发表，进一步丰富发展了中国特色社会主义教育理论体系。以教科院为代表的隶属于政府的教育智库为例，笔者通过中国知网对近年来公开发表的成果进行统计发现，这些智库在教育理论研究上取得了丰硕的成果。2020—2022 年，中国教科院发表成果分别为 418 篇、425 篇和 427 篇，位居政府教育智库第一位。这和多家第三方的智库评价高度一致，根据中国社科院 2019 年发布的智库排名，中国教科院智库在我国排在第 37 位，但是其中的学术排名在第 17 位。紧跟其后的是北京教科院，2020—2022 年也分别发表了 373 篇、377 篇和 314 篇学术论文。学术成果方面，这两家在所有教科院所中处于第一梯队；第二梯队有上海市教科院、重庆市教科院、江苏省教科院和湖南省教科院，每年成果的发表也都在 100 篇以上；广东省教育研究院、湖北省教科院、山东省教科院、四川省教科院处于第三梯队（表 4.1）。2023 年以来，新时代教育智库认真贯彻落实习近平总书记重要讲话精神，加快构建中国哲学社会科学自主知识体系，集中聚焦"中国教育学自主知识体系建构"开展了深入研究，取得了一定的研究成果，为教育强国建设提供了扎实的理论支撑。

表 4.1　2020—2022 年国内教育智库（教科院）公开发表学术论文统计

单位：篇

单位	2020 年	2021 年	2022 年
中国教科院	418	425	427
北京教科院	373	377	314
上海市教科院	128	148	132
重庆市教科院	131	111	127
江苏省教研院	138	102	124
湖南省教科院	130	118	102
广东省教育研究院	61	57	78
湖北省教科院	33	37	74
山东省教科院	61	51	66
四川省教科院	72	60	65

（二）聚焦教育热点、难点和前沿问题开展研究

和高校学院派的研究不一样，教育智库的许多理论研究成果，都是紧密结合教育热点、难点问题和教育前沿问题展开。近年来，教育智库对教育政

策和实践领域涌现出来的"双减"、教育评价改革、考试制度改革、教师负担、大学生就业、来华留学生质量、教育数字化、新冠疫情对教育的影响等问题开展了一系列研究，这些都是热点问题，也是难点问题。同时，新时代教育智库立足地方特色，聚焦教育热点难点问题，还推出了一系列具有时代特征、地方特色、富有实践解释力和思想影响力的教育理论创新成果。如福建省石狮市区域推进教育综合改革的经验得到中央领导批示，"山东潍坊：构建办人民满意教育的长效机制""成都武侯：'两自一包'学校管理体制改革"等改革经验得到国家领导人和教育部领导的充分肯定，而且也都以不同形式进行了发表。

在教育前沿问题研究方面，随着未来学校、STEM 教育、科学教育、教育数字化、人工智能与未来教育、自然科学与教育研究的融合、ChatGPT 对教育的影响等新领域研究成果的不断涌现，教育前沿理论研究的视域不断拓展；未来学校实验室、STEM 教育研究中心等一批致力于从事新教育领域研究的机构相继成立，许多教育新理念、新样态、新模式在不断研究、探索和实践。在这些研究方面，新时代教育智库开展了许多富有前瞻性的研究，在一定程度上发挥了政策方向标的作用，引领了教育战线的理论研究方向。

三、指导教育教学实践成效显著

理论紧密联系实际，是教育智库工作的基本原则。新时代教育智库采取若干重大举措推进教育理论与实践的联通，着力提高实践指导的力度、效度和满意度，有力支撑了区域教育高质量发展。

（一）推进区域教育综合改革成效明显

以实验区、实验校建设为抓手先行先试，探索推进教育综合改革的新模式，成为新时代教育智库指导实践的成功经验和普遍共识。中国教科院自2008年创建全国第一个教育综合改革实验区以来，经过十几年的实践探索，实验区发展进入快车道，区域布局不断优化、建设规模有序扩大、建设质量持续提升。教育新理念、新技术、新方法在实验区落地生根，实验区优质教育资源得到有效拓展，院区专家、校长及教师队伍的能力和水平不断增强，探索出教育科研服务国家宏观战略决策的新路径、新模式和新策略，为国家深化教育综合改革提供了实践支撑和典型案例。在中国教科院及地方教育智库的专业指导下，先后推出的杭州市下城区的"高位均衡轻负高质"、成都市青羊区的"城乡统筹质量领先"、深圳市南山区的"追求卓越对话世界"、沈阳市沈河区的"适合教育"、北京市房山区的"精确供给满足需求"等区域教育发展模式得到师生家长的广泛认同，人民群众对教育的满意度大幅提高。

省域层面的教育智库立足教科、教研"两条腿"走路，引领地方找准问题、走对路子，促进区域治理体系和治理能力转型升级，改变了单一的行政思维和依靠传统经验的管理方式，改善了区域教育生态圈。山东省教科院积极参与山东省教育事业发展"十三五"规划编制工作；参与山东省教育厅职业教育处组织的省规范化学校、品牌专业建设，以及省示范校的评选、检查和认定工作。参加 2016 年山东省政府督导室组织的首次职业教育专项督导检查工作；编制《山东省老年教育发展"十三五"规划（征求意见稿）》；参与山东省《关于进一步推进社区教育发展的意见》《终身教育条例》等文件的编制工作；撰写《山东改革开放实录》（民办教育部分）；承担山东省教育厅《民办教育分类管理办法》系列文件的编制工作。承担山东省教育厅职业教育处对 17 市三年的中等职业学校文明风采活动成绩赋分及统计；参与《职业院校学生生源现状的调查研究》，承担中、高职学生问卷编制；承担山东省教育厅2016 年"互联网+教师专业发展"工程的部分研修任务；参与山东省教育厅"国家改善薄弱学校工程"平台建设；参与山东省教育厅组织的"大学毕业生技能基本功大赛"的评审工作等。承担制定山东省中小学信息技术、实践活动、高中通用技术德育实施指导纲要；组织山东省中小学信息技术、校本课程、高中通用技术、义务段综合实践活动和小学英语德育优秀课例展评活动；组织中小学信息技术、小学英语等参加全国评优活动，并取得较好成绩。

（二）课程教学改革效果明显

中国教科院坚持把课堂教学改革作为教育改革的重要抓手。近年来，通过科研引领，积极探索推进"品质课堂""生动课堂""智慧课堂""差异教学""翻转课堂""同步课堂"等新型课堂教学模式，推动未来学校、学科功能教室、STEM 等项目在实践中落地生根。高质量课堂展示活动平台是中国教科院面向实验区打造的高端服务平台之一，平台建设的宗旨是为各实验区搭建课堂改革的交流研讨平台，促进各区之间相互学习、联动发展、共同进步，共商共建共享区域高质量课堂的优秀成果，打造区域教研共同体，共同助力新时代区域教育质量的提高。2019 年第七届高质量课堂展示活动在深圳市南山区举行，来自全国各实验区的教师分别进行了初中段、小学段 31 堂课堂教学展示，为高质量课堂建设提供了鲜活的示范案例。评奖淡化比赛意识，从最佳教学设计、最佳课堂组织、最佳教学创意、最佳教学风采、最佳信息技术应用等方面分学科分类设奖，29 名教师获得了"卓越课堂"等 7 个奖项，会后发布了《基础教育高质量课堂建设的南山共识》。❶2023 年，第八届高质量课堂展示活动在重庆市举办，同样取得了较大的社会影响。各地教育智库充分发挥教育科研人员特别是教研员队伍的作用，积极参与指导课堂改革，推动课堂主阵地作用的发挥，提升育人质量。

（三）教师专业发展大幅提升

新时代教育智库借助实验区、实验校等平台，创新教师培养方式，切实加强校长、教师队伍建设，在全国培养了一批名师名家。同时，有些教育智库还借助高级访问学者和青年访问学者平台，使许多优秀的名师名家得以实现快速的专业成长。中国教科院通过实验区、实验校，始终把名师名校长成长作为指导工作的重要抓手。在中国教科院的带领下，各地教育智库都非常重视名师名校长的成长，教师教学方式的转变明显，教学力、研究力进一步增强。同时，新时代教育智库还通过博士后平台，推动教育智库人才培养和教师专业发展。中国教科院的博士后平台经常招聘的是具有基层一线管理和教学经验的研究人员。目前在省级教科院（所）里，只有上海市教科院和湖南省教科院拥有博士后工作站。根据课题组调研，以湖南省教科院为例，博士后工作站自 2010 年 8 月获准设站以来，规模不断扩大，各项工作不断完善，先后聘请了 9 位退休行政领导担任博士后合作导师。博士后工作站近年来运行良好，招收人数相对较多，每年有 10 多位，并建立了相关培养和管理的计划与制度。为了确保博士后合作研究，每年投入经费 80 万元。制定博士后管理办法，按工作量给合作导师发放津贴；设定合作导师退出机制，年龄到了 65 岁就要退出。还专门腾出了一栋 2200 平方米的五层楼房供博士后教学使用，有二十几间房子，每个博士后有一间工作室、一间独立寝室。为进一步加强省教科院人才培养，推动博士后研究人员多出成果、出高水平成果，博士后工作站配备了装有课堂教学平台的研论活动室，博士后研究人员培养手段更先进、硬件设施更现代化。鼓励学员紧密联系实际，利用最先进的教学与研究设备，定期开展博士后研讨班活动，围绕服务决策，广泛开展学习和研究，取得了一定成果。

---

❶ "课堂革命"的"南山共识"发布！中国教科院支持南山教育先行示范 ［EB/OL］.（2019-12-22）［2023-12-20］. https://www.dutenews.com/n/article/216861.

四、国际交流合作成为新增长极

国际影响力是教育智库评价的重要指标。近年来，中国教科院协同全国教育科研战线，紧紧围绕国家重大发展战略需求，以主办高端国际教育研讨会为抓手，形成高水平多层次教育科研交流合作新格局，不断提升教育智库的国际影响力。2016 年，作为"第七轮中美人文交流机制高层磋商"配套活动，中国教科院成功承办"首届中美教育智库对话"，来自中美两国的 150 名教育决策者、管理者和研究者出席了对话活动，开启了中美教育智库对话交流的先河，有效服务了国家外交战略和中美人文交流高层磋商；同年，中国教科院与经合组织（OECD）合作举办以"面向教育 2030 的教育研究、决策与创新"为主题的"G20 教育对话"，来自 G20 成员与嘉宾国的约 80 名外方代表与会，初步建立了 G20 教育对话机制。2017 年，配套中俄人文合作委员会第十八次会议，成功举办"中俄教育战略对话"会议，在中俄人文交流机制框架下，签署启动了"中俄面向 2030 的教育现代化比较研究项目"；成功举办亚太经合组织教育战略行动计划研讨会和亚太经合组织教育战略对话会议，打造亚太地区教育界交流对话的平台，促进亚太地区各经济体之间的教育交流与合作；积极响应国家"一带一路"倡议及教育部《推进共建"一带一路"教育行动》，举办"一带一路"教育对话会议，推动"一带一路"共建国家教育研究共同体的构建；组织举办第二届 G20 会议和东盟教育研究网络会议。每次重大的国际交流活动，全国各大教科院所都积极参与，相互学习，彼此了解，在参与中提升水平，提升影响力，大大增强了中国教育智库的国际影响力和美誉度。

从 2020 年年初开始的疫情，对国家层面各个领域的国际交流合作产生了重大影响。在这个过程中，虽然外出访问的机会减少，但是许多教育智库通过线上、远程的方式，仍保持和国际同行教育智库的联系，在一定程度上巩固了国际交流合作关系的延续性，为疫情后开展深度的教育科研合作奠定了基础，维系了纽带。

2023 年 2 月，中国教科院成功承办世界数字教育大会平行论坛"智慧教育发展评价"，并在主论坛上面向全球发布了中国智慧教育蓝皮书及智慧教育发展指数报告，引发广泛关注。在世界数字教育大会期间，中国教科院与经合组织就未来双方加强教育数字化转型联合研究等工作签署了合作意向书，借助经合组织国际影响力和在国际大规模教育调查、政策支持服务等方面的显著优势，增强我国教育智库在国际组织中的话语权。2023 年 9 月，中国教科院与经合组织开展合作会谈，双方将以开展务实而高效的项目合作、共同举办国际会议、联合发布科研成果等方式，落实合作方案。2023 年 12 月，北京教科院与特里尔市德中友好协会、特里尔孔子学院签署三方合作意向书，将进一步与德方探讨在教育研究、学术研讨、教师培训、文化活动等方面的具体合作。❶

五、智库治理体系日益完善

近年来，新时代教育智库认真学习贯彻习近平总书记关于加强新型智库建设的重要指示精神，落实中共中央办公厅、国务院办公厅《关于加强中国特色新型智库建设的意见》和教育部《中国特色新型高校智库建设推进计划》精神，切实把智库建设摆在突出位置，治理体系和治理能力水平不断提升。

（一）教育智库建设的目标思路更加清晰

新时代教育智库注重加强顶层设计，制定了智库建设的中长期发展规划，提出了建设新型教育智库的战略目标和发展思路，坚定了引领服务国家与地方教育决策的职能定位、发展方向和有效途径。早在 2011 年 11 月，刘延东同志就中国教科院的发展定位，明确指出"建设中国特色的一流国家教育智库"。2017 年，全国教育科研战线加快内涵式发展的步伐，加快推进中国特色新型教育智库建设，机构建设的成熟度显著提高。山东省教科院将自身角色定位为：打造省级教育智库。智库职能定位为"两个服务"，即服务教育决策、服务学校发展。打造教育智库，以教育问题为对象，以影响教育决策为目标，以公共利益为导向，以社会责任为准则，主要着眼于以下四项工作：一是为教育决策提供咨询，为决策者献计献策、判断运筹，即提供设计；二是反馈信息，对决策追踪调查研究，结果反馈到决策者，即纠偏；三是进行诊断，根据教育现状，研究问题成因、寻找症结，即问题导向；四是预测未来，多角度、多方法，预测方案供决策者选用，即前瞻性。从以上的定位来看，山东省教科院以服务决策为重点、服务学校发展为依托，定位准确，思路清晰，任务明确。湖南省教科院认真贯彻党和国家关于"加强智库建设"和"加强新时代教育科学研究工作"的要求，深入落实省、厅相关部署，依托"湖南省教育战略研究中心"这一核心智库平台，把服务教育强省和"三

---

❶ 有关材料根据中国教科院、北京教科院官网新闻整理。

高四新战略"作为核心任务，开展有组织的科研，着力打造新型教育智库和高水平教育教学研究机构。

（二）机构设置和服务职能不断优化

新时代教育智库不断优化机构设置、拓展服务职能，增加决策咨询研究机构和宏观教育研究机构的数量，着力组建更加符合智库功能定位的组织机构。

从国家层面来看，国家教育智库的力量得到切实增强。自 2017 年开始，中国教科院不断优化组织机构设置。2021 年，中国教育科学研究院与教育部教育发展研究中心整合成新的中国教育科学研究院，由原来的 20 个内设部门增加到 35 个内设部门，新增德育与党建研究所、劳动教育研究所、教育财政研究所、未来教育研究所（2023 年更名为数字教育研究所）等，新增加了党委办公室、图书资料与信息中心，整体的业务板块更加聚焦教育部中心工作，拓展了业务范围。同时，根据教育部批复的《中国教育科学研究院章程》，实行院党委领导下的院长负责制，党委书记由行政主要负责人担任。❶党对教育智库和教育科研工作的全面领导进一步强化。

从地方层面来看，省级教科院所更加重视智库建设。河南、四川等多家教科所更名升级为教科院，江苏省教科院成立教育现代化研究院，机构职能得到进一步强化和拓展。以山东省教科院为例，根据课题组调研，山东省教科院是山东省教育厅直属的从事教育科学研究和咨询服务、具备独立法人资格的公益一类事业单位。其前身为 1956 年成立的山东省教学研究室、1979年成立的山东省教育科学研究所和 1992 年成立的山东职业教育与成人教育研究所。2015 年 7 月，为了有效支撑教育智库发展，以上三家单位进行了合并，正式成立了山东省教科院。应该说，这是一家成立时间并不太长的新型智库。目前，山东省教科院设有教育发展战略研究所、基础教育研究所、职业教育研究所、高等教育研究所、继续教育研究所、教育评估所、教师发展研究中心、教育媒体发展中心和传统文化教育中心 9 个中心、所和院办公室（党委办），并设有《当代教育科学》杂志社、《中国成人教育》杂志社和《现代教育》杂志编辑部。目前在编人员共 90 余人，编外人员 10 余人。挂靠机构有山东省教育科学规划领导小组办公室等，社团组织有山东省教育学会、山东成人教育协会等。从所设机构、团队建设和相应的资源来看，山东省教科院具有做强做大智库的实力，智库的功能将进一步得到大幅提升。

---

❶ 根据中国教科院官网"组织机构"和"我院章程"整理。

（三）人才队伍水平显著提升

人才是智库赖以存在和发展的第一资源，教育智库的建立、发展和繁荣，必须拥有一支高素质创新型的智库人才队伍。新时代教育智库高度重视人才队伍建设，创新人才培养培训的思路措施，进一步健全培训、轮岗、挂职、研修等人才培养机制，提升了教育科研队伍的整体质量和专业化水平。中国教科院及多地教科院所都制订了青年人才支持计划、行政科辅人才成长计划。以中国教科院为例，截至 2019 年，40 岁及以下青年 119 人，占人员总数的 50%。近年来，通过派遣驻外实验区专家、挂职校长，以及到政府挂职等形式，提升青年学者的实践素养，一批青年学者已成长为智库事业发展的中坚力量。❶

从调研情况来看，四川、天津等教科院选派研究人员赴政府等多个部门挂职；北京、湖南等多地教科院所选派青年人员赴国外研修；中国教科院、上海市教科院、湖南省教科院通过博士后的培养与使用提升教育智库研究力量。四川省教科院不断推进教育科研队伍建设，为教研科研人员制定了三年发展规划，启动教育科研人员三年"三个一"发展规划，要求每位教育科研人员深耕一门学科（方向），领研一项课题，推广一个项目，并将其完成情况纳入岗位管理考核。同时，四川省教科院启动重点学科（研究方向）项目建设方案，全力推进重点研究项目建设，整体提升研究水平和影响力。

（四）数据库和基础平台建设不断完备

数字化时代，数据是重要的战略资源。新时代教育智库要进一步加强数据库和基础平台建设，推进信息技术与教育科研深度融合。自 2017 年起，中国教科院持续推进教育决策模拟系统平台、全国教育调研平台、数据分析平台、国际教育比较平台、成果发布平台建设，科研保障能力大幅度提升。2019 年发布的《教育部关于加强新时代教育科学研究工作的意见》中提出要建立四大平台：积极搭建全国教育数据信息平台，建立全国教育数据公开共享机制；搭建全国教育调研平台，聚焦教育重大决策部署实施情况和重大现实问题，协同开展全面深入的调查研究；搭建国外教育信息综合平台，充分发挥驻外使领馆教育处（组）职能作用，密切了解跟踪国外教育改革发展动态；完善全国教育科学规划管理平台，统筹管理和使用各级各类教育科学规划课题成果。其中，全国教育调研平台拥有很好的基础和机制，近年来在中国教科院组织的基础教育、职业教育和高等教育多轮全国满意度

---

❶ 姜朝晖. 新时代教育智库人才成长路径研究 [J]. 大学（研究版），2020（1）：21.

大调研中发挥了非常重要的作用。此外，为加强过程管理，提高管理效率，促进成果转化，全国教育科学规划办持续优化"全国教育科学规划管理平台"，赢得广泛好评。

各地教育智库的教育云和教育监测与评价指标数据库建设成效显著，在加强教育质量监测、运用大数据改进教育质量、提高决策服务的科学性和有效性等方面发挥了重要作用。根据课题组前期调研，在平台建设方面，甘肃省教科院成效比较突出，近年来该院在心理健康和教育科学规划课题管理中开发建成了三个平台。一是建立了国家心理咨询师模拟备考平台。平台的主要功能体现为：学员注册登录后可以通过该平台进行模块化的即时习题练习，随时随地测量学习结果；同时，在国家心理咨询师考试前通过该平台进行两次模拟考试，为学员提供全面的评测信息；自开通以来，平台为受训者提供了时空更加随性、训练更加标准的全方位服务，受到了学员的一致好评。二是建立了甘肃省德育与心理健康组织机构管理平台。为形成"互联网+"环境下中小学德育与心理健康教育的有效模式，甘肃省教科院构建甘肃省德育与心理健康组织机构管理平台。该平台通过层次化的网络连接设置将全省心理健康教育组织机构纳入全面的、系统的网络管理模式中，设立省、市（州）、县（区）、学校四级管理模式，每一层级设有专门的管理人员，由专兼职教研员或者学校教师担任。其主要职责为通过网络系统及时上报所在辖区的中小学生心理危机事件、协调辖区内各类德育与心理健康教研活动的组织与开展。自平台投入使用以来，基本形成了上下联动、互通信息的常态化工作机制，全面推进了甘肃省德育与心理健康教育科学的良性发展。三是建立了甘肃省教育科学规划课题管理平台。甘肃省教科院决定逐步构建课题管理的数字化工作流程，建成后的甘肃省科学规划课题管理平台，业已实现课题立项与中期评估管理的数字化。平台实现了立项申报书关键内容自动化审核功能、立项申报功能、立项评审功能、过程性管理功能。目前，该平台成功解决了课题优秀成果的系统化数据留存问题，简化了立项环节工作流程的繁杂与低效难题，实现了课题实施的过程监测。

高校智库积极开展数字化平台的建设。2021年由华东理工大学和上海市教科院联合成立"长三角教育现代化研究中心"，围绕"到2025年建成区域教育现代化研究高地，到2035年建成知名区域教育现代化研究智库"的总体目标，着力聚焦教育现代化指标监测与评价、"产业链—创新链—人才链"有机融合、国际大都市教育比较、区域教育一体化等方向发力，目前已建立了大规模的数据资源平台，正在为国家和区域战略贡献创新策源能力与智慧。

特别是该中心的"教育现代化指标监测与评价"平台，其强大的算力和数字资源已经在科学研究和服务决策中发挥了重要作用。

第二节　新时代教育智库发展的经验

新时代教育智库发展成就的取得，既是党和国家高度重视智库建设，提供有力政策支持和充分经费保障的结果；也是全国教育科研战线围绕中心、服务大局，坚定正确的政治方向，全力服务国家重大战略需求的结果；还是全国教育科研战线不忘初心、牢记使命、团结协作、开拓创新，努力解答教育改革发展中的重大理论和现实问题的结果。虽然2020年之后智库发展的热度总体在"降温"，但是新时代教育智库取得的成就是巨大的，在发展过程中积累了许多宝贵的经验。

一、坚持正确政治方向

坚持和加强党的全面领导，是新时代教育智库发展的重要政治保障。新时代教育智库坚持党的领导，坚持正确的政治方向，牢牢把握意识形态主动权，明确发展定位，催生新理念、新创造、新活力，充分发挥智囊团和思想库作用。党的十八大以来，教育智库坚持以习近平新时代中国特色社会主义思想为指导，准确把握教育智库的根本性质和发展方向，深入开展各项政策研究，以高质量党建引领新型智库建设，造就一支德才兼备、富于创新精神的教育科学研究和决策咨询队伍，建立一套治理完善、充满活力、监管有力的科研院所管理体制和运行机制，充分发挥教育智库咨政建言、理论创新、舆论引导、社会服务、公共外交等重要功能。教育智库坚持以马克思主义为指导，专家学者真学、真懂、真信、真用马克思主义，做坚定的马克思主义信仰者、研究者、传播者和践行者，善于运用马克思主义的世界观和方法论去发现问题、研究问题和解决问题。教育智库不断加强党的基层组织建设，严格落实意识形态工作责任制，以党的政治建设为统领，将党的建设与业务工作紧密融合，认真落实全面从严治党要求，不断提升党建工作科学化水平。教育智库坚持以服务国家和区域教育改革发展重大战略需求和人民的需要为宗旨，聚焦重大战略性、前瞻性问题，深入探讨新时代办好人民满意教育的有效对策，提升决策服务水平。总体而言，随着全面从严治党的深入落实，教育智库加强了党的领导和党的建设，体制上逐步建立了党委领导下的院长负责制，以党风带动学风、研风，新时代教育智库的整体面貌焕然一新。

二、坚持理论联系实际

坚持理论联系实际，是我们党的光荣传统和优良作风，也是新时代教育智库工作的基本原则。党的十八大以来，教育智库注重坚持理论联系实际，推动理论与实践的良性互动。一方面，新时代教育智库以创新教育理论为基础支撑，着眼各级各类教育和教育的各个领域、各个方面，不断丰富和完善中国特色社会主义教育理论体系。另一方面，新时代教育智库以推进区域教育综合改革实验区建设为平台，以发现、解决问题和打造区域教育典型经验为目的，深入地方基层学校指导教育实践。调查研究是理论联系实际的重要方式，全面性的社会调查、持续性的信息获取，是教育智库提升咨政建言水平的根基所在。新时代教育智库坚持面向基层一线，把调查研究摆在突出位置，着力提升调研质量，融通社会调查与学术研究，深入一线学校观察、洞悉教育发展大势，把握教育发展规律，深化推动中国特色教育理论发展，积极推进政府科学决策、民主决策，致力推动教育改革发展。在全面建设教育强国新征程上，教育智库必须持之以恒坚持理论联系实际，扎根中国大地开展理论研究和实践探索，为办好人民满意的教育、加快推进教育现代化、建设教育强国作出教育智库的应有贡献。

三、坚持提高科研质量

科研质量是教育智库的生命线。首先体现在研究选题上，新时代教育智库应牢固树立问题意识，紧紧围绕新时代发展重大教育理论和实践问题，深入研究回答党中央、国务院关注的全局性、战略性问题，有针对性地开展政策研究、政策解读、公共决策咨询、决策方案评估等，提出具有建设性和可操作性的解决方案，服务党和国家中心工作。其次体现在队伍建设上，应加强智库队伍建设。针对教育智库所需人才的具体要求，严格把关人才引进，提高引进人才质量，优化智库人员结构。加强同实际工作部门及其他政策研究部门机构的密切联系，多渠道开展交流与合作，加强与国内外高校、决策咨询机构的联系和交流，建立全方位开放的教育智库人才培养体制。最后体现在创新科研范式上，应通过开展有组织的科研，形成团队集体攻关的科研模式，注重运用大数据的实证研究，加强循证研究方法的使用，在重大项目上取得突出的成绩，支撑教育行政部门科学决策。

四、坚持战线协同创新

协同创新是开展重大战略研究的必要方式。党的十八大以来，教育智库不断加强资源整合，强化协同创新，稳步推进"省际"联盟、"院校"联盟、"院院"联盟等科研协同机制建设，健全教育智库联合攻关的机制。特别是《教育部关于加强新时代教育科学研究工作的意见》颁布之后，对全国教育科研专门机构、高等学校、中小学、教育学术团体和社会教育研究机构等队伍的职责定位做了进一步明确，要求建立全国教育科研系统一盘棋的工作格局。中国教科院积极发挥国家级平台作用和组织作用，通过召开全国教育科研工作会议、举办全国教育科研管理干部培训班，以及组织全国教育科学规划课题评审立项工作等方式，进一步凝聚全国教育智库的力量。2024 年 1 月，2024年全国教育科研工作会议在天津召开。会议的主题是，深入学习贯彻习近平总书记在中央政治局第五次集体学习时的重要讲话精神，贯彻落实 2024 年全国教育工作会议精神，部署中国教育学建设研究。这次会议，中国教科院充分发挥排头兵作用，构建了上下联动、横纵贯通、内外合作的协同创新机制，提升了科研战线的协同攻关能力，为推动教育高质量发展贡献了重要专业力量。

省级教育智库积极作为，建立省级教科院协同合作机制。2023 年 11 月，由陕西省教科院、长江教育研究院、湖北省教科院、江苏省教科院、重庆市教科院、湖南省教科院、福建省教科院共同发起的省级教育智库联盟在北京外国语大学成立。省级教育智库联盟将着力搭建省级教育智库交流沟通的平台，促进各省级教科院强强联合、优势互补、资源共享，提高决策服务水平，推进新型教育智库建设，推动教育创新发展。

高校教育智库教育学科主动服务教育强国建设。2023 年 10 月，在浙江大学由 10 所"双一流"大学的教育智库发起成立了教育强国建设智库联盟，包括浙江大学联合国教科文组织研究中心、教育部—清华大学教育战略决策与国家规划研究中心、北京大学教育经济研究所、南京大学高等教育研究与评价中心、教育部中国人民大学教育发展与公共政策研究中心、华中科技大学院校发展研究中心、同济大学教育现代化研究中心、厦门大学高等教育发展研究中心、东北师范大学中国农村教育发展研究院、南京师范大学道德教育研究所 10 家高校智库机构。这些教育智库实力非常强大，将为教育强国建设提供强大的智力支持。

此外，新时代教育智库立足国内、放眼世界，积极推动中国教育科研事业走出国门，逐渐从"跟跑"到"并跑"，并在优势领域逐步"领跑"。教育智库以主办高端国际教育研讨会为抓手，形成高水平多层次教育科研交流合作新格局，不断提升教育智库的国际影响力；不断加强与国外优秀教育科研机构的交流与合作，积极开展国际比较研究，特别注重加强与联合国教科文组织、OECD 有关教育部门、"一带一路"共建国家和地区的教育交流合作；不断扩大我国在国际教育组织和科研合作项目中的参与度，积极参与全球教育治理，为世界教育发展提供中国智慧、中国方案。

五、坚持智库内涵发展

加强内涵式发展，是教育智库不断做大做强的根本所在。新时代教育智库根据中央文件精神，不断深化内涵式发展，推进治理体系和治理能力现代化。一是优化机构设置和服务职能，通过机构改革，明确服务国家和区域教育发展，或者成立各种类型的研究智库，积极为教育发展建言献策。例如，2021 年教育部组建新的中国教育科学研究院后，颁布了新的章程，各项职能职责更加明确。2023 年以来，中国教科院围绕教育强国建设这一主题主线，积极组织开展教育强国大调研，在《教育强国建设规划纲要》研制过程中发挥了智库应有的重要作用。湖南省教科院把智库论坛作为核心品牌进行重点打造，以"人工智能与教育变革""人工智能与乡村教育"为主题，面向全国连续举办两届"教育智库·湘江论坛"，《中国教育报》进行整版专题报道，产生良好反响；每年举办京湘基础教育论坛、职业教育主题论坛、高等教育热点论坛、民办教育创新论坛等多场区域性、主题性研讨会，形成"1+X"的多元化学术交流平台，营造智库研究交流的良好氛围。二是坚持守正创新。"守正"即为坚持正确的政治方向，努力建设面向现代化、面向世界、面向未来的中国特色新型智库体系，更好地服务党和国家工作大局，为实现中华民族伟大复兴的中国梦提供智力支撑。"创新"就是要把握"新型"的要求。中国特色新型智库之"新"关键在于理论理念创新和体制机制创新。理论理念创新，致力于服务政府决策，推动实际工作，及时总结教育新特点、新规律，凝练新概念、新理念，转化为对策研究的范式。创新内部体制机制，包括重大课题选题机制、科研组织机制、科研评估机制等。三是加强平台建设和文化产业发展。近些年，教育智库不断加强数据库和基础平台建设，致力于搭建"全国教育数据信息平台""全国教育调研平台""国外教育信息综合平台""全国教育科学规划管理平台"等，持续深化合作，开展协同攻关，进一步加强各方面资源和力量的整合，大力推进有组织科研，推动高质量教育科学研究，更好地服务国家教育决策，推动教育事业繁荣发展。同时，加强产学研的结合，真正实现科研与产业的有效互动和协同发展，实现经济效益和社会效益的双提升。

第三节 小 结

本章全面梳理了新时代我国教育智库建设取得的重要成就及形成的宝贵经验。在国家政策的推动下，新时代教育智库深入开展教育研究活动，为教育事业的科学发展作出了积极贡献，取得了瞩目成就，表现为：服务教育决策成果量质齐升，成果发布渠道不断拓展；教育理论成果集中涌现，聚焦教育热点、难点问题和教育前沿问题，丰富发展了中国特色社会主义教育理论体系；积极指导教育教学实践，区域推进综合改革和课程教学改革成效明显，教师专业发展大幅提升；教育智库的影响力及在国际组织中的话语权显著增强；教育智库的体制机制保障日益完善，智库建设思路更加清晰，机构设置和服务职能不断优化，人才队伍水平显著提升，数据库和基础平台建设逐渐成熟。与此同时，新时代教育智库建设也积累了丰富的经验，主要有五个方面：一是坚持正确政治方向；二是坚持理论联系实际；三是坚持提高科研质量；四是坚持战线协同创新；五是坚持智库内涵发展。这些成绩和宝贵经验为加快推进新时代教育智库再上新台阶、支撑服务教育强国建设奠定了扎实的基础。

第五章　新时代教育智库的问题与挑战

自 2015 年 1 月中共中央办公厅、国务院办公厅印发《关于加强中国特色新型智库建设的意见》以来，我国智库建设进入"快车道"，掀起了新一轮的智库建设发展高潮，中国特色新型智库体系的"四梁八柱"逐渐完善，"特色"和"新型"要求逐渐落实。根据美国宾夕法尼亚大学 TTCSP 项目发布的系列《全球智库报告》，2020 年我国智库数量为 1413 家，位居全球第二。可见，我国已然成为智库大国，但"大"并不意味着"强"。目前，在全球前 100 家顶级智库中，中国智库仅占 8 家。[1]虽然我国教育智库建设取得了有目共睹的成就，但受多方因素影响，仍存在一些不容回避的问题与不足。

第一节　服务决策前瞻性亟待增强

教育智库是促进教育决策科学化的关键支撑，服务决策是教育智库的首要职能。近年来，虽然我国教育在服务决策的意识和能力上不断提升，但毋庸讳言的是，许多研究都缺少前瞻性、理论性、创新性，真正能够为各级政府部门参考使用的高质量咨询报告并不多，总体难以满足教育行政部门决策时的需求。

一、决策成果缺乏前瞻性

在世界各国竞争日趋激烈的背景下，国家乃至区域之间的竞争越来越表现为战略和智慧的竞争，智库的发展程度已成为衡量国家软实力水平的重要标志。与此同时，我国全面深化改革正处于攻坚克难时期，对决策的前瞻性、战略性和创新性提出了更高要求。从调研情况来看，新时代教育智库当前面

---

[1] 王辉耀，苗绿. 大国智库 2.0 ［M］. 北京：人民出版社，2023：11.

临的一个重要问题就是研究成果应急性较强而前瞻性不足，即习惯于应政府部门之急而做"命题作文"，但缺乏主动策划议题的能力，缺乏对全局系统的研判与谋划。面对突发性的重大教育问题，迅速提出应对之策固然是教育智库的应有职责之一，但是在重大问题出现之前及时预判和提出问题，提出解决之策，才是新时代教育智库未来的发展方向。

智库主要从事战略和政策导向研究，预见性和前瞻性是其核心竞争力，既要做到"想政府之所想"，还要做到"想政府之未想"。❶俗话说"十年树木，百年树人"，教育发展具有长期性、效果滞后性等特点，对教育政策问题的研究也是一个不断积累的过程，需要长期坚持。如果没有长期对某一个问题开展跟踪和系统研究，缺乏扎实的研究基础，也不可能为决策者提供完整而准确的信息。因而，教育智库的研究既要遵循教育发展的基本规律，也要确保研究的前瞻性、思想性和可持续性，特别是要围绕教育政策研究的学术前沿，把握现实情况和发展趋势，自主开展教育理论研究及重大议题的前瞻性与储备性研究，把政策阐释与战略预测结合起来，把决策论证与咨询引导结合起来，把总结经验与超前创新结合起来，做好重大问题的预测、预判和预警研究，以确保在全面客观地反映教育问题本质的同时，还能提供面向未来的解决路径与方法策略，从而为教育决策咨询提供更具引领性与专业性的智力支持。

二、决策成果理论性不足

智库是提供研究产品的机构，其通过服务决策或引导社会舆论所生成的研究成果，需要以扎实的理论功底为基础。由于教育智库和政府部门、基层单位打交道多，因而更加能够领会政策的意图、找准实践中存在的问题，所取得的理论研究成果通常带有"顶天立地"特质，这是教育智库相对于一般高校科研机构来说所具有的先天优势，为理论生成和学术研究提供了肥沃的土壤。此外，从我国教育的发展趋势来看，构建具有中国特色的教育理论体系也是教育智库的重要使命。区别于高校的纯学术研究，教育智库主要是基于政策和实践的需求，开展应用性、前瞻性的学术研究，以期对全国教育战线的理论研究和实践工作起到思想上的指引。

然而，以服务决策为主导的评价导向，使教育智库过于注重短线研究和应用研究，淡化了理论研究和基础研究。总体来看，在理论研究方面存在严重不足和缺失，许多年轻智库学者在学理上不是在"增强"，而是出现了理论

---

❶ 王建梁，郭万婷. 我国教育智库建设：问题与对策 [J]. 教育发展研究，2014（9）：1-6.

研究上的"退化"。在学理研究上滞后于高校理论研究者，甚至造成了无法和理论界深度对话的局面。这和智库重视应急性决策研究，忽视理论研究有很大的关系。诚然，教育智库中的理论应不同于高校学院派的理论研究，但是教育的理论研究必然是高水平决策成果的学理依据和重要支撑。同时，智库作为知识生产部门，同样还具有生产理论知识的使命和责任，特别是在中国教育学自主知识体系构建的过程中，应该发挥其应有的作用。因此，加强理论性、基础性研究，为服务决策提供更好的学理支撑，不仅是新时代教育智库亟须提升的工作重点，也是智库研究人员需要进一步加强的科研取向。

三、决策成果创新性不够

创新是研究的灵魂，为政府部门提供创新性的决策成果是智库的应有之义。当前，我国许多教育智库的实力相对有限，不少教育智库主要工作是为政府教育政策开展研究宣传阐释，这方面工作虽然也有其必要性，但是长此以往，许多智库专家陷入了研究的"路径依赖"和"惯习"，很难提出有价值的决策建议，违背了智库存在的应有价值。这一方面是由于我国教育智库的依附性过强，特别是隶属于政府机构的教育智库，大都属于事业单位，由于没有生存的压力，缺乏自主发展的动力；另一方面是由于许多智库人员本身缺乏创新性，研究方法过于传统。总体上看，许多教育智库的研究仍然停留在经验式层面，以理论和思辨为主，基于事实和数据的调查研究成果不多，特别是基于大数据、云计算等现代技术开展研究的项目并不多，与教育智库的定位和产品需求不相匹配。

根据有关调查，认为进行实地调查和实证研究"非常多"或"比较多"的教育智库人员，分别仅占被调查者总数的 8.5% 和 40.5%，认为进行实地调查和实证研究"比较少"或"非常少"的教育智库人员则占 33.7% 和 10.6%。同时，根据调查，进行跨学科研究的教育智库仅占被调查者总数的 51.8%，没有进行跨学科研究的教育智库占比 48.2%。❶ 可见，我国教育智库研究人员处理大数据的能力参差不齐，甚至教育智库中的一些研究人员一直停留在传统的学术研究中，在故纸堆中做学问，在文献中做研究。虽然理论研究也很重要，但教育智库所需要的理论，一定是基于对政策的了解和基层实际情况的把握作出的科学结论，而不是从文字到文字的简单重复辩驳。此外，在开

---

❶ 付卫东，付义朝. 我国教育智库建设的现状、问题及展望 [J]. 华中师范大学学报（人文社会科学版），2017（2）：170.

展基于数据和事实的研究中，我国教育智库缺乏自建数据库的支持，数据浪费和重复研究的现象非常严重。西方智库认为"没有数据就没有话语权"❶。在国内，研究所用的数据几乎来自政府部门，数据采集和科学研究脱轨，二者之间的契合度和有效性无法保证。

总体上看，在我国当前教育智库研究中，研究手段和方式落后的情况并没有改变，需要进一步改变研究范式，特别是要加强研究手段和方式方法上的突破，同时保持对重大教育政策和教育前沿问题的敏感度，随时掌握教育领域的最新发展动态，开展对教育问题的创新性研究，产出相应的创新成果。

第二节　指导实践能力有待提升

重视成果的传播与推广是世界知名智库的一个共同特点。中国特色新型智库不仅要努力拿出战略性、前瞻性、思想性和客观性的服务决策成果，还要具有可操作性，努力推动成果转化和落实，千方百计地让智库的"谋划"转化为党和政府的决策，让智库的"方案"转化为实际行动，让智库的"言论"转化为社会共识。❷然而从现实情况来看，我国教育智库在指导实践方面还存在明显的短板与不足。

一、研究成果对实践的观照不够

长期以来，受到体制和运行机制的制约，以及科研评价为主的导向影响，我国教育智库总体还是重视理论研究，成果多以学术论文或著作为价值取向，而对现实问题研究不够，"真正质量高、效果好、针对性强的研究成果、政策建议不多"，结果导致"国有疑难无处问"。❸国内教育智库普遍长于对发达国家教育政策、教育制度、教育立法及教育体制改革与发展的借鉴和引进，而怯于就国内具体的教育问题提出具有可行性的对应之策。

中共中央办公厅、国务院办公厅印发的《关于加强中国特色新型智库建设的意见》明确指出，智库要能"提出专业化、建设性、切实管用的政策建议，着力提高综合研判和战略谋划能力"。由此，教育智库必须坚持实践导向，

❶ 李安. 开放创新背景下高校新型智库协同建设研究 [D]. 合肥：安徽大学，2017.

❷ 周洪宇. 创新体制机制，建设中国特色新型教育智库 [J]. 教育研究，2015（4）：8-10.

❸ 王建梁，郭万婷. 我国教育智库建设：问题与对策 [J]. 教育发展研究，2014（9）：1-6.

能够通过开展深入实际的调查研究，拿出切实可行的解决方案，进而为指导实践提供科学依据。教育智库不同于一般的教育研究机构，虽然也进行教育理论创新研究，但非纯学术性理论研究，与大学等研究机构的纯学术性理论研究在目的、方法、内容与形式等方面都有显著不同。❶教育智库的理论创新以转化成教育政策与实践创新为目的，以服务指导实践为最终依归。

新时代教育智库必须注重应用性，为中国特色教育实践服务，必须将研究教育理论和考察教育实际状况结合起来。教育理论研究是教育智库进行建言献策的基础，缺乏理论基础将会使智库工作沦为就事论事的经验之谈，无法从宏观上、整体上把握问题的实质。而智库工作又不等同于理论研究，对实践的观照也是其不可或缺的重要内容。美国卡内基教学促进基金会之所以能成为最有影响力的教育智库之一，是因为它所发布的研究报告都是在大量调研的基础上形成的。❷因此，教育智库工作者要在熟悉教育理论的基础上，深入考察当下教育的现实状况，获得大量有价值的第一手资料，做到有"理"有"据"，才能为教育决策提供客观真实、科学有效的建议。❸

二、基于事实和数据的循证研究不多

科研的组织形式和方式方法决定了研究的成效和质量。随着时代的发展和技术的演进，教育智库的科研范式也应不断变更和创新。然而从现实情况来看，许多教育智库在科研组织形式和方式方法上依然存在诸多局限性，表现为基于事实和数据的调查研究不多，深入教育教学实践和一线的田野研究也相对较少，依托于主观化、经验化得出的研究成果还比较多。然而，随着教育外部环境日趋复杂多变，利益主体的教育诉求愈发多元，仅凭主观、经验判断难以作出专业、科学的教育决策，也无法仅依靠理论思辨研究范式就能得出适切于指导实践的研究结论。

基于此，教育智库在研究方法和研究范式上必须有所突破。教育智库的研究者应致力于多因素和综合性项目的研究，重视研究方法及研究的定量和实证研究模型，注重教育学与心理学、社会学、经济学、管理学、脑科学、

---

❶ 周洪宇，付睿. 以习近平智库论述为指导 加强教育智库建设［J］. 国家教育行政学院学报，2018（4）：3-8.

❷ 王保星. 教育智库的基本特质分析：基于 20 世纪"卡内基教学促进基金会"的案例分析［J］. 高校教育管理，2014（11）：50-55.

❸ 徐魁鸿. 我国教育智库的现状、问题及发展策略［J］. 教育与考试，2020（3）：87-92.

神经科学等学科的有机结合，开展跨学科的研究，不断实现定量研究与定性研究、统计分析与逻辑推理、调查研究与田野研究有机统一。同时，还应吸收借鉴国外循证决策的先进做法，采用循证的方法与理念，借助严谨精细的研究设计，用数据透视教育规律，用最佳证据作出最科学的判断与结论，减少个人主观经验的负面影响，探索形成基于实证的"循证式"决策服务新机制，增强决策服务成果的科学性和信服力。❶

第三节　人才队伍建设亟须加强

人才是第一资源。任何事业的发展，都必须依赖于高水平的人才和团队。脱离了人才队伍，再宏大的构想和愿景都很难得到落实。智库的发展，也离不开优秀的人才队伍。建设高端智库或一流智库，高水平人才队伍更是不可或缺。目前，我国优秀的、复合型的智库学者相对稀缺，这是建设中国特色新型智库的关键瓶颈。我国教育智库在人才队伍方面存在的突出问题表现为：研究人员学科背景单一，研究队伍力量分散，一流智库人才和创新团队不足，用人机制不够灵活等，阻碍了新时代教育智库的高质量发展。

一、研究人员学科同质化程度较高

在现代社会，教育和政治、经济、文化等社会子系统之间的关系比以往任何时候都要紧密。因此，分析、解决教育问题也必然要求从不同的角度出发，综合运用多种知识和方法。这使得为教育决策提供建议的教育智库不能从单一的视角出发，必须运用不同学科的知识，如社会学、管理学、经济学、统计学等，多视角、多维度地审视教育现象和问题。这就意味着教育智库要形成一支由不同学科背景的研究人员组成的科研团队。

从目前我国教育智库研究人员的构成情况看，学科背景较为单一、同质化程度较高，研究范式区分度不大，绝大部分研究人员的专业属于教育学的范畴，非教育学科出身的研究人员比例相对较低，教育智库几乎成了"教育学智库"。课题组调查发现，在1218位被调查的教育智库人员中，超过80%的研究人员为文科出身。这样一种学科专业单一的智库人才结构，必定会影

---

❶ 王小飞，闫丽雯. 政府教育智库服务教育决策的路径依赖与突破 [J]. 中国高教研究，2020（11）：38-42.

响教育智库的转型和发展。[1]与此同时,各类教育智库普遍缺乏具有自然科学,尤其是数学、统计学等方面学术背景的教育决策研究人才,最突出的是缺乏高素质的熟悉经济社会发展和教育政策,了解国情、省情、市情且能够成为各级政府"座上宾"的智囊人才。[2]

相比之下,在西方发达国家综合型智库中,来自自然科学和社会科学领域的成员同等重要,并形成合理的比例,研究方法也更加多元,理论、方法、技术的跨学科合作较为普遍。例如,美国著名智库兰德公司的研究人员由来自 50 多个国家、从事各种学科研究的成员组成:政治学与国际关系(13%)、经济学(13%)、行为科学(11%)、工程学(10%)、商业与法律(10%)、数学、统计学(9%)、社会科学(8%)、生命科学(7%)、政策分析(7%)、艺术与文学(5%)、物理学(4%)、计算机科学(2%)等,整个研究团队在工作经验、学术训练、思想观念、政治观念、民族、性别和种族等方面都相当多元化,使智库研究工作具有很好的覆盖性和很强的综合分析能力。[3]同质化程度过高的研究团队,从不同学科的角度审视教育现象和问题受到制约,因而也很难为复杂情景下的教育决策行为提供科学有效的咨询服务。针对上述问题,新时代教育智库应改变目前大多数研究人员属于教育学科或人文学科的状况,根据需要聘用具有不同学科背景的研究人员,提高决策咨询服务的系统性和科学性。

二、研究队伍未能真正形成合力

研究团队的成员组成及其成员水平,决定了智库建设的水平,也决定了智库成果的质量。现有大多数的教育智库仍然坚持以学科属性划分部门,如基础教育、职业教育、高等教育等,团队成员组成和来源相对单一,部门间壁垒明显,很难真正通力合作,团队凝聚力低,且团队成员的复合型能力水平有待提高。影响教育发展的因素是多领域、多元化的,因此,教育智库研究队伍的构成不应是单一学科、单一领域的研究人员。作为教育政策的先行者和教育发展的谋划者,研究团队理应是跨学科、跨领域、跨部门、跨行业、

---

[1] 姜朝晖. 新时代教育智库人才成长路径研究 [J]. 大学(研究版),2020(1):20.

[2] 付卫东,付义朝. 我国教育智库建设的现状、问题及展望 [J]. 华中师范大学学报(人文社会科学版),2017(2):167–176.

[3] 冯叔君,等. 智库谋略——重大事件与智库贡献 [M]. 北京:生活·读书·新知三联书店,2012:127.

跨国界的综合性人员，是权威性的高精尖型人才和高水平人才。这样一种配置，目前来说教育智库还处于探索过程中，仍然任重道远。

除了研究队伍人员的配备外，对项目或团队的管理机制还有待优化。在实际工作中经常存在这样一种情况：个体很强的智库学者在团队中很难发挥作用。智库学者对于个人的研究成果及"学术羽毛"的爱惜、重视度要远高于集体的研究成果，以至于一些重大的集体攻关流于形式，并没有发挥强强联合的效果，反而导致了学术资源的浪费。这背后和科研管理机制、评价激励机制都有很大的关系。特别是对于当前倡导的"有组织科研"，如何发挥学者各自的优势，实现交叉学科和能力水平叠加的倍增效应，还有待深入研究。

随着经济社会的不断发展，教育智库的成员亦即教育政策的思想制定者对于教育形势的把握也应具有前瞻性和战略性，不应满足于当下水平，而应打破思维定式，不断加强学习和培训，努力提高自身的水平和能力；且不应以个人为中心，忽略其他人的思想观点，应摒弃个人权威的思想偏见，凝聚团队成员间的思想智慧，使教育决策的制定和实施效果达到最优化，进而保障中国教育事业的长足发展。❶

三、一流智库人才和创新团队不足

一流智库人才是新时代教育智库发展的先决条件。这包括了两个方面：一是一流人才，二是一流智库人才。从教育智库的需求来看，一流的人才应该具备最基本的学术功底和研究能力，能够充分参与到科研项目或决策服务中来。但从调查结果来看，许多科研院所类教育智库在招聘过程中常常会遇到人才招聘的瓶颈，究其原因在于这类机构主要参照政府部门管理，在待遇上不如高等院校，因而没有人才竞争的优势，一些科研院所类教育智库多年未引进一名博士。同时，一流的人才并不等同于一流的智库人才，智库人才和一般人才的区别在于，其不仅需要具备深厚的理论基础，而且要拥有丰富的社会阅历和经验，如此才能在与政府、企业、学校、媒体等多方打交道中游刃有余，才能深刻理解各种教育改革的艰巨性和复杂性，而不是想当然做"理想化"的研究。

可以说，一流的智库人才更有待于突破传统人才引进体制的障碍，不拘一格引智借力。总体上看，我国一流智库人才分布失衡体现在机构、地域和

---

❶ 任天舒，王琼，朴雪涛. 中国教育智库建设发展的问题及对策 [J]. 内江师范学院学报，2018，33（9）：90-94.

专业三个方面。智库精英主要集中在高校、社科院、科研院所这些体制内的智库，地域则集中在"北上"。从专业来看，我国智库人才主要来源于经济、社会、政治、国际关系等学科领域，缺乏政策研究的专业知识和学术训练。❶此外，在教育智库的传统工作模式中，研究人员大多数喜欢根据上级需要或个人的学术兴趣从事科研工作，对关系到国计民生的重大教育现实问题敏感度不够且兴趣不高，对于国家政治经济变化对教育政策的影响没有很深的体验，对教育决策能否促进教育改革与发展也缺乏研究的动力。❷由于整体上缺乏一流的人才和一流的智库人才，高水平创新智库团队更为稀缺。

针对上述情况，一方面要广泛吸纳具有不同学科交叉背景、多部门实践经历、多元文化经验的研究人员和团队；另一方面也需要在已有的智库队伍中进一步探索灵活多样的人员组织管理新机制，采用专兼职相结合、长短期聘用相结合等形式，共同协作建设高水平的教育智库团队。

四、用人机制不够灵活

随着我国高等教育的普及，越来越多的教育智库直接从院校吸纳硕士研究生或博士研究生。这些人才经过了严格的学术训练，具有长期从事基础性学术研究的能力，但由于其成长路径是从学校到学校，往往缺乏对现实情况的了解，对政府机构的运作模式也相对生疏。

在西方教育智库中普遍实行的"旋转门"制度没有在我国很好地建立起来。我国教育智库在用人机制上依然不够灵活，智库人才缺乏流动性，出现了官方智库"旋转门"机制通畅、体制外智库"旋转门"机制不畅的现象。❸国外很多的智库最重要的一项工作就是为政府输送管理人才，而从政府退下的官员也会在智库中重新担任研究人员的角色，这样的益处就是使更多的政策建议可以输送到政府官员手中，提出的建议也更具有可操作性。思想者与行动者、学者与官员通过"旋转门"实现身份的转换，这在一定程度上沟通了学界与政界、思想和权力，实现了两者的相互渗透，增强了智库对国家政

---

❶ 四川省社会科学院中华智库研究中心. 中华智库影响力报告（2016）[R]. 2016：39.

❷ 王小飞，贺腾飞. 我国新型教育智库建设的现实困境与转型出路 [J]. 中国高教研究，2021（11）：64-69.

❸ 任恒. 构建我国新型智库"旋转门"机制：内涵、现状及思路 [J]. 北京工业大学学报（社会科学版），2021，21（1）：75-84.

策的影响。❶正如美国著名智库兰德公司认为的那样："一个有过政府机构工作经历的人，往往较之高学历研究人员对政策问题有着更为深刻的洞察力。"❷

相比之下，目前我国教育智库人才的流动性较差，流动也仅是政府退休人员向智库的单向流动，没有智库研究人员进入政府机构任职的现象。换言之，我国的"旋转门"只打开了半扇。❸在新的历史时期全面推进中国特色新型智库建设需要借鉴国外"旋转门"经验，鼓励政府退休官员和政策研究人员参与到智库研究工作中，鼓励智库专家到政府决策部门进行挂职锻炼和任职借调等❹，有效促进智库研究与政府决策的互动和融通，为智库成果的权威性和公信力添砖加瓦，同时也有助于提高教育智库咨询服务的科学性与实效性。

第四节　决策和社会影响力有限

生产专业知识是智库赖以存在的基础，也是智库对于政府和社会的价值所在。但是只生产知识，而不注重成果转化，智库的社会影响也会大打折扣。教育智库同样不能只是闷头做学问，而不注重社会需求。从调查的情况来看，教育智库在成果转化和社会影响力方面还存在一些问题。

一、有效的转化平台不多

政府是智库最重要的服务对象。作为教育智库，同样需要为政府提供有价值的研究报告，为教育主管部门提供重要智力支撑。换言之，评判教育智库影响力大小的一个重要标准在于决策者是否考虑或者采纳其政策建议，而我国教育智库的不少成果仍然"养在深闺人未识"，教育智库政策转化的平台和渠道仍然有限，并没有真正成为教育变革创新的重要来源。政策转化平台的缺乏表现在：一是成果总体数量上，如中国教科院，目前真正服务决策转化的平台只有 2 个，分别为《科研与决策》《教育成果要报》，有些地方教科

---

❶ 王耀辉，苗绿．大国智库［M］．北京：人民出版社，2014：32．

❷ 王耀辉，苗绿．大国智库［M］．北京：人民出版社，2014：46．

❸ 温志强，付美佳．中国特色新型智库建设的发展之源、实然之困及纾解之道［J］．智库理论与实践，2023，8（3）：1-11．

❹ 任恒．构建我国新型智库"旋转门"机制：内涵、现状及思路［J］．北京工业大学学报（社会科学版），2021，21（1）：75-84．

院所只有 1 个，而更多的教科院所并没有专门的政策转化平台；二是成果转化质量上，由于和教育主管部门之间存在信息对接不畅等问题，提供的决策服务成果并不能很好地符合教育主管部门的需求，参考价值容易大打折扣。因此，进一步加强政策转化平台建设、畅通成果报送的渠道、优化成果报送的机制，应该成为新时代教育智库努力改进的重点之一。

二、成果发布机制尚不健全

建立有效的成果发布机制，是西方发达国家智库的重要特点。一般来说，当智库部门有重要成果发布时，会邀请政府、媒体、有关机构的重要成员参加，进一步扩大成果的社会影响力。我国智库特别是教育智库在这方面的意识相对淡薄，并没有真正建立成果发布机制。特别是政府主管的教育智库，大都没有开展类似的探索。另外，在智库成果转化的过程中，尤其缺少中介组织的参与。中介机构就如同智库与各个其他主体之间的连线，帮助智库解决在成果推广中遇到的各种问题，起到不同节点之间的润滑作用。例如，英国技术集团和德国史太白技术转移中心是目前全球最负盛名的科技中介公司。我国为教育智库服务的中介组织十分匮乏，这不但导致教育智库的智力成果难以向大众推广，也不利于教育智库发展多样的服务对象。[1]近年来，这方面虽然做了一些探索，但是与西方发达国家立体化的成果发布机制及在自我营销方面的投入相比，教育智库仍然存在非常大的差距。

三、回应舆论热点的意识和能力不强

为社会改革提供强大的专业支持和舆论引导是智库的一项重要职能。教育智库自然也承担着为教育改革营造良好氛围的职责。譬如在"办好人民满意的教育"的政策背景之下，各级党委政府和教育行政部门把办好人民满意的教育作为工作的重中之重，而人民群众往往对教育寄予了过高的期望，如果不能通过多种渠道向人民群众主动宣传党委政府的所思所为，不能及时把所带来的变化、所做的努力传递出去，就有可能使人民群众因为期望过高或者不全面知晓等原因而造成"不满"。[2]虽然教育主管部门也提出了相关的要求，但从教育智库来看，大都没有形成及时回应舆论热点的氛围，偶尔只是零散少数的研究人员，出于个人兴趣做了一些相关工作。总体来看，教育智

---

[1] 李安. 开放创新背景下高校新型智库协同建设研究 [D]. 合肥：安徽大学，2017.

[2] 杨敏. 新型教育智库：特征、功能与建设策略 [J]. 当代教育论坛，2015（6）：25.

库对于社会的舆论影响力还不足，教育科研人员没能走出固化的"象牙塔"，与人民群众之间还存在一道隐形的"隔离带"。

之所以出现上述问题，与我国教育智库的属性定位有关系，因此存在知道这项工作很重要，但是做起来相对谨慎的情况。一般来说，若没有上级部门或领导的安排，隶属于政府的教育智库包括专业人员，一般会选择"低调"谨慎应对舆论引导工作，以避免因失误而承担相应责任和带来意识形态风险。通常在引领舆论方面，评价机制看重服务决策和理论创新，因此大部分智库会选择理性回避参与引领舆论。智库存在的意义就在于通过专业知识影响决策和引领社会，在影响力为王的时代，过于保守内敛，实际上是与智库的发展定位存在很大的背离。

新时代教育智库的服务对象不是单一的，而是多元的——除了政府之外，还应包括社会、企业、媒体等。特别是对于教育这样一个与千家万户联系极为密切的领域，引导舆论、服务大众更是责无旁贷。教育智库服务于社会的过程也是扩大其自身影响力的过程，在这个过程中，教育智库从社会获得关于教育政策的反馈和意见，人民群众则从教育智库的研究成果中寻求参考和启发。总之，教育智库不仅要做到上通政府部门，更要做到下达人民群众，拓宽服务渠道，及时回应舆论热点，引导社会合理预期，为我国教育事业改革发展保驾护航。

第五节　协同合作部分流于形式

在智库多元化发展的背景下，推进智库内外部合作交流，促进智库资源要素的有效配置和合理流动，实现智库成果产出效益的最大化，是教育智库建设亟待研究的重要课题。马克思在论述科学劳动的特点时曾指出："一切科学工作，一切发现，一切发明。这种劳动部分地以今人的协作为条件，部分地又以对前人劳动的利用为条件。"[1]马克思的论断揭示了科学劳动的协作性，指出了协同合作是科学研究发展的必然趋势。然而，从现实情况来看，我国教育智库在内部协同与外部合作方面，特别是与其他行业及政府、社会的联系、对接方面都存在一定的不足。

---

[1] 马克思. 资本论：第3卷［M］. 北京：人民出版社，2004：119.

一、教育智库内部协同不够深入

当前，许多教育智库仍然以学科化的组织架构为主，在各自领域开展"单打独斗"式研究，这就决定了教育智库内部的协同合作难以开展。然而，随着研究问题的复杂化、研究方法的跨学科化，传统的单兵作战已不再适用于大规模的调查研究或重大任务的开展。基于此，以有组织的科研形式加强多方力量的协调和整合，应该成为教育智库开展工作的主要方式。虽然有些教育智库也在探索基于项目的跨部门合作，但这种范围仍是局部的、浅层次的，并未形成深入的协同。此外，需要注意的是，一些教育智库通过行政手段或命令，以"集中力量办大事"的模式开展了协同式研究工作，但这种模式也有其自身的局限，它极有可能导致科研人员的"工具化"，不能聚焦自己关注的研究领域，研究的自主性受到限制。因此，如何通过构建现代化的智库治理体系，理顺内部体制机制，实现智库人员自觉主动协同，让每个人都能发挥自己的研究专长，在实现智库发展的同时，也能实现个体提升是亟须解决的重要问题。更进一步来说，我们必须在建立数据库、资料库的基础上，形成一个完善的决策咨询信息共享机制，设立信息共享数据平台，汇集全国各类决策需求和党政部门、各研究机构的研究成果和调查数据资料，实现跨领域、跨部门、跨智库的信息互通、成果共享，进一步提升智库研究水平。❶

二、教育智库与其他行业联系不紧

教育是一个国家的基础民生工程，牵涉方方面面的关系。教育智库作为专业性的研究机构，加强与其他行业的交流合作非常重要。比如教育智库在做"人才培养需求和专业优化"的课题时，就需要加强和经济产业部门的联系；否则，缺少相关行业对人才需求规模、质量的要求，课题研究成果也很难有说服力。此外，教育智库还需要加强和媒体之间的联系，如果不能借助媒体渠道宣传研究成果，那么很难提升智库自身的影响力和知名度。当前，尽管一些高端智库已开始尝试开放式合作模式，如中国国际经济交流中心主办、中央人民广播电台协办定期开展"经济每月谈"，但总体上看，智库与媒体的合作意识仍旧偏弱，大多处在"自娱自乐"的状态。❷针对这方面，我们

---

❶ 钱再见. 新型智库参与公共政策制定的制度化路径研究——以公共权力为视角 [J]. 智库理论与实践，2016，1（1）：52-61.

❷ 四川省社会科学院中华智库研究中心. 中华智库影响力报告（2016）[R]. 2016：39.

可以借鉴西方发达国家智库经验，主动就社会热点问题进行点评，定期向媒体传递研究成果，合作开设专版专栏等。同时，教育智库还需要加强和文化、科技、体育、卫生、安全等多个行业的协同，只有深入各个行业之中，跳出教育看教育，以协同力量研究教育，才能为教育决策和人才培养提供有效的智力支撑。

三、教育智库与政府、社会的关系亟待加强

向政府和社会提供专业化的咨询报告是智库的一项重要职能，这决定了智库必须加强同政府、社会的紧密联系。然而，一些智库的研究重在文献综述、比较研究和模型分析上，与政府的决策咨询相距甚远，与其关注操作性、风险性的价值取向相异。❶教育智库也存在同样的问题，特别是作为隶属政府的教育智库，更要正确处理三者之间的关系，并且主动加强有效对接。这种有效对接，一方面体现在常态化的机制上，另一方面体现在能否为政府和社会提供有效的产品供给上。教育智库很多内部的治理还需要进一步理顺，与政府、社会的联系还处于传统的维持层面，尚未作深入的研究和探索。因此，从未来的发展趋势看，教育智库和政府、社会的关系亟待进一步加强。

第六节　国际交流合作主导力不够

开放是一个自信大国的标志，进入新时代，我国加快形成更加开放的新格局，着力构建人类命运共同体。教育领域配合国家对外开放大局，做了许多卓有成效的工作。出国留学和来华留学快速发展，引进国外资源和出国办学也有了更多的尝试，加强人才和学术交流工作也在不断增强。但是，教育智库的国际化程度和水平与教育国际化的发展需求相比，仍需要进一步增强。

一、国际交流的意愿不强

国际合作交流的重要性，对智库来说不言而喻。一方面，它是服务国家战略的重要方式；另一方面，它也是提升智库影响力的有效途径。在全球化

---

❶ 柴葳. 教育智库如何"学"以"治"用 [J]. 决策探索（下半月），2015（2）：66-66.

时代，教育问题既是一个区域问题，也是一个全球问题。教育公平、教育信息化、教育创新、教育国际化已经成为全球普遍面临的问题。[1]那么从发展态势来说，我国也应该顺应这一发展趋势，在人才、资金、项目、成果等诸多方面加强多种形式的国际合作交流。在 2015 年《关于加强中国特色新型智库建设的意见》出台之后，部分发达城市的教育智库在国际合作方面有了很大发展，但就省级教育智库，特别是官方教育智库而言，这方面的工作仍然非常缺乏。智库作为提供思想产品的专业机构，本身就应具有开放性。长期以来，我国的智库主要为官方智库，大都采用类政府的参公管理模式，相对而言具有保守的特性。大多数机构对外联系和展示的网站窗口缺乏英文宣传。少部分省级教育智库有外语页面，但很少及时更新，在宣传的时效性上仍有不足。[2]总之，增强开放意识、形成开放思维，应是新时代教育智库高质量发展的必然要求。

二、国际交流与合作的能力不足

我国教育智库对各国同类机构的了解情况相当有限，对西方发达国家教育智库的了解与跟踪研究相对稀缺，除了意识不强之外，更主要的在于国际交流与合作的能力不足，在于国际性人才的匮乏。根据课题组的调查，有些教育智库近年来竟没有研究人员参与出国交流，没有人员的流动，也就无所谓实质性的国际合作。即便有些教育智库开展了国际交流，但合作也没有深入开展，停留在简单的会议和座谈上，并没有实质性的基于项目的共同成果。中国智库学者的思想产品主要还集中在政策解读中，不得不承认，多数学者的研究能力与思想成果缺乏引领国际舆论的水平。[3]特别是受疫情的影响，教育智库的国际交流基本处于停滞状态。事实上，越是不参与交流，国际交流的能力越是衰退，同时原有的国际交流渠道也会变得不畅。随着我国教育高水平对外开放的深入，配合大国外交战略，提升国际交流与合作的能力，助力我国建设成为世界重要人才中心和创新高地，应该成为新时代教育智库的努力方向。

---

[1] 谭玉，张涛. 教育智库建设的国际比较及对中国的启示[J]. 情报杂志，2017, 36（9）：106-111.

[2] 涂华忠，宁发金，任仕暄. 中国特色地方新型智库建设之路径 [J]. 云南社会科学，2017（6）：143.

[3] 王文. 思想坦克：中国智库的过去、现状与未来 [M]. 北京：商务印书馆，2023：85.

三、参与全球教育治理差距较大

加强国际交流合作，目的是讲好中国教育故事，积极参与全球教育治理。客观上，我国教育智库还未形成主导他国教育发展的国际感召力，缺乏构建全球教育对话领衔平台的必要实力。当下全球最著名的教育论坛背后都是欧美一流教育智库和相关机构在主导。我国教育智库尚未形成干预全球的话语塑造力，无法主动构建国际主流舆论与设置重大国际议程，还无法创造出令各国争相讨论的重大战略名词或学术理念。欧美一流智库几乎每隔一段时间就会抛出一些新词汇或新议题，中国智库往往只能跟随讨论，或被动反驳，穷于应付。❶面向未来，为进一步提升我国教育智库的国际影响力，还应依托高水平教育研究，积极参与国际性教育议题的设置、研究和交流合作，推荐知名智库专家到有关国际组织任职，广泛传播中国的教育实践经验和政策主张，增强在国际教育媒体和国际组织平台的话语权，把中国教育理念和教育主张有效传播出去。❷总之，新时代教育智库的国际化不足的问题，要引起我们足够的重视，特别是要把握疫情后国际交流的重要时间窗口，加强国际交流与合作，在教育重要议题设置、标准研制、规则制定等方面积极参与全球教育治理。

第七节　治理能力和水平亟待提升

从源头上探究，智库在我国可以上溯千年，古代政治中的"幕僚"或者"士"就是智库最早的代表。但从现代意义上来理解智库，其历史仍非常短暂。从最早的美国来看，也不过百余年的历史，在我国相对来说就更短。我国真正把智库上升到国家意志层面，还是近十年的事情。特别是2015年1月国家层面政策出台后，很多科研机构和高校科研院所才开始考虑朝智库方向转型。由于起步时间较晚，与现代智库发展的要求相比，我国教育智库整体上在治理体系和治理能力方面还有待进一步加强。

---

❶ 王文. 对中国特色新型智库几个重大问题的思考 [J]. 智库理论与实践, 2016, 1（1）: 24–30.
❷ 周洪宇. 创新体制机制，建设中国特色新型教育智库 [J]. 教育研究, 2015（4）: 8–10.

一、组织结构上学科化痕迹明显

当前，许多教育智库的研究部门还是以学科组织架构为主，如包括学前教育、基础教育、职业教育、高等教育、继续教育、特殊教育、民族教育等门类，学科体系建设与高校高度重叠。由于高校教育研究机构承担着人才培养的重要功能，因而以学科进行组织架构具有一定的合理性。但就教育智库而言，若仍停留在学科层面，一定程度上则会限制智库事业发展。教育智库通常应采用以问题为导向或者项目驱动的团队合作研究形式，研究人员是以项目形式参与工作，而非基于学科作纯学术性的研究。然而，从现实情况来看，许多教育智库仍未打破传统的学科组织架构，研究人员依然局限在所学学科领域中，未能实现跨部门、跨项目的有效合作，未能形成代表性的学术品牌和标志性的研究成果。因此，从教育智库自身的特点和发展趋势来看，应打破智库的学科式组织架构，通过项目制、跨部门、多学科等方式进行科学研究和知识生产。

二、管理模式上科层制特征突出

科层制管理有其自身的优势，对于领导权力的集中有较好的效果。国家行政部门大都采用科层制管理模式，一定程度上有助于维护中央权威、实现有效管理。但是，智库作为科研机构，作为知识分子的集结地，如果仍以科层制管理、行政化思维开展工作，研究人员的主动性和创新性在一定程度上会受到抑制。当前，我国教科院（所）至少有两级权威等级，且多实行院（所）长负责制，责任与权威等级的关联度较高，科研部门主要对上负责，教育智库内设部门间的自发性工作交流与合作较少。然而，国际一流教育智库的结构多为扁平化组织，机构设置简单，层级相对较少，权力相对分散，横向交流合作较多。❶此外，从国家政策的趋势来看，"放管服"模式已在高校和科研机构逐步开展，得到了许多科研人员的认同，对于解放科研人员的学术生产力具有非常重要的作用。从教育智库的发展来看，同样也需要淡化行政思维，通过价值引领，加强合作协同，特别是激发科研人员的内驱力，共同推进教育智库事业的发展和繁荣。

---

❶ 王小飞，闫丽雯. 政府教育智库服务教育决策的路径依赖与突破 [J]. 中国高教研究，2020（11）：38–42.

三、自主经营上独立性不足

独立性是智库普遍恪守的基本准则。作为全球历史最为悠久的智库之一，布鲁金斯学会就将"高质量、独立性和影响力"（Quality，Independence，and Impact）作为其座右铭。严格意义上的教育智库是一种相对稳定的、独立于政府决策机制的政策研究和咨询机构，其所提供的决策研究报告必须是真凭实据，不能有丝毫的虚假，西方发达国家的教育智库大多属于独立核算的非营利组织。❶而我国教育智库直接隶属于政府教育部门，或者与决策中枢有着千丝万缕的关系，在开展学术研究和服务教育决策时，无论是研究方向、工作任务，还是课题项目的争取等方面，一些教育智库以"等、靠、要"思路为主，"知识生产""思想市场"的理念还未形成。如此一来，教育智库就会对其主管部门形成较强的依赖性，难以从客观、中立的立场建言献策，导致教育智库独立话语权的缺失。事实上，教育智库应秉持独立性品质，坚持开展基于证据和实证的研究，让事实、数据、资料自己说话，坚持研究无禁区、宣传有纪律，这样才能保证教育政策研究和咨询的客观与真实。❷

四、经费渠道上来源相对单一

智库的发展必须拥有充足的经费和多元的经费来源渠道。从西方发达国家的智库建设经验来看，为确保独立性，许多经费都来自社会捐赠和政府购买服务的收入，当然也有少数出于利益集团的因素获得相应支持，总体上呈现出多元态势。但从我国情况来看，教育智库特别是政府背景的教育智库，经费来源主要是以中央或地方政府财政为主，其他经费来源渠道很少，且不允许教育智库开展营利性商业活动，对于相应的捐赠也有严格要求。在这种情况下，益处是具有政府背景的智库资金来源有保障，数额稳定，各机构无须在筹款上花费精力；弊端也显而易见，由于政府资金的公共物品属性及监管时的信息不对称等问题，一定程度上屏蔽了外部压力及监管效力。同时，具有政府背景的教育智库资金配置要服从统一的财务规定，对智力劳动的补

---

❶ 王建梁，郭万婷. 我国教育智库建设：问题与对策 [J]. 教育发展研究，2014（9）：1-6.

❷ 周洪宇，付睿. 以习近平智库论述为指导 加强教育智库建设 [J]. 国家教育行政学院学报，2018（4）：3-8.

偿缺乏灵活性，致使内部激励作用不足。●另外，教育智库人员的整体待遇普遍要低于高校教师，没有待遇上的提升，也难以实现智库事业的发展。因此，通过政策上的松绑，增加有关经费的投入，拓展教育智库的经费来源，应该成为教育智库的发展方向和努力目标。

五、科学的评价机制还未健全

智库评价具有研究导向、价值导向、行为导向等关键作用，可以说既是智库建设的"量尺"，也是智库发展的"指挥棒"。●评价机制导向的错位使当下中国教育智库的研究呈现出重数量轻质量、重结果轻过程等诸多不良发展态势。具体来说，一是过于强调第一署名作者或单位。无论定量评价还是定性评价，过多地倾向于排名靠前的作者或单位，这种简单化的评价引导机制导致了当前既有的思维惯性和评价环境。署名靠后的合作者或单位得不到应有的认可和期望的回报，从而根本上阻碍了合作交流的顺利开展。二是坚持单一学科化的评价导向。在复杂多变的时代背景下，多数教育政策问题需要跨学科、跨领域开展研究，如果仅从单一学科角度进行评价，显然不能符合当前多方参与的合作研究实际。三是定量评价权重过高。教育智库的考核评级、职称晋升等评价体系，主要以学术水平为衡量标准，而评价学术水平的高低主要依据论文、著作、研究报告的数量和发表出版层次，没有重视成果的社会效益和应用价值，这就造成科研人员仅注重自身研究专长学科和领域的研究，缺乏跨学科、跨领域合作研究的积极性与主动性，缺乏关注当前政策需求和发展趋势的敏感性与及时性。科研工作是一项探索性、创造性的工作，教育智库应把握好这一点，纠正评价机制的错误导向，应遵循教育科研规律，尽可能给予科研工作者充分的研究周期，给予宽松自由的学术研究环境，针对不同的科研岗位、不同科研工作内容设立不同的成果考核标准，避免急功近利的思想倾向，克服只注重短期单一目标、论文发表篇数等指标的导向。●要建立以知识进步、创新质量和实际贡献为导向的评价体系，既重科研成果，也重科研攻关过程，关注多形式的科研工作内容，努力破除"唯论

● 谭锐，尤成德.基于经费收支视角的智库组织治理：中美比较［J］.中国软科学，2016（11）：22-31.

❷ 张述存.地方高端智库建设研究［M］.北京：人民出版社，2017：186.

❸ 安珊珊.新时代教育科研院所科研管理困局分析：问题与改进［J］.决策咨询，2021（4）：32-37.

文、唯职称、唯资历、唯奖项"等顽瘴痼疾，鼓励科研人员扎实科研，厚积薄发，形成正确的科研评价导向。

第八节 小 结

基于前期的调查研究和对有关资料的深入分析，本章主要从服务决策、指导实践、人才队伍、社会影响力、协同合作、国际交流、体制机制等方面着重剖析新时代我国教育智库发展存在的现实问题及面临的众多挑战。在服务决策方面，当前我国教育智库研究缺少前瞻性、理论性和创新性，难以满足服务决策的需求。在指导实践方面，我国教育智库研究主要缺少对实践的观照，且对于实证方法的应用明显不足。在人才队伍方面，表现为研究人员学科同质化程度较高、交叉性不足，研究队伍力量分散，一流智库人才和创新团队缺失，用人机制不够灵活。在决策与社会影响力方面，缺乏有效的政策转化平台，成果发布机制不够健全，及时回应舆论热点的意识和能力也相对较弱。在协同合作方面，表现为内部协同不够深入，与其他行业联系不紧，与政府、社会的关系亟待加强。在国际交流方面，开放意识有待提升，国际合作交流需要进一步加强。在治理体系和治理能力方面，组织结构上学科化痕迹明显，管理模式上科层制特征突出，自主经营上独立性不足，经费渠道上来源相对单一，科学的评价机制还未健全。

第六章　世界一流教育智库及其战略取向

全球化背景下世界各国教育面临着共同的挑战和问题，教育智库的职责定位及在各国教育中发挥的作用具有高度的相通性和相似性。本章选取美国、俄罗斯、日本和韩国四个国家的五所一流教育智库作为研究对象，通过文献梳理和比较研究，深入探索世界一流教育智库的发展和运作情况，特别是近年来的科研战略取向，旨在为我国的教育智库发展规划研制提供有益的经验和借鉴。

第一节　美国教育科学研究所

美国教育科学研究所（Institute of Education Sciences，IES）是在美国"教育的国家化""教育决策的科学化""循证决策理念"的指导下建立起来的美国官方教育统计、研究和评估机构，旨在为美国联邦政府提高教育决策的科学性和有效性。作为美国教育智库的后起之秀，其在短短的 20 年间，迅速发展并逐渐成熟，成为美国官方研究机构的典范，"实现了教育研究质量和研究范式的转型，并增加了整个教育领域对有效科学证据的需求"❶。事实上，早在 20 世纪后半期，美国就曾多次对联邦教育研究实体进行改造和重组，以期提高联邦教育研究的效用，但收效甚微。这一局面直到美国教育科学研究所成立之后才逐渐有了改观。美国教育科学研究所的成功与其战略定位、组织模式和运行机制是分不开的。

---

❶ Institute of Education Sciences. IES Performance Compared to Other Federal Programs［EB/OL］.［2022-03-13］. https://ies.ed.gov/aboutus.

一、基本情况

美国教育科学研究所自 2002 年成立起，共经历了初步建立、发展完善和反思转型三个发展阶段，且在每个阶段都有不同的发展重点或核心，整体上呈现出一种螺旋上升的发展形态。

（一）初步建立阶段

2002—2010 年是美国教育科学研究所的初步发展阶段。在这一阶段，研究所的发展重点为基础的组织、平台和制度建设。首先，美国教育科学研究所一经成立就确立了自己的组织目标和工作重点，即通过提高教育研究的"严密性"（Rigor）、"相关性"（Relevance）及促进教育研究的"成果转化"（Utilization）来提升教育决策的科学性和教育投资的回报率，并实现美国教育的发展和创新。其次，美国教育科学研究所基本建立起了完整的组织体系，先后设置了国家教育统计中心（National Center for Education Statistics，NCES）、国家教育研究中心（National Center for Education Research，NCER）、国家教育评估和区域援助中心（National Center for Education Evaluation and Regional Assistance，NCEE）三个中心机构，而后又在《2004 年残疾人教育法》（*Individuals with Disabilities Education Act of 2004*，IDEA）的授权下，筹建国家特殊教育研究中心（National Center for Special Education Research，NCSER）。❶此外，研究所还根据自己的使命、组织目标、工作重点及各中心的职能进行了相关平台的开发，如有针对性的研究竞赛（Focused Research Competition）等。而且，研究所还在这一阶段形成了包括重大选题机制、人才聘任和后备力量储蓄机制、多元成果发布机制、同行评审制度、竞争性研究相关制度、绩效管理制度等在内的制度体系，不仅保障了研究所的正常运转，而且提高了研究所的工作效率和质量。

（二）发展完善阶段

2011—2020 年是研究所的发展完善阶段。在这一阶段，研究所的工作重点是教育研究严密性的提高及对外合作网络的扩大。一方面，研究所通过教育统计标准、卓越教育研究标准（Standards for Excellence in Education Research）和评估政策（Evaluation Policy）的制定和使用，不断向外界传递

---

❶ Institute of Education Sciences. 2003—2004 Biennial Report to Congress［EB/OL］.［2022-03-18］. https://ies.ed.gov/pdf/biennialrpt05.pdf.

一种科学严谨的研究态度，不仅为其积累了良好的声誉，而且扩大了其实际影响力，甚至在一定程度上重塑着美国教育研究的范式；另一方面，研究所也抓住时机，通过拨款（Grant）、合同（Contract）、协议（Agreement）等方式迅速扩大其合作网络，不断加强教育研究者与准教育研究人员、教育实践人员、地方教育官员及各类教育机构的联系，在网络平台建设的加持下，已然成为一个大型的信息流动站，不仅获得了更多的教育信息和资源、更广的成果输出渠道，而且更好地发挥了自身在技术援助、服务决策、指导实践等方面的作用。不过，与此同时，国家教育统计中心由于组织重组、行政压力加大、招聘冻结、新冠疫情、新的远程工作政策、自愿提前退休权限和自愿离职激励支付等原因出现了不断减员、人员紧缺的现象。❶

（三）反思转型阶段

2021 年，美国教育科学研究所迎来了重要的反思转型期。在这一阶段，研究所的核心任务是实现研究所的系统性升级。第三任所长马克·施耐德（Mark Schneider）为研究所的转型做了两项重要努力。一是推进美国国防高级研究计划局（Defense Advanced Research Projects Agency，DARPA）模式在教育领域的应用。❷这一模式的核心是通过高风险、高难度的原始性创新和重大突破性颠覆性项目来保持在某一个领域的绝对竞争优势。❸二是认真审查研究所的核心工作，重新制定研究所未来 5～10 年的发展规划。在研究所的委托下，美国国家科学、工程和医学研究院（National Academies of Science，Engineering，and Medicine，NASEM）于 2022 年 3—4 月接连发布了《美国教育科学研究所教育研究的未来：推进公平导向的科学》（*The Future of Education Research at IES*：*Advancing an Equity-Oriented Science*）、《国家教育进步评估项目务实的未来：控制成本和更新技术》（*A Pragmatic Future for NAEP*：*Containing Costs and Updating Technologies*）、《教育统计的愿景和路

---

❶ National Academies of Sciences，Engineering，and Medicine. A Vision and Roadmap for Education Statistics［M/OL］. Washington，DC：The National Academies Press：11，82–83，159［2022–04–17］. https://doi.org/10.17226/26392.

❷ SCHNEIDER M．A Year for Reflection and Continued Transformation［EB/OL］.（2021–01–12）［2022–04–17］. https://ies.ed.gov/director/remarks/1–12–2021.asp.

❸ 郝君超，王海燕，李哲．DARPA 科研项目组织模式及其对中国的启示［J］. 科技进步与对策，2015，32（9）：6–9.

线图》（*A Vision and Roadmap for Education Statistics*）三份报告，直接反映了美国教育科学研究所改革发展的战略方向。

二、科研取向与战略重点

（一）科研取向追求"循证"

从成立之日起，美国教育科学研究所就有着明确的科研战略目标，即通过提供相关的和严密的教育研究证据来促进美国教育决策科学化、改善美国教育实践。这一明确的战略目标贯穿了研究所组织体系的构建、运行机制的建设等各个层面。一方面，研究所将"循证"作为自己的一个核心理念，非常重视教育研究证据的生产、评估、传播和使用。无论是从研究所的内部分工，还是研究所资助的研究类型，抑或是研究所发布的研究成果，都可以找到证据生产—评估—传播—使用的完整链条。与此同时，各类研究、统计、评估政策和标准也反映了研究所对"科学"循证的追求。另一方面，研究所将改善学生学习成果和提高教育质量作为自己的优先事项，不仅优先资助此领域的教育研究，而且通过各类项目积极促进教育研究成果在教育实践中的转化和应用。

（二）科研战略重点在于"独立"

按照美国法律，智库是一种非政府组织，是一种不以利益为基础、非营利性的研究机构。智库依靠专家及其思想，对公共决策过程产生影响。❶研究独立性是智库的一个重要特征。独立不仅指智库在地位上的独立，即不属于任何学术机构、政党或利益集团，还表现在科学研究的独立和观点的中立，研究运作是否独立直接影响智库的观点是否中立。❷在所有进行项目评估的联邦研究办公室中，只有美国教育科学研究所具有法定独立性（Statutory Independence）。这种独立性主要体现在三个方面：在同行评审方面，科研标准和评审办公室的决策独立于研究所的所长和专员❸；在聘任制度方面，研究所秉承"多元化"原则，所长和专员的六年任期制与总统的四年任期制相错

❶ RICH A. Think Tanks, Public Policy, and the Politics of Expertise [M]. Cambridge: Cambridge University Press, 2004: 11, 16, 17.

❷ 朱旭峰. 中国思想库：政策过程中的影响力研究 [M]. 北京：清华大学出版社, 2009: 19-21.

❸ Grover J.（Russ）Whitehurst. The Institute of Education Sciences: A Model for Federal Research Offices [J]. The ANNALS of the American Academy of Political and Social Science, 2018, 678（1）: 124-133.

开；在成果发布方面，所长在决定发布某些教育研究成果时，不必获得教育部秘书长及其他部门办公室的批准。这种法定独立性为研究所进行相对客观、严谨的研究提供了重要的前提保障。不过，虽然"智库的公信力和强大影响力源于其独立性"，但"现实中很少有智库能够做到完全意义上的独立"❶。美国教育科学研究所在合法性上依赖法律授权，在财政上依赖国会拨款，在科研选题上受到法律、国会和国家重大事项的影响。因此，其所具有的独立性也仅是"相对独立性"。

（三）注重组织资源分配优化

美国教育科学研究所的资金主要来源于国会的拨款。但是，相较于其他联邦科学、研究、统计机构来说，其收到的拨款十分有限。2021 年，国家特殊教育研究中心的预算为 5850 万美元，而与其任务类似的国家儿童健康和人类发展研究所（National Institutes of Child Health and Human Development）的同年预算则为 16 亿美元。❷此外，国家科研重点的调整、通货膨胀等为拨款的数额及购买力带来许多不确定性因素。而且，各种无资金支持的授权（Unfunded Mandate）不仅不会缓解研究所资金紧张的问题，还进一步加重了研究所的工作负担。

这种资源的有限性深刻地影响着研究所的资源分配理念、人员构成和补充方式、科研管理和合作模式。首先，研究所十分重视资源分配的合理性。这一合理性体现在，资金的使用必须符合研究所的使命及各项事务的优先级。因此，优先级的制定和调整是研究所的一项举足轻重的工作。其次，研究所的人员精简，甚至常常面临不足，有时不得不通过临时雇用或合同外包的方式进行人员的补充。而这又进一步影响了研究所的科研项目实施和人员管理方式。例如，作为预算与员工比例最高的联邦统计机构，国家教育统计中心的每名员工平均管理 3.7 份合同。一方面，广泛使用合同和承包商有效缓解了中心人员不足的状况；另一方面，对承包商的过度依赖和高周转率也危及了自身知识保留（Knowledge Retention）和战略目标实现能力的提高。❸管理

❶ 任恒. 国外智库研究的兴起与进展 [J]. 情报杂志，2020，39（7）：59-66，113.

❷ National Academies of Sciences，Engineering，and Medicine. The Future of Education Research at IES：Advancing an Equity-Oriented Science [M/OL]. Washington，DC：The National Academies Press：47-48 [2022-04-02]. https://doi.org/10.17226/26428.

❸ National Academies of Sciences，Engineering，and Medicine. A Vision and Roadmap for Education Statistics [M/OL]. Washington，DC：The National Academies Press：11，88 [2022-04-17]. https://doi.org/10.17226/26392.

承包商成为员工的主要职能，但智库人员本身的专长没有得到充分利用，而且研究所与承包商之间的沟通过程可能非常缓慢，从而延误行动的进度。❶

不过，这种资源的有限性也给研究所带来了更大的改革动力，对研究所提出了更高的改革要求。资源是智库的生命线，资源的有限性也在倒逼研究所不断进行创新和变革，如优化研究类型—主题矩阵、通过技术更新降低数据收集成本、寻求人员补充的其他方式等，以此提升工作绩效。

第二节　美国哈佛大学教育政策研究中心

2008 年，美国哈佛大学教育研究院（Harvard Graduate School of Education，HGSE）汇集了诸多校内外学者，成立了教育政策研究中心（Center for Education Policy Research，CEPR），旨在通过实证研究来改变教育。在实现其目标愿景的过程中，CEPR 衍生出了诸多功能，并逐渐形成了较为稳定的重点研究领域。

一、基本情况

目标愿景是所有组织发展与运行的指南针，是组织所有行动的价值原点。CEPR 的目标在于"通过实证研究来改变教育"，旨在基于实证研究，尤其是定量研究来制定、分析与评估教育政策并提出改革建议。❷它极为重视实证研究与实证数据的作用，认为实证研究在提高学生学习质量时发挥着极为关键的作用，并强调所有教育领导者必须基于事实与实证数据而不是未经检验的猜测或假设来进行教育决策与教育管理。❸为此，CEPR 主张通过实证研究来发现、分析与解决教育领域的关键问题；通过提高教育机构内部人员的技术素养与组织能力，帮助他们更好地收集、分析与使用数据；通过将教育研究人员和一线教育工作人员聚集起来，创建了一个由学区、社区、学校与相关教育组织所组成的教育合作网络，一同以实证研究的力量推动教育的发展。

❶ National Academies of Sciences，Engineering，and Medicine. A Vision and Roadmap for Education Statistics ［M/OL］. Washington，DC：The National Academies Press：86，89 ［2022-04-17］. https://doi.org/10.17226/26392.

❷ CEPR．Center for Education Policy Research at Harvard University ［EB/OL］. ［2022-12-20］. https://cepr.harvard.edu.

❸ CEPR．About ［EB/OL］. ［2022-12-20］. https://cepr.harvard.edu/about.

CEPR 在发展过程中逐步衍生出了教育研究、政策建言、人才培养和舆论引导四个主要职能。

（1）教育研究。开展教育研究是教育智库最基本的功能。❶CEPR 集结了大批的学者共同研究美国教育实践中现存或可能存在的问题，对其进行预测、剖析、溯因并提出相应的建议，丰富教育理论。该中心的研究涉及基础教育与高等教育、普通教育与职业教育等各级各类教育；不仅关注教师的教，也关注学生的学。如 CEPR 中"测量数学教学的知识基础：更新知识库"（Mathematical Knowledge for Teaching Measures：Refreshing the Item Pool）项目开发了一个测量一到八年级数学教师在教学中所必备的数学专业知识的工具——数学教学知识测量工具［Mathematical Knowledge for Teaching（MKT）Instrument］，它已被各教育评估机构广泛应用于评估中小学数学教师专业发展的基本情况，以及调查他们所学专业知识与具体教学实践之间的关系。❷

（2）政策献言。为使教育政策能更好地发挥效用，美国的教育部门非常重视听取高校教育智库的意见和建议，特别是在重大的教育问题面前，它们的建言作用就更加凸显。❸CEPR 在开展教育政策理论研究、产生新的教育政策思想的同时，也关注教育实践，通过解决现实中的教育问题来影响决策。如 CEPR 评估了"纽约市教师伙伴"（New York City Teaching Fellows）项目招聘而来的教师与普通招聘而来的教师在教学效果上的差异，发现组间并无显著差异，但组内存在显著差异，这一研究结果直接导致了纽约州全州的教育改革：纽约市教育局不再只关注教师的招聘，而逐渐侧重评估他们在教学工作中的具体表现与成效。❹

（3）人才培养。智库的核心是研究人员，人才是决定智库生存与发展的最关键因素。❺CEPR 一直承担着人才培养这一重要职能，但与高校不同的是，它仅是一个人才培养的特殊平台。CEPR 采取了项目化的培养方式，针对不同群体分别设立了不同的培养项目。针对教育机构中的在职人员，CEPR 设立了实验区、SDP、MQI 指导等项目，为教师提供了各类数据使用资源、在线课程与实地培训，包括教学效能提升课程、领导力提升课程、

---

❶ 徐海玲，王凤秋. 美国高校教育智库建设及其启示［J］. 黑龙江高教研究，2017（10）：56—60.

❷ CEPR. Mathematical Knowledge for Teaching Measures：Refreshing the Item Pool［EB/OL］.［2022−12−20］. https://cepr.harvard.edu/mkt-measures-refresh.

❸ 徐海玲. 中美高校教育智库建设比较研究［D］. 哈尔滨：哈尔滨师范大学，2017.

❹ CEPR. Impact［EB/OL］.［2022−12−20］. https://cepr.harvard.edu/impact.

❺ 苗尧尧. 美国高校教育智库功能研究［D］. 天津：天津师范大学，2017.

数据分析能力提升课程等,通过提升教师的素养来提升教学质量。❶而针对哈佛大学在校生博士生,CEPR 则设立了 PIER 奖学金项目,并为他们提供了与知名学者一同进行研究、到教育行政部门进行实地实习和参与各类学术讲座的机会。❷

(4)舆论引导。在美国,若没有公众的广泛参与与支持,任何一项议题要想转化成政策都是异常艰难的,所以美国所有的智库都特别重视通过大众媒体来塑造公共舆论、影响公共政策。❸各类智库一般是长期反复地倡导某种思想主张,以期其瓜熟蒂落、成为政策或得以立法。❹为引导舆论,CEPR 采用了多种途径,如发行出版物,包括工作简报、调查报告、期刊论文、学术著作等;举办学术讲座,就教育热点问题召开讲座、会议与研讨会等,免费对大众开放,加强交流并传播教育思想;运用社交媒体,如开通推特(Twitter)、YouTube 等媒体账号进行宣传。上述做法都潜在地影响着美国大众的思想,改变着他们对教育问题的认识与看法,进而影响社会舆论,最终影响教育决策。

二、科研取向与战略重点

CEPR 聚焦自身发展的目标定位,通过长期跟踪研究,形成了重点研究领域和学术品牌。战略重点主要集中于教师效能(Teacher Effectiveness)、高等教育入学机会与成功(Postsecondary Access & Success)、学校改进与改造(School Improvement & Redesign)三大领域,覆盖了从基础教育到高等教育的各个阶段。各领域包含的项目见表 6.1,其中有部分重要项目横跨了两个及以上的研究领域。❺

---

❶ CEPR. Training and Support for Teachers and Coaches [EB/OL]. [2022-12-20]. https://cepr.harvard.edu/training-support.

❷ CEPR. Training and Support for Harvard Graduate Students [EB/OL]. [2022-12-20]. https://cepr.harvard.edu/training-support#harvard-graduate-students.

❸ 谷贤林,邢欢. 美国教育智库的类型、特点与功能 [J]. 比较教育研究,2014,36(12):1-6.

❹ 任晓. 第五种权力——美国思想库的成长、功能及运作机制 [J]. 现代国际关系,2000(7):18-22,48.

❺ CEPR. Accessible Research [EB/OL]. [2022-12-20]. https://cepr.harvard.edu/research.

表 6.1　CEPR 各领域的项目情况

领域	具体项目
教师效能 （11 个）	测量数学教学的知识基础；更新知识库；加强 STEM 课程和教师改进工作的研究基础；教师启动项目（TLP）；国家教师效能中心（NCTE）；最佳足球前锋项目；基于数学量规的指导开发共同核心课堂；探索提高数学教师教学质量的方法；中学数学教师与教学调查；TNTP 项目评估；教育研究合作伙伴（PIER）奖学金；战略数据项目（SDP）
高等教育入学机会与成功（5 个）	获得机会（A2O）；提高大学入学率和成功率的数字信息（DIMES）；补习数学上高中；评估田纳西州 SAILS 计划；教育研究合作伙伴（PIER）奖学金；战略数据项目（SDP）
学校改进与改造（12 个）	Achievement Network i3 项目评估；波士顿特许组织合作研究；波士顿实习教师评估；Dream Box Learning 成效提升；评估纽瓦克的教育改革；国家政策与实践研究中心（NCRPP）；在加州教育改革办公室制定社会情感学习措施；国家农村教育研究网络中心（NCRERN）；教得更好：教师对实施《共同核心州标准》（CCSS）的看法；实验区；教育研究合作伙伴（PIER）奖学金；战略数据项目（SDP）

（1）教师效能。CEPR 认为，教学是学生学业发展过程中最重要的校本因素，因此有关教师效能的相关问题一直是 CEPR 关注的重点。该领域的项目旨在为教育政策的制定提供信息支持，提升教师的教学效能，以此推进教育改革、提升教育质量。[1]此领域主要集中于基础教育，重点关注中小学数学教师的教学效能。CEPR 基于该领域中相关项目的研究结果与相关经验，在2014 年与美国研究院（American Institutes of Research，AIR）共同成立了 MQI指导［Mathematical Quality of Instruction（MQI）Coaching］这一教师辅导平台，致力于通过辅导中小学数学教师来提升中小学数学教育质量。[2]在 2017年，CEPR 又基于国家教师效能中心（NCTE）和最佳足球前锋项目的研究结果及 MQI 指导中的实践经验，成立了"可见的更好"（Visibly Better）这一网络资源共享平台，目的在于帮助更多中小学数学教师使用视频来进行课堂教学与获取课堂反馈。[3]

（2）高等教育入学机会与成功。美国进入高等教育普及化阶段后，接受高等教育以获得大学文凭已成为公众求职与就业的必要条件，故 CEPR 对高

---

[1] CEPR. Teacher Effectiveness［EB/OL］.［2022−12−20］. https://cepr.harvard.edu/teacher-effectiveness.

[2] CEPR．MQI Coaching［EB/OL］.［2022−12−20］. https://mqicoaching.cepr.harvard.edu.

[3] CEPR．Visibly Better［EB/OL］.［2022−12−20］. https://visiblybetter.cepr.harvard.edu.

等教育入学机会与成功的研究也十分重视。❶该领域研究的内容主要包括如何帮助高中生申请大学、选择心仪院校、为入学做好准备与适应大学生活等，旨在提出或改进有关高等教育入学机会的政策。根据这一领域的研究成果，CEPR 出版了一本特色手册——《夏季消融的调查与应对指南》（*A Guide to Investigating and Responding to Summer Melt*），目的是在大学入学前的暑假为高中毕业生提供帮助，提高大学报到率，并为衔接高中与大学生活做好准备。❷

（3）学校改进与改造。CEPR 认为在基础教育领域，对新教学模式、新教育政策和新教学计划的评估将推动教育发展，因此汇聚了大量社会科学领域的人才对新教学模式、新教育政策和新教学计划进行评估，并提出相应的建议。❸该领域中的项目，侧重通过项目评估与学校咨询来改进各教育组织的教育过程、提升教育质量。项目评估即对某一教育相关的政策、法案或改革计划的实施成效进行评估并提出相应建议，而学校咨询则主要通过对各学校进行实地调研以对其发展提出有针对性的改进建议。

第三节 俄罗斯教育科学院

俄罗斯教育科学院（以下简称"俄罗斯教科院"）是俄罗斯教育研究的最高学术机构，兼具国家教育智库的属性，在国际教育领域享有较高的地位。自建院以来，它一直秉承"服务国家战略"❹的宗旨，致力于促进整个社会经济的变革，并不断改革培养适应社会变革需求、具有创造性潜能的创新型人才的教育模式，为国家提供教育科学的最新理论和实践经验。

---

❶ CEPR．Postsecondary Access & Success［EB/OL］．［2022-12-20］．https://cepr.harvard.edu/postsecondary-access-and-success.

❷ CEPR．SDP Summer Melt Handbook：A Guide to Investigating and Responding to Summer Melt［EB/OL］．［2022-12-20］．https://cepr.harvard.edu/publications/summer-melt-handbook．

❸ CEPR．School Improvement & Redesign［EB/OL］．［2022-12-20］．https://cepr.harvard.edu/school-improvement-and-redesign.

❹ Устав Российской академии образования［EB/OL］．（2014-03-14）［2023-03-03］．http://rusacademedu.ru/wp-content/uploads/2021/12/ustav-29.06.2021-.pdf．

一、基本情况

作为俄罗斯教育发展的重要思想领袖，俄罗斯教科院在 80 多年的发展历程中，先后经历了"硝烟中创立""探索中成长""变革中跨越""高质量转型"四个发展阶段。

（一）硝烟中创立（1943—1965）：俄罗斯教科院的起步

俄罗斯教科院的前身是俄罗斯苏维埃联邦社会主义共和国教育科学院（Академия педагогических наук РСФСР，简称"苏俄教科院"）。它于第二次世界大战期间创立，作为俄罗斯苏维埃联邦乃至苏联教育领域第一个综合性研究机构，它的诞生具有极其重要的意义。正如苏俄教科院首任院长弗拉基米尔·彼得洛维奇·波坦金（Владимир Петрович Потёмкин）所言，"二战"期间创建教科院并非偶然，一来为未来战后教育恢复奠定基础，二来展现出国家对于战争必将胜利的信心与决心。❶

1943 年 12 月，苏俄教科院活动章程颁布并确立了机构雏形。成立之初，它包括四所两馆：教育理论与历史研究所、教育方法研究所、心理学研究所、特殊教育研究所、公共教育博物馆和国家公共教育图书馆。随着学院的完善发展和教育科学任务的日渐繁杂，苏俄教科院的科研职能日益增加。在其创立的三年内，增设了学校卫生科学研究所、艺术教育研究所、外国教育经验研究所和国立学校研究所。1944 年，苏俄教科院在莫斯科第 349 学校成立了第一个教学实验室，到 1966 年苏联各地区 120 多所学校已经成为开展教学实验、实践科研成果的重要实验地。此外，在科学与高等教育的人才培养方面，苏俄教科院也做了大量的工作，教职工中副博士❷学位人数已从 1946 年的个位数增长到 1957 年的 85 人，研究生院在读学生数量也从 1945 年的 44 人增长到 1966 年的 242 人。❸这一阶段苏联的科学技术与文化事业在全世界处于

❶ Богуславский М. В. Традиции и инновации в деятельности Российской академии образования: к 75-летию создания. ［J］Известия Волгоградского государственного педагогического университета，2018，9（132）：4-10.

❷ 俄罗斯的学士学位、硕士学位，分别相当于我国的学士学位、硕士学位水平，副博士学位相当于我国的博士学位水平，博士学位在我国没有相对应的学位，其水平相当于我国的博士后水平。

❸ 出史 Российской академии образования ［EB/OL］.［2023-03-03］. http://rao.rusacademedu. ru/akademiya/rao.

领先地位，这些成就得益于"冷战"时期苏联投入了大量的经费支持，也得益于赫鲁晓夫执政时期自上而下的"解冻"思潮。❶

（二）探索中成长（1966—1991）：俄罗斯教科院的发展

1966 年，苏共中央通过了第 595 号决议《关于将俄罗斯苏维埃联邦社会主义共和国教育科学院转为苏联教育科学院的决议》，标志着苏联教科院（Академия педагогических наук СССР）正式登上历史舞台。这一时期，苏联教科院规模进一步壮大，组织章程也更加完善。在苏俄教科院的基础上，它先后成立了教师高级培训学院、职业教育研究所、苏联教育科学院教育出版社和苏联国家出版委员会，其分支机构遍布莫斯科、圣彼得堡、喀山、伊尔库茨克、塔什干、阿拉木图、托木斯克等地区。《苏联教科院章程》中首次规定，学院的最高管理机构是学院全体大会，负责选举学院主席团及成员、审议联邦教育提案、批准学院的科学、财政活动报告等，这一制度也为日后俄罗斯教科院所沿袭。

（三）变革中跨越（1992—1999）：俄罗斯教科院的新生

苏联解体后，原加盟共和国教科院开始脱离苏联教科院的统领，组建本国的教育科研中央机构。1992 年，俄罗斯教育科学院（Российская академия образования）在苏联教科院的基础上"新生"。20 世纪 90 年代，叶利钦政府施行的休克疗法造成经济恶性衰退，由于缺少必要的经济保障，"教育优先发展"只具有宣言性质，但即便在如此艰难的背景下，俄罗斯教科院仍完成了学院机构的结构重组及从纯理论型学术研究向应用理论研究的跨越。❷

（四）高质量转型（2020 年至今）：俄罗斯教科院的新高峰

21 世纪自普京政府执政以来，俄罗斯政治、经济形势日渐好转，为俄罗斯教科院发展提供了良好的社会土壤。俄罗斯教科院也迎来了新的发展高峰，不仅科研成果的数量得到了极大的增长，俄罗斯教科院也真正成为覆盖从学前教育到研究生教育的完整科研机构。这一方面得益于俄罗斯经济逐步恢复为学院的发展提供了稳定的财政保障，实现了机构的现代化改造；另一方面俄罗斯逐渐在科研制度上"松绑"，国际科研合作政治审查环节逐渐放松，将科研合作水平提到了一个新的高度。

---

❶ 俞紫梅."冷战"与"解冻"：双重背景下苏联对外科学文化政策的调整（1953—1964 年）[J]. 俄罗斯研究，2019（6）：91-109.

❷ 张谦. 俄罗斯教科院科研新战略述评 [J]. 外国中小学教育，1994（4）：43，46，48-49.

二、科研取向与战略重点

作为一个规模庞大、研究能力突出的教育智库，俄罗斯教科院在每个历史阶段的战略重点各有侧重，但其服务于国家教育战略的初心一直未曾改变。一方面，俄罗斯教科院通过参与教育部、科教部的公开招标对国家重大教育课题展开决策咨询研究；另一方面，各个研究团队密切关注国内教育所急所需，主动、创造性地进行了多项教育研究和实践。

（一）主导开发国家教育标准，推进普通教育质量提升

俄罗斯《联邦国家教育标准》（以下简称《标准》）是俄罗斯联邦各级教育机构在学科教学方面必须遵循的总体要求，对教师在日常教学中发展学生"个性化""调节性""知识性""沟通性"能力提供了具体的指导和要求。[1] 迄今，俄罗斯已颁布三代《标准》，俄罗斯教科院参与到全部三代《标准》的研制工作中，其中第二代和第三代《标准》的研制工作对俄罗斯普通教育改革产生极为重要的影响。

2005 年，俄罗斯联邦教育部决定开始制定第二代《标准》，以实现提高普通教育质量、提高学校竞争力、保证受教育者起点公平等目标。第二代《标准》研制的主要执行者是俄罗斯教科院。开发团队由俄罗斯教科院和俄罗斯科学院的著名专家领导，分为 17 个小组，每个小组负责一个特定的领域进行研究。俄罗斯教科院在第二代《标准》制定过程中完成了三项根本性的变革：一在于目标上的转变，第二代《标准》不仅关注某一学段将达成何种教育结果，同时关注学生个性的形成和学习方法的掌握，以确保学生在未来学习中同样具有竞争力。二在于结构上的转变，第一代《标准》包括"最低限度的教育内容"和"对毕业生的要求"两个核心部分，第二代《标准》在此基础上又增添了"教学过程中的条件要求"，即在学校的物质技术、教学方法、教学人员的技能、资金供给水平的保障方面对国家职责提出了新的要求。三是提出俄罗斯普通教育的核心素养框架体系，即"通用学习行为"（универсальные учебные действия），以帮助学生形成学会学习的能力，主要包括个人技能、调节能力、认知技能和交际能力四方面。第二代《标准》于 2012 年全面推行，有效期至 2020 年，专家团队期望能实现两个层次的教育成果，即培养每个学生既能掌握最基本的知识，又能发展独立学习的能力。

---

[1] 白永潇. 俄罗斯第二代《初等教育国家标准》的特点及展望 [J]. 世界教育信息，2019，32（20）：53—57.

2018 年，在"国际学生评估项目"（PISA）测试中俄罗斯学生位列第 31 名，俄罗斯教育部迅速作出调整，第三代《标准》进入筹划阶段。针对上一代标准中"对学生的要求"不够具体的问题，教科院专家队伍进行了为期两年的调研与研讨。2021 年 5 月，第三代《标准》正式颁布并于 9 月在俄联邦州内实施，其变化主要集中在：明确学校对于学生家长的义务；重点在于关注学生"软"技能的发展；明确学生在每个学科中的学科和跨学科技能，培养能够证明、解释、运用概念、解决问题的能力；学校严格落实学生的某一学年的学科必修专题，不得随意更换等。此外，新一代《标准》对学生的爱国主义教育和外语技能给予了高度关注，旨在培养具有爱国情怀、民族意识及国际竞争力的新一代俄罗斯联邦公民。

（二）研发本国教育质量评价工具，增强普通教育全球竞争力

近年来，基础教育质量的评价标准不仅依据国家教育标准的完成程度，也愈加看重各国基础教育在全球教育中的表现。国际测评考查的是学生解决复杂情境中的实际问题的能力，而国际教育研究比较结果显示，俄罗斯学生在这方面表现较差，其原因在于俄罗斯学校的教学过程主要重视学生的学科知识掌握情况，忽视了培养学生解决生活实际问题的能力。实际上，尽管国家教育标准对于学生独立解决问题的能力予以了极大的关注，但是长期以来俄罗斯学校教育的主要目标是掌握课本中和国家统一考试中的学科知识、技能和技巧，对于解决生活环境中的复杂问题关注度不够，很少进行研究性学习或项目式学习。

2018 年，俄罗斯提出在 6 年内要使普通教育质量跻身世界前十的目标[1]，为此俄罗斯教科院教育发展战略研究中心对标 PISA 测试，开发出一套俄罗斯本土的功能性素养监测工具。功能性素养包括数学素养、阅读素养、科学素养、财经素养、全球胜任力、创造力思维 6 个组成部分，旨在培养中学生（5～9 年级）具备将学校所学知识应用到生活中的能力。[2]项目组为每个功能性素养都制定了翔实的指导手册，其中包含项目期间开发的开放任务清单、任务的特征和评分标准，首轮评估工作已于 2019—2020 学年在俄罗斯联邦 24 个

---

[1] президент подписал Указ «О национальных целях и стратегических задачах развития Российской Федерации на период до 2024 года»［EB/OL］.（2018-05-07）［2023-03-03］. http://kremlin.ru/acts/news/57425.

[2] Проект «Мониторинг формирования функциональной грамотности учащихся» ［EB/OL］. ［2023-03-03］. http://skiv.instrao.ru/content/board1/kratkaya-informatsiya/index.php.

地区进行了大规模的测试。❶教育发展战略研究中心还举办了多场研讨会、专家论坛及区域讲习班，并邀请经合组织专家、新加坡 PISA 测试专家对参会的教育工作者进行培训，培训内容涉及"问题解决能力的发展""形成性评价""合作学习"及"创造力发展"四个方面，以保障功能性素养的监测评价工作能够顺利开展。2019—2024 年，该项目将实现为 5～9 年级的学生功能性素养的培养开发配套教材，到 2020 年在 25% 的教育机构实施教育监测的目标。❷

（三）探索教师教育发展新路径，助力现代化教师队伍建设

教师教育是基础教育质量的重要保证，建设一支高素质教师队伍已然成为俄罗斯教育现代化改革的重点方向。2012 年，俄罗斯教科院教师教育发展中心已完成 20 个为期 5 年的科研课题和 15 项科学实验。多年来，该中心对教师教育的教学法、教师人格发展、教师教育的质量评估与监测、教师再培训和高级培训等方面进行了深入研究，并取得了一些兼具理论与实践意义的研究成果，如确定了师范教育的发展原则、对国内外教师教育发展的理论与实践进行了比较研究、实施教师教育质量综合监测技术、对国内外教师的专业资格审定进行了比较分析等。2007—2013 年，教科院专家在教师教育领域共计出版 48 部专著、在国内外期刊上发表 639 篇论文并发布 104 篇调查报告❸，其实验成果已被多所教育机构引入教育实践中。

2013—2020 年，俄罗斯联邦教育部继续对俄罗斯教科院委以重任，以推动俄罗斯教师教育的创新发展。2020 年，在俄罗斯联邦教育部的指导下，俄罗斯教科院召开"俄罗斯联邦教师教育发展战略方针"的战略会议，与几所重点大学共同商议《2030 年前俄罗斯联邦继续教育系统发展战略》草案的制定，围绕着教师教育战略目标的概念、恢复教师教育委员会、师范大学的基本教育活动与教育实践、教育实习等问题的实施进行了深入讨论。❹俄罗斯教

❶ Банк заданий［EB/OL］.［2023-03-03］. http://skiv.instrao.ru/bank-zadaniy.

❷ Басюк В.С., Ковалева Г.С. Инновационный проект Министерства просвещения «Мониторинг формирования функциональной грамотности»: основные направления и первые результаты［J］. Отечественная и зарубежная педагогика, 2019, 4（61）: 13-33.

❸ Соколова И.И. Институт педагогического образования и образования взрослых РАО: становление и развитие［J］. Человек и образование, 2013, 3（36）: 4-10.

❹ Развитие педагогического образования в России: стратегия и ориентиры［EB/OL］.［2023-03-03］. http://rusacademedu.ru/news/razvitie-pedagogicheskogo-obrazovaniya-v-rossii-strategiya-i-orientiry.

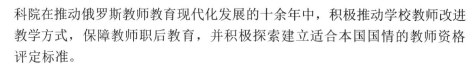

科院在推动俄罗斯教师教育现代化发展的十余年中，积极推动学校教师改进教学方式，保障教师职后教育，并积极探索建立适合本国国情的教师资格评定标准。

（四）承担高层次人才培养工作，打造科教兴国的生力军

俄罗斯教科院不仅是国家教育战略的主要设计者，也是副博士研究生教育的重要探索者。俄罗斯教科院自建院以来便开始了高层次科研人才培养工作，具有培养高层次人才的有利条件。一方面，俄罗斯教科院拥有一批高水平的学术带头人。俄罗斯教科院以国内知名专家领衔，副博士研究生参与专家团队的高水平研究，以老带新，确保青年人才进入科研领域，形成了多学科、多领域的学术梯队。另一方面，俄罗斯教科院担负着国家多项重大科研项目，拥有多个科学实验室，这为副博士研究生进行实践训练和论文选题提供了重要支持。

经过多年的探索与努力，俄罗斯科教院已形成了副博士招生、培养、认定的规范性管理办法。在研究生招生环节，俄罗斯教科院各学院每年自行拟定招生规则，公布当年全日制研究生与非全日制副博士研究生招录简章。申请人按照要求提交规定的资格审查材料，包括 11 项量化考察指标：研究计划（10 分）、毕业论文（5 分）、专著（1～4 分）、期刊文章（1～5 分）、期刊论文影响因子（3～5 分）、专利成果（2～3 分）、是否完成学位论文、毕业论文答辩（1～2 分）、学术研讨会议（1～2 分）、语言等级证书/学习教学方向培训课程（2 分）、教学类活动获奖证明（2 分）、教学实践证明（3 分）。招生委员会根据申请者的个人材料进行初审，符合条件者将参加入学考试，入学考试包含外语测试（12～20 分）、哲学测试（12～20 分）和专业知识测试（20～35 分）三部分，资格审查材料分数与入学考试分数累计进行排名，最终确定录取名单。❶ 在培养过程中，俄罗斯教科院为副博士研究生制定了涵盖"通用能力""一般性专业能力""专业能力"的三维度毕业生能力模型，以及各专业教育大纲。此外，各学院还为学生组织开展 1.5 个月至一年的实习机会，以提升学生的实践技能，提升其在未来从事高校教职工作的胜任能力。在学位授予环节，俄罗斯教科院根据俄罗斯联邦《副博士学位论文答辩条例》建立学位论文答辩委员会，对学位授予质量进行审核把关。

---

❶ Компетентностно-профессиональная модель выпускника［EB/OL］.［2023-03-03］. https://instrao.ru/images/aspirantura.

第四节 日本国立教育政策研究所

日本国立教育政策研究所（National Institute for Educational Policy Research，NIER）是国立综合性教育政策研究机构。作为日本影响最大的教育智库，其性质为文部科学省的下属公务机构，归属文部科学大臣管辖。自1949 年成立以来，研究所开展了一系列教育政策课题相关项目研究、全国学力学习状况调查、经济合作 OCED/PISA、TALIS❶、PIAAC❷、IEA❸/TIMSS❹等国际共同研究、教育课程及学生就业指导、社会教育、文教设施等相关的专业性、实证性调查研究，而这些调查研究作为政策制定的资料等在多方面发挥着重要作用。在宾夕法尼亚大学发布的《全球教育智库排名》中，日本国立教育政策研究所自 2017 年起连续三年国际排名第一。

一、基本情况

日本国立教育政策研究所迄今已有 70 多年的历史，作为其前身的国立教育研究所成立于 1949 年 6 月，开展与教育相关的实际性、基础性调查研究。首任所长日高第四郎在讲述研究所的性质时指出：研究的目的在于实践性、实际性，研究的方法则是讲求学术性、科学性。也即研究所必须作为"教育行政的心脏"，发挥从学术的角度开展教育政策的实施与行政执行的作用，阐释了当时国立教育政策研究所的基本理念。

---

❶ TALIS：Teaching and Learning International Survey，教学与学习国际调查，是一项针对学校学习环境和教师及校长工作环境的国际调查。通过对教师及校长进行问卷调查，就职能开发等教师的环境、学校指导状况等收集国际可比较的数据，旨在为教育相关分析和教育政策的探讨提供帮助。

❷ PIAAC: Programme for the International Assessment of Adult Competencies，国际成人能力评估，是以 16～65 岁的成年人为对象，以直接评价"阅读能力""数字思维能力""利用 IT 解决问题的能力"三个领域的技能为主要目的的调查项目。2011 年首次实施，共计 24 个国家和地区参加。该调查还同时进行"背景调查"，询问调查对象的学历、职业、技能使用情况、学习活动参加情况等。

❸ IEA：International Association for the Evaluation of Educational Achievement，国际教育成就评估协会，总部位于德国。

❹ TIMSS：Trends in International Mathematics and Science Study，国际数学与科学教育成就趋势调查，是由国际教育成就评估协会策划并实施的国际共同研究调查，1964 年实施第一届国际数学教育调查，至 1995 年改称为"TIMSS"，每隔 4 年举办一次。

2001 年 1 月，在日本中央省厅部门机构改革的背景下，为了强化研究所作为规划制定教育相关政策的研究机构职责作用，对其原有研究组织架构进行改编，从而与行政结为一体，进而实现调查研究、政策建议、专业支持，通过新设置教育课程研究中心、学生就业指导研究中心等，开展了大幅度的重编与改组，同时作为综合性政策研究机构，正式更名为"国立教育政策研究所" ❶，2021 年 10 月新设教育数据科学中心。

日本国立教育政策研究所对自身的定位为：作为与教育政策相关的综合性国立研究机构，将学术性研究活动取得的成果进行凝练汇集，从而为教育政策的规划和制定提供有意义的见解。作为在国际社会中代表日本的教育研究机构的同时，它还要对国内教育相关的机构和团体提供相关信息，并提供必要的建议和支援。

日本国立教育政策研究所在其基本方针中提出了以下五项应完成的使命：① 为了助力基于中长期战略性教育政策的规划与制定，以教育为中心开展国内外现状的科学调查、分析及预测，从而为日本国家教育政策的应有状态提供建议。② 为了助力基于社会需要灵活应对教育政策的规划和制定，围绕国民关心、亟须解决的政策课题，对其相关的社会背景和现状进行科学调查与分析。③ 根据需要，对教育各个领域的活动内容进行调查研究，提供建议和支持。④ 收集、整理、保存与教育相关的信息、数据及文献，提供给国内外教育工作相关人员使用。⑤ 通过开展合作研究调查、国际教育合作活动及举办会议等，推动与国内外相关机构教育研究信息的交流，进一步汇集凝练其中的优秀教育研究成果。❷从基本方针对 NIER 使命的规定中也可以看出，研究所的主要职能实际是以服务教育政策为核心，通过实证调查研究等科研活动、整理教育相关数据等信息网络建设、推动国内外教育交流三大活动措施来实现的。

二、科研取向与战略重点

日本国立教育政策研究所的科研战略重点涉及幼儿教育、初等中等教育、高等教育、社会教育、终身学习等多个领域。在日本新修订的学习指导要领

---

❶ 国立教育政策研究所ホームページ．研究所の目的・沿革［EB/OL］．［2022-02-15］．https://www.nier.go.jp/03_laboratory/02_mokuteki.html.

❷ 日本国立教育政策研究所．国立教育政策研究所基本方针［EB/OL］．［2022-02-15］．https://www.nier.go.jp/03_laboratory/pdf/kihonhoushin30.pdf.

（日本国家教育课程标准）中，日本国立教育政策研究所负责实施的各类调查研究活动成果为政策的最终形成发挥了基础性的重要功能，其影响力不言而喻。近年来，以日本第 3 期教育振兴基本计划（2018 年内阁会议决定）为基础，日本国立教育政策研究所还致力于以客观依据为重的教育政策、适应信息技术发展的教育革新等相关项目研究。

日本国立教育政策研究所开展的"项目研究"，属于研究所三大科研活动之一，即为解决教育政策课题的调查研究，具体指针对行政上的政策课题来设定研究所应该解决的研究课题，并广泛邀请所内外的研究人员参加，通过组建项目小组来进行研究活动。研究周期一般为 2～5 年，并在研究结束的下一年度召开以所员及文部科学省职员等为主要对象的研究成果报告会。2021 年在研十大项目见表 6.2，本书将就前五个项目研究进行简要概述。

表 6.2　日本国立教育政策研究所 2021 年在研项目

领域	研究课题名	研究时间
教育管理和财政	关于教育效果的调查研究	2019—2022 年
	关于推进重视客观依据的教育政策的基础研究	2019—2021 年
初等和中等教育	学校教育课程编制的实证研究	2017—2021 年
	关于儿童时期的成长、学习与过程质量的研究	2017—2022 年
	与信息技术发展相适应的教育革新研究	2019—2022 年
	社会情感（非认知）能力发展和环境研究：从改善教育和学校的可能性角度	2020—2023 年
	关于学历评价存在方式的调查研究	2021—2023/2024 年
	通过对话建立新学校空间的过程的调查研究	2021—2022 年
教师教育	关于教师配置等教育政策的实证研究	2016—2022 年
高等教育	高中生高等教育升学趋势调查研究	2020—2022 年

数据来源：根据日本国立教育政策研究所官网整理。

（一）关于教育效果的调查研究

该研究项目旨在通过试行以学前为起点的纵向调查，探索长期纵向调查的可行性，积累纵向调查的经验；同时，以在试点调查中收集的数据为基础，验证学前教育、保育设施环境、家长的养育态度和亲子关系等因素对儿童之后的身心发展的影响，从而为育儿支援政策和学校教育制度的改善提供有用的视角与观点。

目前具体研究工作为：将先行研究中的2～3岁儿童追踪调查（项目研究《关于教育效果的调查研究（2015年—2017年度）》）扩展为对4～6岁儿童的追踪调查。此外，还将以该孩子就读的幼儿园为对象进行调查。

（二）关于推进重视客观依据的教育政策的基础研究

近年来，在教育政策中推进EBPM（Evidence-Based Policy Making）的要求不断提高，但从现实角度来看，推进EBPM的过程中还存在许多未解课题。该研究旨在为解决这些问题提供相应的基础知识，从英美教育领域的政策制定与证据、教育政策的影响、地方政府教育政策的依据、学校的证据四个角度进行调查研究。

2021年，项目组就英美教育政策制定依据进行了相应的文献调研，同时着手通过问卷调查、数据统计、案例搜集与分析、访谈调查等手段，就教育效果及地方市町村委员会相关情况进行了调研。

（三）学校教育课程编制的实证研究

针对学习指导要领的修订，进行学校教育课程编制的实证研究。具体来说，就学校教育课程的编制与改善，开展实证性研讨和验证，从多方位的视角对今后时代所要求的能力素养进行研究，关注国外的动向调查，收集分析面向学习指导需要修订的基础资料。

2021年，项目组就涉及的以培养资质和能力为目标的教育课程编制所要求的课程管理的存在方式，以及充实课程管理所需的措施等，出版总结迄今为止的成果最终报告书。出版关于科学素养、各种课题的开发、编程教育的报告书。召开以机构外的外国研究人员为中心的研讨会，在充分讨论比较的基础上形成研究框架，并开展对各国课程编制的实证调查。

（四）关于儿童时期的成长、学习与过程质量的研究

该项目对从3岁儿童到小学二年级学生的成长和学习进行持续的追踪与探讨。具体来说，主要与设有幼儿教育中心的地方自治体（关东、关西、中部、中四国、九州、北海道、东北）进行合作，对幼儿、儿童开展为期5年的持续性调查。研究共计涉及约100所幼儿园、保育所、认定儿童园及其就学的小学。研究聚焦于支持成长和学习的因素研究、幼儿教育过程质量的评价和应用研究。

2021 年，项目组以小学教师和家长为对象，对参加幼儿调查的小学二年级学生进行问卷调查。在对象儿童在籍的一部分小学（5 所学校）中，对约450 人进行学力调查（国语、算术）。为确认面试调查和学力调查的关联性，以一部分小学（2 所学校）的儿童为对象，开展认知能力和社会情感能力相关的面试调查（语言、词汇、数量图形等）。另外，以充分利用幼儿教育顾问等的研修为目的，制作保育实践的质量评价量表方案和附上量表项目的指南书（试行方案）。

（五）与信息技术发展相适应的教育革新研究

为了将 ICT·AI 等持续发展的高度信息技术积极引进学校教育，为进一步提高教育质量的教育革新方案讨论提供有用的见解，整理利用高度信息技术发展的研究课题，解析与高度信息技术发展相适应的教育革新的促进条件，开发利用高度信息技术的教学研究技术。

2021 年，就该研究内容而言，首先项目组通过三期研讨会等深入研究，并以其成果为基础，整理有关高度信息技术的教育利用的活用原则、活用场景、具体事例等。其次分析高度信息技术的教育应用，最终对学生的学习投入状况和提高学生与教职员的健康生活是否有效果进行评估。此外，进行先前研究的收集，同时调查是否测量了教师在课堂上的认知负荷。

第五节　韩国教育开发院

韩国教育开发院（Korean Educational Development Institute，KEDI）是1972 年由韩国政府出资设立的教育研究机构。1999 年，韩国颁布《政府出资研究机构设立运营及培育法》，规定了由政府出资的研究机构的基本组织模式，韩国教育开发院也受该法约束。也正是该法将韩国教育开发院 50 多年的发展史分为两个不同的发展阶段。1999 年之后，韩国教育开发院才正式成为教育政策研究机构。

一、基本情况

在成立之初，韩国教育开发院属于财团法人性质，隶属于教育部。法律规定，韩国教育开发院的设施费由国家支付，运营费和项目经费从地方教育财政拨款中给出。❶韩国教育开发院每年需要向教育部提交工作计划书，承担教育部下拨的研究工作，并受教育部监督。韩国教育开发院最初成立的目的有两个：一是调查、研究教育的目的、内容、方法等；二是通过教育广播与电视促进研究成果的普及与应用。在作为财团法人的 20 余年间，韩国教育开发院主导了多项重大的国家教育政策相关研究。另外，韩国教育开发院荣获世宗文化奖、联合国教科文组织和捷克共和国教育部颁发的奖项、UNESCO ACEID 颁发的 ACEID 卓越教育奖等，在国内外取得了一定影响力。这一时期的韩国教育开发院属于综合性的教育研究机构。

然而，韩国政府各部门都有发挥智库作用的研究机构，这些机构都是相关部门的直属机构，因此预算和院长任命权都由相应的政府部门掌握。研究机构的基本作用是客观、中立地研究和分析政府的政策，发现政策的缺点或问题，提出新的对策。因此，在当时的情况下，政府出资研究机构的自主性和中立性会受到限制。为了统一管理由政府出资的研究机构，更有效地使用研究经费，并在研究机构间形成良性竞争，韩国于 1999 年废止了一系列的研究机构专门法，颁布《政府出资研究机构设立运营及培育法》，规定了由政府出资的研究机构的基本组织模式。该法的颁布使政府出资研究机构摆脱了单一行政部门的隶属状态，建立了政府出资研究机构独立性保障制度。

在国家对研究机构功能的整体调整下，以综合性教育研究机构自居的韩国教育开发院受到了多重限制。另外，韩国教育开发院也从教育部所属变更为国务总理室下属研究机构，每年都需要接受机构评价，与其他研究机构进行竞争。为适应环境变化，韩国教育开发院于 2002 年提出了成为世界水平的教育政策专门研究机构的目标，实现了定位转型。自此以后，韩国教育开发院始终关注教育政策，紧贴国家教育发展需要。2008 年、2009 年连续两年被评为"韩国百大智库"中教育领域首位。可以说，从 2002 年起，韩国教育开发院正式转型成为具有公共部门性质的教育政策专门研究机构。

目前，韩国教育开发院发展目标主要有三个方面：一是为解决韩国教育面临的各种问题，让教育面向未来而进行综合、科学的政策研究；二是促进教育体制创新；三是通过教育提高国民的生活质量，为国家发展作出贡献。主要职能为开展中小学教育、高等教育和终身教育政策研究，教师、教育财

---

❶ 국가법령정보센터. 한국교육개발원육성법［EB/OL］.（1973-10-11）［2022-03-08］. https://www.law.go.kr/법령/한국교육개발원육성법시행령/.

政、教育设施与环境的相关研究，远程教育研究、全球教育合作研究，英才教育研究，教育调查与统计等相关研究。

为了达成上述成立目标和履行职能，2021 年韩国教育开发院制订了三方面的工作计划。一是加强新常态下促进教育改革的政策研究。加强对未来教育的研究，加强基于数据的科学的教育政策研究，以及加强应对全球环境变化的教育研究与合作。二是强化研究规划和成果扩散。重视基于政策需求的研究规划与管理，促进主要议题政策化，强化政策网络，并且以政策需求者为对象扩散研究成果。三是加强基于自主和责任的组织创新。巩固作为教育政策研究机构的地位，建立以相互尊重和沟通为基础的合作型组织文化，加强各阶段职员的能力培养。❶

二、科研取向与战略重点

韩国教育开发院实施的项目大体分为四类：委托服务类、基本研究类、一般研究类、研究支援类。委托服务类项目是韩国政府委托韩国教育开发院进行教育政策研究的项目，大部分的项目经费被用于此处，其余三类项目的经费占比均为 3%～4%。因此，韩国教育开发院的科研形成了一种较为稳定的"委托—服务"科研模式。

韩国教育部在多次年度工作计划中提出，目前的韩国亟须进行教育改革，以应对韩国人口结构和产业、雇佣等社会结构发生的巨变。据统计厅预测，2025 年韩国的学龄人口将降至总人口的 9.8%，而 65 岁以上的老龄人口将达到 20.3%。❷此外，随着第四次产业革命的到来，韩国出现了以尖端技术为中心的产业重组及岗位结构调整。据韩国雇佣信息院预测，到 2035 年，电气、电子、机械、通信等尖端技术相关产业的就业人数和高熟练技能类职业的从业人数将大幅增加。纵观韩国教育开发院近年来的主要科研项目和科研战略重点，也基本围绕着上述问题展开。根据韩国教育开发院的职能，其战略重点有以下几个方面。

---

❶ 한국교육개발원. 2021 년 일반현황보고서［EB/OL］.（2021-04-09）［2022-03-08］. https://alio.go.kr/organ/organDisclosureDtl.do?apbaId=C0167.

❷ 통계청. 장래인구추계：2017～2067 년［EB/OL］.（2019-09-18）［2022-03-21］. https://www.kostat.go.kr/portal/korea/kor_nw/1/2/6/index.board?bmode=read&bSeq=&aSeq=377540&pageNo=1&rowNum=10&navCount=10&currPg=&searchInfo=&sTarget=title&sTxt=.

（一）基础教育研究

基础教育研究总部主要负责基础教育阶段学校教育管理，教师职前、职后发展的相关调查及政策研究，以及高中学分制落地的相关调查和研究。此外，基础教育研究总部还会受地方教育厅委托进行政策解读、教育共同体满足度调查等实证研究。由于和各地教育厅的接触较多，基础教育研究总部还会在国内外主办或承办教育政策论坛，起到了联系教育部和地方教育厅的作用。例如，2020 年举办了以"疫情时期日韩的学校与教师"为题的线上研讨会。

（二）高等教育与终身教育研究

高等教育与终身教育研究总部由高等教育研究总部改编而成。为缓解人口格局变化带来的诸多问题，韩国政府提出建设"包容国家""包容社会"，而教育领域也相应地更加重视终身教育，谋求通过高质量教育实现供求均衡化和就业稳定化的地区中心终身教育政策发展。同样受学龄人口减少的影响，韩国大学也面临着生源不足的问题。高等教育与终身教育研究总部一方面从高等教育政策的角度研究如何帮助大学渡过难关；另一方面设立"高校水平评估中心"，评价大学的实际运营成果并进行分类，从而实现有效帮扶。

（三）未来教育研究

2020 年之前，韩国教育部就屡次在工作计划中提到"未来教育"，即在第四次产业革命的背景下如何培养社会未来需要的人才。2020 年之后，线上教学也对教师和学生的媒介素养等提出了更高要求。这与之前"未来教育"相关政策中重视的部分一脉相承。未来教育研究总部负责线上教学、媒介素养教育、数字教育等的相关调查和政策研究，还与地方教育厅和其他机构组织中小学教师培训。

（四）教育教学研究

教育教学研究总部下设教育福利研究室、英才教育研究中心、教学设施与教学环境研究中心。教育福利研究室主要负责促进教育公平的政策研究。例如，疫情期间最不利的学生群体定位与补偿方案、放学后学校改善方案、家校社协作教学的"Wee"计划实施方案、网瘾青少年干预方案等。此外，教育福利研究室还会参与教育部主办的"Wee"计划等政策的说明会，为教育工作者答疑解惑。英才教育研究中心则负责英才观研究、英才评价标准研究、英才教育实验学校研究、国家创新人才管理研究、英才教育配对教师专业性研究等研究工作，承办英才教育全国工作者政策交流会、英才教育优秀教师事迹征集活动，参与英才教育教师培训等。教学设施与教学环境研究中心是教育部和企划财政部指定的教育设施民间投资工作专门管理机构，最主要的工作就是审查教育设施民间投资从提案到落实的全过程，形成系统的教育设施民间投资管理模式。此外，教学设施与教学环境研究中心还负责学校环境反馈机制研究、教育设施安全性研究、高中学分制推行后学校空间调整指南开发等。

（五）教育数据研究

教育数据研究总部主要有四个职能：一是教育数据的收集、分析，如过去教育统计年报的数据化、高校毕业生就业统计调查；二是与统计厅等国家级的教育统计机构合作，进行数据校对与补充；三是为需求者提供教育统计相关服务，如参与教育舆论分析体系研究、国家教育统计中心培训、高等教育统计调查负责人线上培训、教育基本统计调查管理、高校信息公示项目管理机关的运营工作；四是联系地方教育厅开展多层级的教育统计工作，如承办幼小初教育统计，市、道教育厅负责人协议会等。

（六）教育政策网络中心

在韩国，政策的不连贯性一直被民众所诟病，也存在部分教育政策未经落实完全就被搁置的情况。因此，韩国政府十分强调政策的连贯性、一致性，教育政策更是如此。为了解决这一问题，韩国教育开发院在对外合作团下设教育政策网络中心，起到教育政策相关者中间的"调和剂"作用。教育政策网络中心鼓励教育政策相关者跨单位合作，推动成员沟通及共享，综合理解与把握各级当事人的要求和期待，针对现行的教育政策网络重新制订整体协调方案，以此探索教育政策网络的发展。教育政策网络中心的职能有三个方面：一是参与教育政策网络建构，与教育政策相关者合作机制的研究，如强化扩充青少年教育文化空间的地方自治团体与教育厅间合作机制的研究；二是提供教育政策相关者的沟通交流平台，如举办各类学术交流会、政策研讨会、经验分享会等；三是充分发挥韩国教育开发院作为教育政策网络中一员的作用，通过共享教育领域的研究成果，提高教育部及地方教育厅的政策理解力，强化韩国教育开发院研究的政策支持功能。

第六节　世界一流教育智库战略发展特点与启示

纵览世界一流教育智库建设历程与战略重点，可以总结以下特点及其对我国新时代教育智库建设的启示。

一是世界一流教育智库积极服务国家教育战略。为国家决策服务尤其是在教育领域提供决策咨询，是教育智库的根本任务，也是教育智库的首要功能。以俄罗斯教科院为例，它通过主导开发国家教育标准，为其各级各类教育机构的教育教学提供了总体遵循，有力促进了俄罗斯普通教育改革，推动了教育改革发展。面向新时代，我国教育智库建设要立足服务国家决策这一根本任务，注重运用实证分析、比较研究等教育研究方法，加强有组织科研，着力提出解决在我国教育改革中存在的深层次矛盾和问题的方法与路径，切实提高教育智库决策服务国家教育战略成果的质量和水平。同时，也要加快推动拓宽教育智库决策服务成果扩散渠道，强化成果发布载体的多层次平台建设，将研究成果向决策部门报送时，与各基层实践单位及时共享，形成理论与实践相互促进的良好局面。

二是世界一流教育智库重视科研人员专业发展。教育智库在构建教育政策决策平台过程中，培养专业的研究人才队伍至关重要，人才是教育智库生存与发展的关键。各国在教育智库建设过程中都注重科研人员的培养，美国哈佛大学教育政策研究中心采取项目化形式为教师提供职业发展的丰富资源与课程支持，通过提升教师综合素养来提升教学质量，进而促进学生培养。韩国在教育开发院下专门设立教育研究总部，负责改善教师培训、提供专业创新人才管理，为科研人员的成长提供支持与指导。总之，一流教育智库建设应该加强教育研究人才的培养，提供优质的教育研究硕士和博士学位课程，加强教师教育研究能力培养，以培育更多教育研究专业人才。与此同时，也要加强对年轻学者和研究生的培养，提供更多的支持和机会，激发他们的研究热情和潜力。

三是世界一流教育智库重视"循证"研究范式。基于证据是教育决策的首要标准，这就要求我国教育智库在服务国家战略中迫切需要开展循证教育政策研究，注重"循证"研究范式。美国在教育政策制定过程中有明确的范式路径，坚持通过有证据和严密的教育研究论证来促进教育决策的科学化，提高服务教育决策效力。我国在一流教育智库建设过程中，要积极探索构建中央和地方协同一体的循证研究支撑教育决策体系。教育智库作为连接中央与地方的枢纽部门，可以通过措施引导与多方力量相结合，在提升教育证据数量基础上，不断研究改进教育证据提炼的方法与技能，提升教育证据收集、利用与落地全过程的质量。

四是世界一流教育智库重视教育数字化和信息化水平。教育数字化是破解我国教育发展瓶颈问题的重要抓手，更是我国教育学自主知识体系发展的重要支撑，国际社会普遍将数字化转型视为国家教育变革的重要突破口。美国在教育数字化和信息化领域积极构建网络资源共享平台，以促进基础教育教师提高数字素材的使用效率，来改善课堂教学效果和及时获取课堂反馈；日本积极推进高度信息技术引入学校教育教学各环节，开发利用信息技术促进教学技术改革，进一步提高学校教育质量。我国在建设一流教育智库过程中要深入落实国家数字化战略，不断推动教育研究环境转向数字化、智能化，加强生成式人工智能的应用，助推提升教育研究服务国家政策的能力。

五是世界一流教育智库逐步关注教育与人口变动的关系。人口是决定教育资源配置的关键变量，对教育政策的制定和实施有重要影响。世界各国教育智库关注人口变化对教育的影响，构成了教育改革的基本背景，决定了教育供需关系的时空结构。韩国正面临"少子化"和人口老龄化问题，其教育智库重点关注教育改革中的人口问题，以应对韩国人口结构和产业、雇佣关系等社会结构因此发生的巨变。我国也面临少子化、老龄化、区域人口增减分化等形势，学龄人口规模和结构随之改变，同时也会影响教师资源的供给变化，给基础教育高质量发展带来了新的挑战。在我国一流教育智库构建中，要积极研究人口发展新趋势，及时调整教育政策服务重点，促进教育与人口变化相适应，缓解在未来有可能出现的结构性矛盾，进一步提升教育资源配置水平。

第七节　小　　结

本章主要选择美国、俄罗斯、日本和韩国五所一流教育智库作为国际比较对象，分别从基本情况、科研取向与战略重点等维度进行国家教育智库的战略规划国际比较研究。美国教育科学研究所自 2002 年成立，共经历了初步建立、发展完善和反思转型三个发展阶段，其科研取向追求"循证"研究，但同时也存在组织资源有限性的问题。美国哈佛大学教育研究院在 2008

年成立了教育政策研究中心，并在发展过程中逐步衍生出了教育研究、政策建言、人才培养和舆论引导四个主要职能，其战略重点主要集中于教师效能、高等教育入学机会与成功、学校改进与改造三大领域。俄罗斯教科院在 80 多年的发展历程中，先后经历了"硝烟中创立""探索中成长""变革中跨越""高质量转型"四个发展阶段，其研究团队密切关注国内教育所急所需，主导开发国家教育标准，研发本国教育质量评价工具，探索教师教育发展新路径，承担高层次人才培养工作。日本国立教育政策研究所自 1949 年成立以来开展了一系列教育政策课题相关项目研究，其科研战略重点主要涉及幼儿教育、初等中等教育、高等教育、社会教育、终身学习等多个领域。韩国教育开发院是 1972 年由韩国政府出资设立的教育研究机构，1999 年之后转为教育政策研究机构，其实施的项目大体分为四类：委托服务类、基本研究类、一般研究类、研究支援类；近年来的科研战略重点包括：基础教育阶段学校教育管理，教师职前、职后发展的相关调查及政策研究，终身教育，未来教育，促进教育公平的政策研究，教育政策网络发展等。它们在积极服务国家战略、重视教师专业发展与学生成长、注重"循证"研究范式、重视提升数字化和信息化水平、关注教育与人口变化等方面，值得我国新时代教育智库学习借鉴。

第七章　教育智库发展规划的实证研究

调查研究是做好发展规划的重要支撑和科学依据。基于课题项目的前期研究和文献梳理，课题组精心编制《新时代教育智库"十四五"发展规划》调查问卷，就当前我国教育智库过去五年发展的成效和优势、问题及原因，以及未来发展思路和预期等，对教育智库工作人员进行了问卷随机调查。本章的实证研究，既有长期以来基于教育智库发展的质性访谈，也有针对发展规划而专门设计的调查问卷，有些结论具有特殊性，但大部分结论具有普遍性，可为新时代教育智库发展规划的研制提供数据支撑。

第一节　调查对象与方法

一、调查对象

课题组于 2021 年 2—3 月通过问卷星程序面向教育智库的在岗人员发放调查问卷，共收集到数据 197 份，经过筛选后有效数据 193 份，有效率高达 97.97%。在被调查群体中，男性 73 人（37.82%），女性 120 人（62.18%）；学历分布以博士研究生为主，占比达到 56.99%；年龄分布在 31～50 岁的占绝大多数，工作时间分布较为均匀；科研岗位职工居多，占比 58.55%；职称分布以中级（助理研究员或定级科员）和副高级（副研究员或副处）为主，分别占 44.56%和 33.16%（表 7.1）。调查样本各层级覆盖广泛，对于新时代教育智库的调研具有一定的代表性。

表 7.1　调查对象汇总

类别	选项	人数/人	占比/%
性别	男	73	37.82
	女	120	62.18
学历	本科及以下	27	13.99
	硕士研究生	56	29.02
	博士研究生	110	56.99
年龄	30 岁及以下	20	10.36
	31～40 岁	82	42.49
	41～50 岁	59	30.57
	51 岁及以上	32	16.58
工作时间	3 年及以下	43	22.28
	4～10 年	60	31.09
	11～20 年	64	33.16
	21 年及以上	26	13.47
岗位	科研岗位	113	58.55
	管理岗位	45	23.32
	编辑岗位	12	6.22
	文化产业岗位	23	11.91
职称	初级（未定级）	26	13.47
	中级（助理研究员或定级科员）	86	44.56
	副高级或副处	64	33.16
	正高级或正处及以上	17	8.81

二、调查方法

　　课题组采用自编问卷，对新时代教育智库"十四五"规划进行调研，问题分为五部分：一是调查对象特征（单选题）；二是"十三五"时期新时代教育智库的成效、经验和存在的问题（单选题与多选排序题）；三是"十四五"时期教育智库建设的优势与短板、机遇和挑战（多选排序题）；四是"十四五"时期教育智库的重点工作方向（单选题与多选排序题）；五是"十四五"时期教育智库发展的意见建议（文本题）。问卷包括单选题、多选排序题和文本题，其中多选排序题要求从备选项中选择指定数量的选项，并按照题目要求进行重要性排序，再通过权重赋分的方法得到每个选项的平均综合得分，以表征对每个选项的认同度。题目中选项的平均综合得分越高，调查对象对该选项的认同度越高。

问卷设计前期，课题组招募少量教育智库研究人员进行小规模试测，根据试测反馈优化调整部分题型表述，并邀请权威专家对问卷内容进行把关和完善修改，问卷具有较好的信度和效度。

三、质量控制

问卷调查采用自愿、独立、匿名原则，并使用问卷星的设备控制功能，每台设备仅能作答 1 次。问卷引导语准确清晰，确保调查对象能够理解题目意义。收取问卷后研究人员对数据进行清洗确认，未发现明显作答时间过短或不认真的无效问卷。

四、统计学方法

研究人员综合运用 Excel 和 SPSS 23.0 软件对清洗后的有效数据进行描述性统计分析、差异性分析及相关分析，并对调查对象的意见建议文本数据进行词云分析，通过问卷调查开展新时代教育智库战略规划研究。

第二节　调查结果总体分析

一、成效与问题

"十三五"时期，新时代教育智库认真贯彻落实中共中央办公厅、国务院办公厅《关于加强中国特色新型智库建设的意见》精神，各项成绩显著，优势突出。八成以上教育智库人员认为完成了预期的战略目标。发展目标是规划的核心指标，是衡量一个规划成效最重要的依据。调查显示，对于新时代教育智库"十三五"发展规划，超过 80.00% 的干部职工认为实现了既定的战略目标，其中认为基本实现的占 68.39%，认为全面实现的占 13.47%。总体来看，绝大部分调查对象认为教育智库如期实现了"十三五"发展目标，战略规划发挥了应有的功能。

从调查的情况来看，在战略规划的各项分目标中，教育智库的党的建设和文化建设得到切实加强，在五大分目标中得分位列第一。"十三五"规划发展目标下设党建、科研等五个维度的具体目标。调查对象对五项具体目标的综合平均得分表征对五项目标完成情况的认可度。排序如图 7.1 所示：党的建设和文化建设得到加强（3.39），基础能力和科研质量大幅提升（2.57），科研、管理和文化产业三支队伍基本建成（2.09），治理体系和治理能力现代化水平提升（1.12），对外开放和协同创新水平明显提升（0.58）。这说明在"十三五"时期，新时代教育智库全面贯彻党的建设总要求，切实加强了党对教育智库和教育科研工作的领导，形成了良好的文化氛围。同时，教育智库人员对"对外开放和协同创新"的认可度最低，这和本身对外开放意识和能力不强，特别是受到新冠疫情的影响高度相关。进入新时代，教育问题复杂度高，加上教育智库研究并非"书斋式"研究，这就要求突破传统的科研范式，通过多兵团协同作战，探索开展有组织的科研，寻求强化分工协作优势互补，打造"集中力量办大事"的协同攻关新模式。

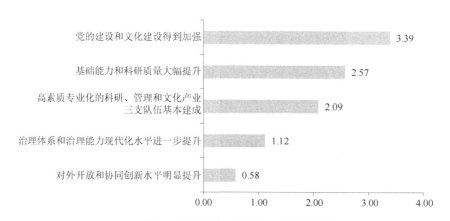

图7.1 "十三五"规划五项目标完成度排序情况

从调查的情况来看，始终坚持正确政治方向，是"十三五"时期我国教育智库发展的最宝贵经验。经验是对实践成效的高度凝练，是未来发展行之有效的法宝。如图 7.2 所示，在"十三五"时期教育智库取得成绩的影响因素中，调查对象认为最重要的经验有：始终坚持正确政治方向（4.95），始终坚持理论联系实际（2.96），始终坚持加强人才队伍建设（2.58）；而始终坚持提升内部治理能力（1.54）、始终坚持开展对外合作和国际交流（0.50）这两项得分较低。具体来看，"十三五"时期，新时代教育智库坚持以习近平新时代中国特色社会主义思想特别是习近平总书记关于教育的重要论述为根本遵循，坚持用科学理论武装指导教育科研工作，加快发展智库研究工作。如前所述，由于问卷发放时间为 2021 年 2—3 月，受疫情影响，教育智库对外合作项目和国际交流活动有所减少，这是客观上存在的环境因素。未来，我国教育智库应进一步完善国际交流与对外合作战略布局，加快提升国际交流与对外合作的层次和水平，形成更全方位、更宽领域、更多层次、更加主动的对外开放新格局。

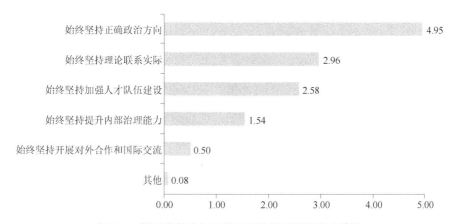

图 7.2 新时代教育智库发展经验的认可度排序情况

从调查的情况来看，理论创新系统性不强、高水平智库专家不多，成为新时代教育智库亟须解决的主要问题。只有反思存在的问题，查找不足与短板，才能推动新时代教育智库的发展。"十三五"时期，教育智库内部发展亟须解决主要问题的重要性排序如图 7.3 所示：理论创新系统性不强，基础性研究不足（5.16）；高水平智库专家不多，研究创新团队缺乏，科研队伍梯队建设不足（4.97）；舆论引领宣传能力不强，国际影响力不足（3.67）；实践指导理论供给不足，引领性不强（3.66）；内部治理现代化水平不够高，制度体系不完善（2.42）；协同战线联动性不强，合作途径单一（2.25）；决策服务贡献度不高，前瞻性不强（1.83）；政治建设站位不高，全面从严治党还不强（0.54）。

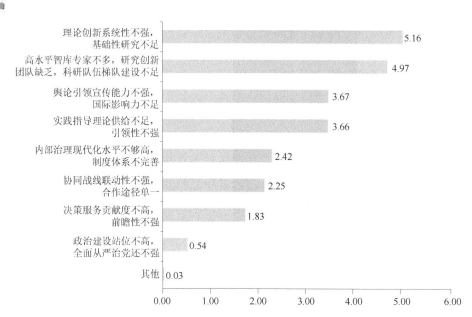

图7.3　新时代教育智库亟须解决主要问题的重要性排序情况

基础研究处于从研究到应用再到生产的科研链条的起始端，地基打得牢，科技事业大厦才能建得高。新时代教育智库建设要跳出西方智库发展模式和教育理论的桎梏，充分汲取中国哲学社会科学和中华优秀传统文化的丰富养分，结合中国的具体教育实践、教育智库发展现状，创造性地凝练并提出新型教育智库建设的相关理论、方法及实践形态，创造并形成既具有中国特质又能被世界读懂的教育理论核心概念、重要命题和话语体系。从客观上来看，教育实践已走在了理论的前头，新时代我国教育智库的工作相当一部分仍然是做政策的解读和阐释工作，基础研究和理论创新并未实现重大突破。以专业能力和实践为导向推动教育高质量发展，加强原创性的理论创新和实践经验的提炼总结，在此基础上推动中国教育学自主知识体系的建构，应是教育智库面向2035年最重要和最紧迫的战略任务。

人才是第一资源，是实现民族振兴、赢得国际竞争主动的战略资源。从某种程度上说，教育智库的发展归根结底要靠高水平的创新人才。党的二十大报告强调了教育、科技、人才是全面建设社会主义现代化国家的基础性、战略性支撑。教育智库恰恰是兼具教育发展、科技创新、人才培养等多重功能的特殊组织，因而，新时代教育智库应加强人才队伍建设，引进或培育高水平的智库专家和创新团队，为新时代教育智库建设提供坚实的智力支持。此外，在影响力为王的时代，新时代教育智库要真正改变观念，打破"酒香不怕巷子深"的传统思维，积极宣传，主动发声，大力提升智库的社会影响力和国际影响力。

二、发展机遇与挑战

从战略规划的理论和范式来看，SWOT 分析方法是最基本的范式之一。在调查研究问卷的设计中，也充分考虑了这一因素。通过发现优势、找出短板，明确风险和机遇，对新时代教育智库战略规划具有非常重要的作用。

明确发展优势，是做好发展规划的重要前提。在对隶属于政府部门的教育智库的调查过程中发现，相比民间教育智库来说，具有官方背景是许多政府部门教育智库"十四五"发展的显著优势。调查显示，官方背景教育智库的调查对象认为存在的主要优势依次是：身份优势，具有官方的背景（4.68）；历史优势，多数教科院所具有很长时期教育智库发展的建设和探索经验（2.90）；资源优势，拥有课题资源、出版和发表的资源等（2.73）。同时，认为没有显著优势的是：学科优势，教育学科门类比较齐全（1.69）；人才优势，高级职称人才占比过半，博士研究生占比高（1.49）；国际优势，对外合作交流层次高（0.21）。由此可见，对官方教育智库来说，政府背景及所附带的学术资源，是新时代教育智库"十四五"及相当长时期发展最重要的显著优势。

认清存在的短板，有利于新时代教育智库在"十四五"规划中针对性补强。通过调查发现，重大原创性理论成果不够多，领军人才和创新团队不足，成为制约新时代教育智库"十四五"发展的重要短板。如图 7.4 所示，调查显示，新时代教育智库"十四五"时期存在的主要短板有：重大原创性理论成果不多（5.31）；领军人才和创新团队有待加强（4.73）；解答重大教育现实问题能力还有待增强（4.57）；科研组织模式、运行机制还有待改进（3.44）；成果转化机制和渠道还不够顺畅（2.85）；社会影响力特别是国际影响力不够强（2.83）。而以下方面尚未出现明显不足：评价方式还有待创新（2.47）；内部治理能力还有待加强（1.76）；政治站位还不够高，视野还不够广（0.61）。总体表明，新时代教育智库在科研理论成果、拔尖创新人才、重大问题钻研能力、科研组织模式和运行机制、成果转化机制、国际影响力等方面，都有待在"十四五"和今后一段时期得到进一步加强。

研判发展机遇，有助于新时代教育智库科学规划"十四五"发展。从调查情况来看，国家推进教育现代化、建设教育强国的时代背景，以及政府部门对教育智库的新定位新要求，是新时代教育智库发展的最大历史机遇。如图 7.5 所示，"十四五"时期，调查对象认为新时代教育智库存在的主要机遇是：推进教育现代化、建设教育强国任务更加迫切，亟须发挥教育科研对高质量教育建设的支撑、驱动和引领作用（5.50）；我国进入发展新阶段，国力更为强盛，亟须教育和教育科研提供强有力的支撑（5.19）；国家对智库和科研工作愈加重视，政府部门对教育智库发展提出了新定位新要求（5.02）；新一轮科技和产业革命推动教育和教育科研变革，提供了新的技术和手段（4.33）。同时，调查对象认为，对新时代教育智库"十四五"期间发展助力相对较弱的有：《教育部关于加强新时代教育科学研究工作的意见》的印发，全国教育科研战线一盘棋格局逐步形成（1.92）；国内外博士研究生毕业人数继续大幅增加，新时代教育智库人才可以得到有益补充增强，青年人才的生力军作用更加凸显（1.62）；教育数字化新业态，亟须开展相关教育研究（1.44）；我国经济总量突破百万亿元，新时代智库经费来源可能会增加（1.35）；教育智库初步形成了风清气正、团结和谐、干事创业的良好氛围（1.34）。

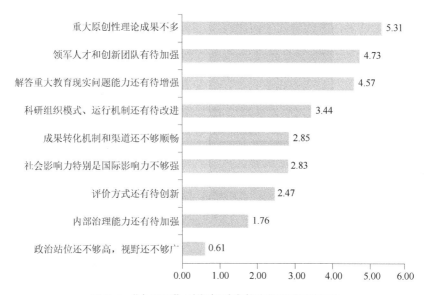

图7.4 "十四五"时期新时代教育智库主要短板

进入新时代，国家教育事业发展需要教育智库提供专业支撑，需要教育科研发挥更大作用，成为新时代教育智库发展最为重大的机遇。教育智库应抓住机遇发展壮大，加快发展的速度，充分发挥咨政建言、理论创新、舆论引导、社会服务、公共外交、人才培养等功能，使教育智库建设与新时代相偕并进。

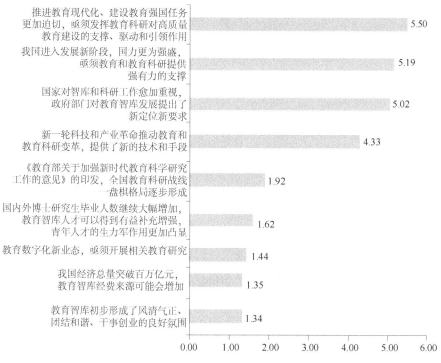

图 7.5　"十四五"时期教育智库主要机遇

明确重大挑战，才能有针对性地进行应对。教育改革发展对教育科研工作提出更高要求，成为"十四五"时期教育智库发展面临的最大挑战。如图 7.6 所示，调查显示，新时代教育智库"十四五"时期存在的主要挑战有：教育改革对教育科研的支撑、驱动和引领的期待与要求越来越高（4.51）；同行竞争加剧，各类教育智库发展势头迅猛（3.40）；龙头作用发挥还不够充分，战线协同不够（3.11）；体制机制还不完全符合现代智库特点，科研人员创新活力难以最大程度激发（2.74）；政府重大决策和文件制度研制，委托研究主体日趋多元（2.67）。尚未成为新时代教育智库"十四五"阶段面临的主要挑战有：国外政府与学术界对我国科研工作进行遏制，出国深度交流和合作研究受到限制（2.33）；国内经济总体发展良好，但也面临下行风险，智库经费存在挤压可能（2.04）；基层需求发生变化，对外合作和指导面临新的挑战（1.90）。

国内外环境对新时代教育智库的自主力、应变力和影响力提出了更高要求，教育智库建设正面临原创理论与话语体系突破、重大教育问题响应机制建设、教育国际影响力塑造等新的挑战与机遇。新时代教育智库需要认真面对新时代对教育科研的高要求，主动应对，积极作为。

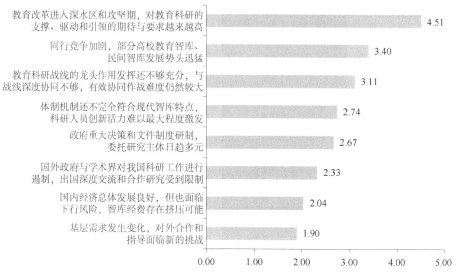

教育改革进入深水区和攻坚期，对教育科研的支撑、驱动和引领的期待与要求越来越高　4.51

同行竞争加剧，部分高校教育智库、民间智库发展势头迅猛　3.40

教育科研战线的龙头作用发挥还不够充分，与战线深度协同不够，有效协同作战难度仍然较大　3.11

体制机制还不完全符合现代智库特点，科研人员创新活力难以最大程度激发　2.74

政府重大决策和文件制度研制，委托研究主体日趋多元　2.67

国外政府与学术界对我国科研工作进行遏制，出国深度交流和合作研究受到限制　2.33

国内经济总体发展良好，但也面临下行风险，智库经费存在挤压可能　2.04

基层需求发生变化，对外合作和指导面临新的挑战　1.90

图 7.6　"十四五"时期教育智库主要挑战

三、战略目标和发展思路

发展思路是对战略规划的总体考虑和实现路径。以笔者所在单位发展规划为例，课题组提出"十四五"时期"力争用 5 年左右的时间，建成一流国家教育智库，成为国内一流、世界知名的中国特色新型智库"的目标定位。如图 7.7 所示，基于调查发现，七成以上的智库人员认为定位准确，26.42%的人员认为定位偏高，没有人员认为定位偏低。如图 7.8 所示，九成以上人员认为"十四五"时期提出的"政治建院、人才强院、创新兴院、制度治院、开放办院"的发展思路合理，其中认为非常合适的人员占 49.22%，认为基本合适的人员占 43.52%。基于总体发展思路，对五个具体目标分别进行调查，可以了解每个具体目标的认同度。

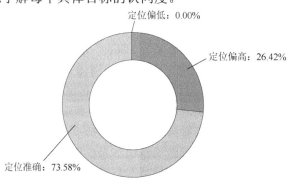

定位偏低：0.00%

定位偏高：26.42%

定位准确：73.58%

图 7.7　教育智库"十四五"发展规划的定位情况

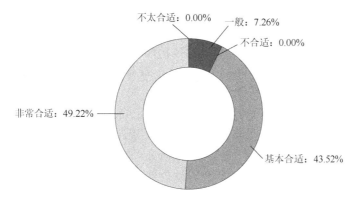

图 7.8 教育智库对"十四五"及未来发展思路的认可情况

第一，加强科学理论武装、党建与业务深度融合是政治建设的重点任务。与民间教育智库不同的是，作为隶属于政府部门的教育智库，必须牢固树立政治意识。如图 7.9 所示，调查显示，智库工作人员认为"十四五"时期在政治建设方面亟须重点加强的工作的重要性排序为：加强科学理论武装（3.51）；加强党建与业务深度融合（3.45）；加强科研意识形态管理（1.95）；坚持马克思主义的指导地位（1.72）；加强基层党组织建设（1.52）。由此可见，政治建设最核心最重要最有效的，必须坚持以党的科学理论为引领，实践层面需要将党建活动与项目业务有效融合，从而保证政治方向走得正确、意识形态工作责任制落到实处。

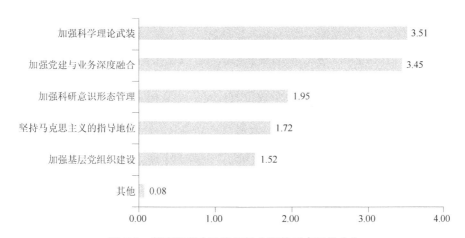

图 7.9 教育智库在政治建设方面的重点工作方向

第二，加强基础理论研究、提高服务决策水平是创新发展的重点工作。创新是发展的灵魂，只有通过多层面、多维度的创新，才能切实提升科学决策水平。如图 7.10 所示，"十四五"时期在创新发展方面需要重点强化的工作事项为：加强教育基础理论研究（5.02）；提高服务决策能力和水平（4.77）；打造区域教育综合改革实验样板（4.23）；加强研究范式和研究方法创新（3.88）。而大力推进基础平台建设（2.84）、充分发挥舆论引领作用（2.29）、打造高端学术期刊集群（1.48）、推动文化出版产业高质量发展（1.08）优先级较低。由此可见，重视加强基础理论研究，聚焦服务党和政府教育决策、开展教育综合改革试点、加强研究方法创新，才可以全方位立体化提升教育智库综合水平。

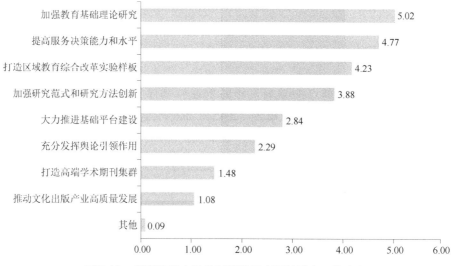

图 7.10 教育智库在提升创新发展方面的重点工作方向

第三，激发创新活力、改革评价方式是人才队伍建设的首要任务。人才队伍是发展的基石，高水平科研人才更是未来智库跃升的重要依靠。如图 7.11 所示，新时代教育智库"十四五"时期在人才队伍建设方面亟须重点加强的工作有：激发科研人员创新活力（4.80）；创新人才激励评价方式（4.16）；加强青年人才的培养和使用（3.21）；探索实施优秀高端人才、学科带头人引进项目（3.15）。已经取得显著成效或是较为次要的工作方向有：加大多学科、跨专业人才引进力度（2.71）；促进人才科学有序流动（2.51）；加强各类人才的培训力度（1.96）。

　　如图 7.11 所示，激发科研人员创新活力的重要性远超其他选项。这说明只有尊重人才、用好人才，加快建立健全科学评价体系，改革人才激励评价方式，畅通青年科研人才成长渠道，让科研人员能够真正潜心搞研究、出成绩，才可能充分发挥人才作为第一资源的重要作用，形成人尽其才、人人出彩的良好局面。

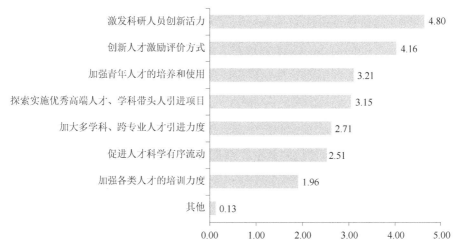

图 7.11　教育智库在提升人才建设方面的重点工作方向

　　第四，优化科研组织模式和运行机制是智库治理现代化的重中之重。制度是保障教育智库科学高效运行的规则体系。如图 7.12 所示，调查显示，"十四五"时期及未来一段时期在制度治理方面需要重点加强的工作包括：优化科研组织模式和运行机制（4.79）；健全完善科研、人事、财务等各项制度（3.41）；提升管理工作的效率（2.74）。优先级较低的发展方向为：加强制度的执行力度和效度（2.00）；加强政治生态和优良文化建设（1.62）；加强智库机构章程建设（1.18）。由此可见，智库人员最为关心的就是科研组织模式和运行机制，它直接关系到团队的合作效率，影响到个体内生动力，成为制度改革的重中之重。只有全面开展有组织的科研，创新科研全链条的体制机制，建立健全科技成果转化系统，才能以高质量的创新成果为教育强国作出贡献，有效发挥服务决策的重要作用。同时，新时代教育智库仍应注重健全完善管理制度，提升管理工作效率，为科研人员"减负松绑"，强化制度保障。

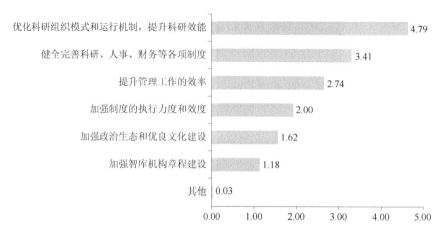

图 7.12　教育智库在制度建设方面的重点工作方向

第五，加强和政府部门的紧密联系是开放合作的首要任务，对于官方教育智库来说更是如此。保持开放性有助于及时汲取最新的思想和智慧，是保持先进性的前提，最重要的是能够在第一时间获得信息，争取政策支持。如图 7.13 所示，调查显示，智库人员认为"十四五"时期及未来一段时期在开放合作方面需要重点加强联系的优先顺序为：加强与教育部司局和其他部委的联系（4.12）；加强和地方政府部门的对接联系（3.10）；加强和高端智库的合作（2.88）；加强对国内教育战线的引领指导（2.68）；加强和高校的交流合作（2.13），加强与国际教育组织的交流合作（1.88）。由此可见，加强与教育部司局和其他部委的联系高居第一，它能够为国家教育智库提供更多的决策服务项目、提供更高的科研交流平台，成为开放合作的首要任务。对于省级教育智库来说，重点是要加强和所属教育厅的紧密联系。同时，新时代教育智库也应加强与地方政府部门和其他高端智库的联系，并加强对国内教育战线的紧密合作与协同，形成高水平教育智库集群或联盟，共同助力新时代教育强国建设。

此外，切实提升工资待遇、增加职称评定名额成为职工个体对新时代教育智库最为深切的期待。个体是组织构成的基本要素，理解个体的需求才能激发个体的活力、盘活团队的战斗力。如图 7.14 所示，从个体角度，智库科研人员对"十四五"及未来一段时期发展的期待主要有：提升工资待遇和福利（7.34）；增加职称评定名额（5.16）；营造更加良好的科研氛围（3.86）；改善办公环境和条件（3.61）；形成人尽其才的良好局面（3.49）；解决年轻干部职工的租房住房问题（2.92）；更好地解决子女就学问题（2.74）；提供更多的学术交流机会（2.56）；拥有更多"旋转门"挂职锻炼的机会（2.16）。从调查情况来看，提升工资待遇和福利是官方教育智库的重要期待，其次是增加职称评定名额。对于政府所属的教育智库来说，许多省级教育智库都属于公益一类事业单位，智库缺乏创收的活动和机制。相比于高校教育智库和民间教育智库的用人灵活性来说，官方教育智库无论是从待遇、福利还是职称名额等方面都有待于进一步得到重视和切实加强。

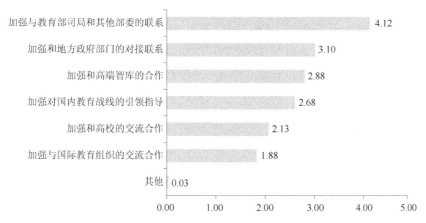

图 7.13 "十四五"阶段在提升开放合作方面的重点工作方向

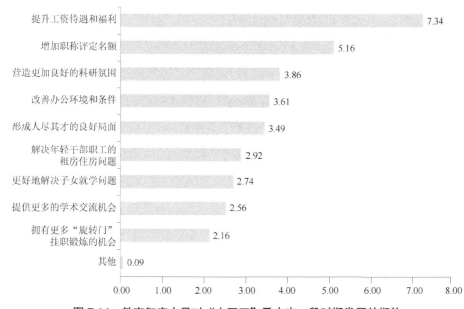

图 7.14 教育智库人员对"十四五"及未来一段时期发展的期待

四、未来发展的建议

为进一步深入了解教育智库人员对"十四五"及未来一段时期发展的多元性评价和个性化建议，调查问卷设计了一个开放式题目，鼓励职工对教育智库未来发展提出宝贵的意见和建议。通过汇总开放式问题的答案，提取、分类关键词并统计关键词词频，最后用词云技术进行呈现。词云图中，词频越高，词的字体越大，得到的关注度越高。如图 7.15 所示，"机制""人才""科研""创新""团队"等关键词被广泛提及，"加强高水平人才和科研团队建设""完善人才培养、评价激励机制""加强成果转化力度，更好支撑决策和实践""鼓励长线、原创的基础研究，争取理论创新突破""塑造科研文化""构建智库机构内外协同创新机制"等是教育智库人员认为未来发展最为重要的任务。

图 7.15 对新时代教育智库"十四五"及未来一段时期发展建议的词云图

从词云图来看，"机制"一词最受关注。机制是组织高效运行的制度安排。从一定程度上来说，也代表了新时代教育智库在运行机制方面还存在较大的提升空间。科学研究的机制、服务决策的机制、人才支持发展的机制、研究团队创建的机制、创新发展的机制等，以及对高效领导的期待，这些都是词频中关注的重点，反映了新时代教育智库当前存在的问题和下一步需要努力的发展方向。

第三节　调查结果不同维度分析

为探索不同特征的职工对教育智库"十三五"发展成效与问题和"十四

五"及未来一段时期发展思路的异质性见解，本调查还使用单因素方差分析和多重比较分析，探讨教育智库人员特征定类数据和其他定量数据之间的关系情况。为简化分析，突出关键论点，本部分仅列示存在显著差异的统计结果并进行分析。

一、工作时间维度

见表 7.1，本调查根据教育智库人员工作时间[1]年限分为四类：3 年及以下（43 人），4～10 年（60 人），11～20 年（64 人），21 年及以上（26 人）。为方便表述，将这四类教育智库人员分类为年轻、青年、中年、资深四类。

（一）"十三五"目标实现情况

根据教育智库人员工作年限，对所在教育智库的"十三五"目标实现情况认同度的影响的单因素方差分析结果见表 7.2，各组均值越低，表明对"十三五"目标实现情况的认同度越高。$F(3, 188)=7.105$，$P<0.001$ 的统计结果表明，工作时间不同的教育智库人员在"十三五"目标实现情况认同方面存在显著的差异。根据各组均值可以发现，总体上，随着工作时间的增长，教育智库人员对"十三五"目标实现情况的认同度降低。有 31.25% 的中年职工和 19.23% 的资深职工认为目标尚未实现，在大多数员工认同所在教育智库"十三五"目标实现情况的同时，亟须重视、关注资深教育智库人员的意见，激发这部分人员的工作活力。

表 7.2 "十三五"目标实现情况均值及单因素方差分析结果

工作时间	人数/人	各组均值	统计检验
3 年及以下	43	1.790±0.514	
4～10 年	60	1.970±0.551	
11～20 年	64	2.250±0.563	$F=7.105***$
21 年及以上	26	2.160±0.473	

***，**，*分别代表 1%，5%，10%的显著性水平，余同。

注：均值越低的小组认同度越高。

由于上述齐性检验结果显示方差为齐性，可以进一步选用 LSD 方法进行多重比较，通过对各类教育智库人员总体均值之间的配对比较，更细致地检

---

[1] 工作时间具体是指到所在机构从事智库研究和工作的时间。

验到底哪些均值之间存在显著性差异，结果见表 7.3，表 7.3 只记录存在显著性差异的配对结果。总体而言，以工作时间 10 年为界限，不同群体对所在教育智库的"十三五"目标实现情况的认同度存在显著差异。

表 7.3 "十三五"目标实现情况多重比较结果

（I）工作时间	（J）工作时间	均值差（I−J）	标准误	显著性
3 年及以下	11～20 年	−0.459	0.106	0.000
	21 年及以上	−0.369	0.135	0.007
4～10 年	11～20 年	−0.238	0.097	0.004

注：表中仅展现有显著差异的配对组别，以下所有多重比较结果表同此。

（二）"十三五"重要目标完成情况

在设定的"十三五"五个维度具体目标中，不同资历的教育智库人员在"高素质专业化的科研、管理和文化产业队伍基本建成"和"治理体系和治理能力现代化水平进一步提升"两个维度目标上存在显著差异，在其他三个维度目标中未显现出异质性。

从事教育智库工作时间对"十三五"具体目标完成情况的认同度有显著性影响。在"高素质专业化的科研、管理和文化产业队伍基本建成"和"治理体系和治理能力现代化水平进一步提升"维度上，认可情况影响的单因素方差分析结果分别见表 7.4、表 7.5。从分析结果来看，年轻教育智库人员对"建成高素质专业化队伍"和"提升治理体系和治理能力现代化水平"成效的认可度最高。这和教育智库人员对所在机构的发展期望有关，通常来看，中年教育智库人员从事业发展的角度对教育智库的期望会更高。

表 7.4 高素质专业化队伍建成情况均值及单因素方差分析结果

工作时间	人数/人	各组均值	统计检验
3 年及以下	43	1.330±1.063	
4～10 年	60	1.070±1.177	
11～20 年	64	0.720±1.000	$F=2.732*$
21 年及以上	26	1.080±1.256	

注：均值越低的小组认同度越低。

表7.5　治理体系和治理能力现代化水平均值

工作时间	人数/人	各组均值
3年及以下	43	0.860±1.265
4～10年	60	0.820±1.142
11～20年	64	0.330±0.818
21年及以上	26	0.480±1.872

注：均值越低的小组认同度越低。

使用LSD方法对不同资历教育智库人员对于高素质专业化队伍建成情况认同度进行多重比较的结果见表7.6，可见年轻教育智库人员（工作时间3年及以下）与中年教育智库人员（工作时间为11～20年）之间存在显著差异，对高素质专业化队伍建成情况的认同度不同，其他组别配对未见显著差异。

表7.6　高素质专业化队伍建成情况多重比较结果

（I）工作时间	（J）工作时间	均值差（I–J）	标准误	显著性
3年及以下	11～20年	0.607	0.218	0.006

由于不同工作时间的教育智库人员与"治理体系和治理能力现代化水平"之间的齐性检验结果显示方差为非齐性，选用 Tamhane T2 方法进行多重比较。见表7.7，只有青年员工与中年员工在治理体系和治理能力现代化水平的认同度方面存在显著差异。

表7.7　治理体系和治理能力现代化水平多重比较结果

（I）工作时间	（J）工作时间	均值差（I–J）	标准误	显著性
4～10年	11～20年	0.489	0.179	0.045

（三）"十三五"发展的重要经验

不同工作时间的教育智库人员在"十三五"发展阶段累积的重要经验上，仅在"始终坚持加强人才队伍建设"认可度上存在显著差异。见表7.8，资历较深的教育智库人员对"十三五"发展中"始终坚持加强人才队伍建设"的认同度较低。使用Tamhane T2方法进行多重比较的结果见表7.9，以10年为分界，资历较浅教育智库人员与资历较深教育智库人员之间存在显著差异。总体来说，青年教育智库人员认为所在教育智库机构重视人才队伍建设，但

10 年以上特别是 20 年以上的教育智库人员对所在教育智库"始终坚持加强人才队伍建设"的认同度存在显著差异。

表7.8　始终坚持加强人才队伍建设情况均值

工作时间	人数/人	各组均值
3 年及以下	43	1.910±1.109
4～10 年	60	1.430±1.294
11～20 年	64	0.940±1.258
21 年及以上	26	0.760±1.165

注：均值越低的小组认同度越低。

表7.9　始终坚持加强人才队伍建设情况多重比较结果

（I）工作时间	（J）工作时间	均值差（I–J）	标准误	显著性
3 年及以下	11～20 年	0.969	0.242	0.000
	21 年及以上	1.147	0.308	0.000
4～10 年	11～20 年	0.496	0.220	0.026
	21 年及以上	0.673	0.292	0.022

（四）"十三五"发展中亟须解决的重要问题

不同工作时间的教育智库人员在"十三五"发展中存在的重要问题上，仅在"协同战线联动性不强，合作途径单一"认同方面存在一定的差距。见表 7.10，资历较深的职工并不太认为"十三五"发展阶段中存在协同战线联动性不强的问题，而年轻职工则认为在"十四五"及更长一段时期亟须强化协同联动，打造科研枢纽。多重比较结果显示（表 7.11），年轻员工与中年员工对"十三五"发展阶段中是否存在"协同战线联动性不强，合作途径单一"问题的看法上存在显著差异。

表7.10　协同战线联动性情况均值

工作时间	人数/人	各组均值
3 年及以下	43	1.210±1.411
4～10 年	60	0.620±1.223
11～20 年	64	0.480±1.039
21 年及以上	26	0.680±1.215

注：均值越低的小组认同度越低。

表 7.11　协同战线联动性情况多重比较结果

（I）工作时间	（J）工作时间	均值差（I–J）	标准误	显著性
3 年及以下	11～20 年	0.748	0.251	0.024

（五）"十四五"时期教育智库的发展优势

不同工作时间的教育智库人员在"十四五"及未来一段时期主要发展优势的看法上，仅在"人才优势，高级职称人才占比过半"认同方面存在显著差异，教育智库中坚力量即中青年职工群体对教育智库人才优势的认同度相对较低（表 7.12）。从多重比较结果来看（表 7.13），年轻职工和中年职工存在明显的异质性。

表 7.12　人才优势情况均值

工作时间	人数/人	各组均值
3 年及以下	43	1.210±1.245
4～10 年	60	0.680±1.186
11～20 年	64	0.560±1.067
21 年及以上	26	0.840±1.281

注：均值越低的小组认同度越低。

表 7.13　人才优势情况多重比较结果

（I）工作时间	（J）工作时间	均值差（I–J）	标准误	显著性
3 年及以下	11～20 年	0.647	0.232	0.039

（六）"十四五"及未来一段时期教育智库的主要短板

在教育智库发展主要短板方面，不同资历的教育智库人员只对"解答重大教育现实问题能力还有待增强"认同方面存在较大分歧。年轻和资深职工并不太认可教育智库解决重大教育现实问题的能力不足，而中青年职工认为教育智库需要进一步提升成果转化能力，更好地支撑决策和实践（表 7.14、表 7.15）。

表 7.14　解答重大教育现实问题能力均值

工作时间	人数/人	各组均值
3 年及以下	43	0.740±1.236
4～10 年	60	1.550±1.630
11～20 年	64	1.030±1.208
21 年及以上	26	0.880±1.054

注：均值越低的小组认同度越低。

表 7.15　解答重大教育现实问题能力多重比较结果

（I）工作时间	（J）工作时间	均值差（I–J）	标准误	显著性
3 年及以下	4～10 年	−0.806	0.283	0.031

（七）"十四五"教育智库主要发展机遇

不同资历员工对"我国经济总量突破百万亿元，教育智库经费来源可能会增加"是否为"十四五"及未来一段时期主要发展机遇的看法存在显著差异，资历较浅群体对教育智库经费来源增加会促进发展持乐观态度，较为资深群体则不认为教育智库经费增加会成为发展的重要机遇（表 7.16）。多重比较结果显示（表 7.17），年轻教育智库人员与工作时间 10 年及以上员工对教育智库经费增加是否为主要发展机遇存在异质性。

表 7.16　教育智库经费来源均值

工作时间	人数/人	各组均值
3 年及以下	43	1.490±2.074
4～10 年	60	0.980±1.809
11～20 年	64	0.310±1.111
21 年及以上	26	0.280±0.843

注：均值越低的小组认同度越低。

表 7.17　教育智库经费来源多重比较结果

（I）工作时间	（J）工作时间	均值差（I–J）	标准误	显著性
3 年及以下	11～20 年	1.176	0.345	0.007
	21 年及以上	1.208	0.358	0.008

（八）"十四五"教育智库面临的主要挑战

见表7.18，在"十四五"及未来更长时期面临的主要挑战问题上，员工工作时间越长，越不认可"国内经济总体发展良好，但也面临下行风险，经费存在挤压可能"会成为教育智库面临的主要挑战。结合表7.16，资历较深的教育智库人员可能认为科研经费多并不代表科研能力强，打铁必须自身硬，提升专业能力才是教育智库人员的立足之本，所以经济发展对教育智库科研经费的影响，并不会成为教育智库发展的机遇或挑战。而资历较浅群体则认为科研经费能够更好地激发科研人员的积极性、促进科研创新。两类群体的想法并无矛盾之处。从多重比较结果来看（表7.19），青年员工和资深员工在此问题看法上存在明显差异。

表7.18 教育智库经费是否为主要挑战均值

工作时间	人数/人	各组均值
3年及以下	43	0.700±1.013
4～10年	60	0.630±0.938
11～20年	64	0.310±0.710
21年及以上	26	0.200±0.500

注：均值越低的小组认同度越低。

表7.19 教育智库经费来源多重比较结果

（I）工作时间	（J）工作时间	均值差（I−J）	标准误	显著性
4～10年	21年及以上	0.433	0.157	0.043

（九）"十四五"及未来更长时期目标定位情况

对于"十四五"及未来更长时期的发展定位，不同的教育智库有不同的目标。关于"十四五"时期教育智库目标定位，根据调查，资深职工对该定位的认可度低于青年群体（表7.20）。见表7.21，年轻员工与中年员工对目标定位的认可度存在明显不同看法。

表7.20 "十四五"目标定位均值

工作时间	人数/人	各组均值
3年及以下	43	1.860±0.351
4～10年	60	1.780±0.415
11～20年	64	1.610±0.492
21年及以上	26	1.720±0.458

注：均值越低的小组越认为定位偏高。

表7.21 "十四五"目标定位多重比较结果

（I）工作时间	（J）工作时间	均值差（I–J）	标准误	显著性
3 年及以下	11～20 年	0.251	0.081	0.016

（十）"十四五"发展思路与重点工作

发展思路决定教育智库的发展方向和主要举措。从调查情况来看，不同资历职工群体对教育智库的重点工作方向具有不同看法。在人才队伍建设方面，资历年龄越轻，越认同在"十四五"阶段加强青年人才的培养和使用，强调培养用好青年人才队伍的重要性（表7.22）。在这一点上，年轻和青年职工群体与资深群体之间存在明显差异（表7.23）。

表7.22 加强青年人才的培养和使用均值

工作时间	人数/人	各组均值
3 年及以下	43	1.530±1.470
4～10 年	60	1.420±1.344
11～20 年	64	1.030±1.480
21 年及以上	26	0.520±1.122

注：均值越低的小组认同度越低。

表7.23 加强青年人才的培养和使用多重比较结果

（I）工作时间	（J）工作时间	均值差（I–J）	标准误	显著性
3 年及以下	21 年及以上	1.015	0.317	0.013
4～10 年	21 年及以上	0.897	0.284	0.015

在创新发展方面，主要是从科学研究、科研范式和运行机制等方面的创新。在涉及研究成果的传播上，资历较浅的职工群体更加认同需要进一步强化教育智库的舆论引导功能（表7.24），年轻职工和中年职工对此问题的看法存在显著差异，资深职工对通过充分发挥舆论引领作用促进创新发展进程的认可度较低（表7.25）。

表7.24　充分发挥舆论引领作用均值

工作时间	人数/人	各组均值
3 年及以下	43	1.440±1.722
4～10 年	60	0.870±1.443
11～20 年	64	0.590±1.151
21 年及以上	26	0.760±1.332

注：均值越低的小组认同度越低。

表7.25　充分发挥舆论引领作用多重比较结果

（I）工作时间	（J）工作时间	均值差（I–J）	标准误	显著性
3 年及以下	11～20 年	0.848	0.299	0.036

在制度治理方面，见表 7.26，资历较浅的员工认为需要更加健全完善科研、人事、财务等各项制度，而资历较深的员工对亟须通过健全完善各项制度加强制度治理的认同度较低。见表7.27，青年职工和中年职工群体在完善各项制度方面的看法存在明显差异。

表7.26　"十四五"健全完善各项制度均值及单因素方差分析结果

工作时间	人数/人	各组均值	统计检验
3 年及以下	43	0.840±0.843	
4～10 年	60	1.150±1.039	
11～20 年	64	0.590±0.849	$F=3.804*$
21 年及以上	26	0.760±0.970	

注：均值越低的小组认同度越低。

表7.27　"十四五"健全完善各项制度多重比较结果

（I）工作时间	（J）工作时间	均值差（I–J）	标准误	显著性
4～10 年	11～20 年	0.556	0.167	0.001

对于开放合作，随着工作时间的增长，在各个维度中，对于"加强和高校的交流合作"的认同度逐渐降低（表7.28）。总体来说，年轻职工与 10 年

以上较为资深员工在"加强和高校的交流合作"看法方面存在明显差异（表 7.29）。

表 7.28　加强和高校的交流合作均值

工作时间	人数/人	各组均值
3 年及以下	43	1.190±1.239
4～10 年	60	0.680±1.066
11～20 年	64	0.520±0.943
21 年及以上	26	0.440±0.870

注：均值越低的小组认同度越低。

表 7.29　加强和高校的交流合作多重比较结果

（I）工作时间	（J）工作时间	均值差（I–J）	标准误	显著性
3 年及以下	11～20 年	0.670	0.223	0.021
	21 年及以上	0.746	0.257	0.030

（十一）"十四五"时期个人对教育智库发展的主要期待

不同资历职工在"十四五"时期个人对教育智库发展的主要期待上，主要存在两方面的差异。一方面，资历越浅，年纪越轻，越关注"解决年轻干部职工的租房住房问题"（表 7.30）。以 10 年为界限，较资深员工相比资历较浅员工对"解决年轻干部职工的租房住房问题"的关注度低（表 7.31）。

表 7.30　解决年轻干部职工的租房住房问题均值

工作时间	人数/人	各组均值
3 年及以下	43	1.910±1.601
4～10 年	60	1.170±1.498
11～20 年	64	0.360±0.966
21 年及以上	26	0.040±0.200

注：均值越低的小组认同度越低。

表 7.31　解决年轻干部职工的租房住房问题多重比较结果

（I）工作时间	（J）工作时间	均值差（I–J）	标准误	显著性
3 年及以下	11～20 年	1.548	0.272	0.000
	21 年及以上	1.867	0.247	0.000
4～10 年	11～20 年	0.807	0.228	0.004
	21 年及以上	1.127	0.197	0.000

另一方面，相比于工作时间 4 年及以上职工，年轻职工对"形成人尽其才的良好局面"的关注度不高（表 7.32），与青年、中年及资深职工对"形成人尽其才的良好局面"的关注度存在明显差异（表 7.33）。

表 7.32　形成人尽其才的良好局面均值

工作时间	人数/人	各组均值
3 年及以下	43	0.630±1.415
4～10 年	60	1.620±1.887
11～20 年	64	1.440±1.699
21 年及以上	26	1.920±1.730

注：均值越低的小组认同度越低。

表 7.33　形成人尽其才的良好局面多重比较结果

（I）工作时间	（J）工作时间	均值差（I–J）	标准误	显著性
3 年及以下	4～10 年	−0.989	0.325	0.018
	21 年及以上	−1.292	0.408	0.017

此外，由于职工工作时间与职工年龄、职工职务职称呈显著正相关关系，因此职工年龄和职工职务职称对"十三五"发展成效及"十四五"发展挑战、目标和思路等其他变量影响的单因素方差分析和多重比较分析，与职工工作时间的结果较为一致，本书不对此进行全面分析，仅对关键观点进行分析阐释。

二、职工职务职称维度

本调查涉及的教育智库人员，按照职工职务职称分为四类：初级职务职称 26 人，助理研究员职称和定级科员职级职工共 86 人，副高级职称和副处职级共 64 人，正高级职称和正处级及以上职级共计 17 人。为方便表述，将这四类职工分类为初级、中级、副高级和正高级。

（一）"十三五"时期教育智库发展的重要经验

见表 7.34，正高级及以上职工对教育智库在"十三五"发展时期形成"始终坚持加强人才队伍建设"有益经验的认同度较高，教育智库需要坚持不懈深入实施人才队伍建设。

表 7.34　始终坚持加强人才队伍建设情况均值

职称	人数/人	各组均值
初级	26	1.880±1.071
中级	86	1.440±1.334
副高级	64	0.750±1.121
正高级及以上	17	1.590±1.278

注：均值越低的小组认同度越低。

（二）"十三五"时期发展中亟须解决的重要问题

不同职称职工在"十三五"发展中存在的重要问题上，在"高水平智库专家不多，研究创新团队缺乏，科研队伍梯队建设不足，工资福利待遇不高"认同方面存在一定的差距，职工职称越高，对该问题的认同度越高，尤其是正高级及以上的职工对高水平智库专家不多、研究创新团队缺乏的认同度非常高（表 7.35）。表 7.36 的多重比较结果显示，初级中级职工与正高级职工对"十三五"发展阶段中是否存在该问题的看法上存在显著差异。

表 7.35　高水平教育智库专家情况均值

职称	人数/人	各组均值
初级	26	1.000±1.386
中级	86	1.490±1.412
副高级	64	1.790±1.427
正高级及以上	17	2.290±0.772

注：均值越低的小组认同度越低。

表 7.36 高水平教育智库专家情况多重比较结果

（I）职称	（J）职称	均值差（I–J）	标准误	显著性
初级	正高级	−1.294	0.330	0.002
中级	正高级	−0.806	0.241	0.011

（三）"十四五"时期教育智库的发展优势

不同职称职工在对教育智库"十四五"及未来更长时期主要发展优势的看法上，在"资源优势，设有规划办，拥有期刊、出版等平台"认同方面存在一定差异，副高级以上职工群体对教育智库存在资源优势的认同度相当高（表 7.37）。选用 Tamhane T2 方法进行多重比较发现，各组别之间没有显著性差异。

表 7.37 资源优势均值

职称	人数/人	各组均值
初级	26	1.350±1.413
中级	86	1.280±1.334
副高级	64	1.840±1.234
正高级及以上	17	1.820±1.334

注：均值越低的小组认同度越低。

（四）"十四五"及未来更长时期教育智库的主要短板

在教育智库发展主要短板方面，不同职称的职工只对教育智库"领军人才和创新团队有待加强"和"成果转化机制和渠道还不顺畅"认同方面存在一定差异。见表 7.38 和表 7.40，职工职称越高，越倾向于认为教育智库的主要短板为"领军人才和创新团队有待加强"，越不倾向于教育智库存在"成果转化机制和渠道还不顺畅"的不足。见表 7.39，初级中级职称职工与副高级、正高级职称职工之间在教育智库"领军人才和创新团队有待加强"认同问题上存在显著差异；见表 7.41，初级和副高级职称职工在教育智库"成果转化机制和渠道还不顺畅"认同问题上存在明显不同。

表7.38 领军人才和创新团队有待加强认同度均值及单因素方差分析结果

职称	人数/人	各组均值	统计检验
初级	26	1.000 ± 1.356	
中级	86	1.330 ± 1.410	$F=3.309*$
副高级或副处	64	1.650 ± 1.370	
正高级或正处及以上	17	2.240 ± 1.562	

注：均值越低的小组认同度越低。

表7.39 领军人才和创新团队有待加强多重比较结果

（I）职称	（J）职称	均值差（I-J）	标准误	显著性
初级	副高级	-0.651	0.327	0.048
	正高级	-1.235	0.438	0.005
中级	正高级	-0.910	0.372	0.016

表7.40 成果转化机制和渠道还不顺畅认同度均值及单因素方差分析结果

职称	人数/人	各组均值	统计检验
初级	26	2.150 ± 1.666	
中级	86	1.450 ± 1.819	$F=3.973**$
副高级或副处	64	0.900 ± 1.614	
正高级或正处及以上	17	0.820 ± 1.468	

注：均值越低的小组认同度越低。

表7.41 成果转化机制和渠道还不顺畅多重比较结果

（I）职称	（J）职称	均值差（I-J）	标准误	显著性
初级	副高级	1.249	0.385	0.013

（五）"十四五"及未来更长时期发展思路重点工作

在"十四五"及未来更长时期提出的发展思路方面，不同职称职工在创新发展、人才队伍建设、制度治理、开放合作方面存在显著的差异，其中人才队伍建设和开放合作方面的结论与上述不同工作时间职工的结论相类似，不再赘述。

在创新发展方面，见表 7.42，正高级职称职工对"打造区域教育综合改革实验样板"的认同度较高；见表 7.43，正高级职工和其他职工之间存在明显的差异。

表 7.42　打造区域教育综合改革实验样板均值及单因素方差分析结果

职称	人数/人	各组均值	统计检验
初级	26	1.120±1.211	
中级	86	1.410±1.426	F=3.983**
副高级	64	1.080±1.274	
正高级及以上	17	2.290±1.312	

注：各组均值越低表明认同度越低。

表 7.43　打造区域教育综合改革实验样板多重比较结果

（I）职称	（J）职称	均值差（$I-J$）	标准误	显著性
初级	正高级	−1.179	0.418	0.005
中级	正高级	−0.887	0.356	0.013
副高级	正高级	−1.215	0.366	0.001

在制度治理方面，见表 7.44，职称越高的职工，对"加强政治生态和优良文化建设"的认可度越高；见表 7.45，初级中级与正高级职称职工之间存在明显的不同。

表 7.44　加强政治生态和优良文化建设均值及单因素方差分析结果

职称	人数/人	各组均值	统计检验
初级	26	0.460±1.029	
中级	86	0.490±1.015	F=3.276*
副高级	64	0.840±1.208	
正高级及以上	17	1.290±1.448	

注：各组均值越低表明认同度越低。

表 7.45　加强政治生态和优良文化建设多重比较结果

（I）职称	（J）职称	均值差（$I-J$）	标准误	显著性
初级	正高级	−0.833	0.351	0.019
中级	正高级	−0.806	0.299	0.008

（六）"十四五"时期对教育智库发展的主要期待

不同职称职工在"十四五"时期对教育智库发展的主要期待方面，主要在这两方面存在差异：增加职称评定名额和解决年轻干部职工的租房住房问题，其中解决年轻干部职工的租房住房问题与不同工作时间的职工结论类似，不再赘述。对于增加职称评定名额，见表7.46，职称较低的员工对"增加职称评定名额"抱有更大的期待，而职称较高的员工则不然，其中中级职称的员工期待最大；见表7.47，中级与副高级及以上职工之间存在显著差异。

表7.46　增加职称评定名额均值及单因素方差分析结果

职称	人数/人	各组均值	统计检验
初级	26	1.190±1.470	
中级	86	1.690±1.277	$F=3.978**$
副高级	64	1.220±1.349	
正高级及以上	17	0.590±1.326	

注：各组均值越低表明认同度越低。

表7.47　增加职称评定名额多重比较结果

（I）职称	（J）职称	均值差（I–J）	标准误	显著性
中级	副高级	0.464	0.221	0.037
	正高级	1.098	0.354	0.002

三、职工岗位维度

在调查的教育智库人员中，涉及不同的岗位。本调查将职工岗位分为四类，其中科研岗位有113人，管理岗位有45人，编辑岗位有12人，文化产业岗位有23人，具有一定的代表性。

（一）"十三五"发展的重要经验

不同岗位职工在"十三五"发展阶段累积的重要经验方面，在"始终坚持提升内部治理能力"认可度上存在显著差异（表7.48）。其中管理岗位职工对"始终坚持提升内部治理能力"的认同度较高，这与各岗位的工作职能紧密相关。见表7.49，科研岗位和管理岗位对该问题的看法存在显著差异。

表 7.48 始终坚持提升内部治理能力均值及单因素方差分析结果

岗位	人数/人	各组均值	统计检验
科研	113	0.540 ± 1.004	
管理	45	1.310 ± 1.328	$F=5.180^{**}$
编辑	12	0.750 ± 1.138	
文化产业	23	0.780 ± 1.166	

注：均值越低的小组认同度越低。

表 7.49 始终坚持提升内部治理能力多重比较结果

（I）岗位	（J）岗位	均值差（$I-J$）	标准误	显著性
科研	管理	-0.775	0.197	0.000

（二）"十三五"发展中亟须解决的重要问题

不同岗位职工在"十三五"发展中存在的重要问题上，对"高水平智库专家不多，研究创新团队缺乏，科研队伍梯队建设不足"问题的认同度不同，科研岗位职工对教育智库存在该问题认同度最高（表 7.50），这与各岗位职责密切相关。见表 7.51 的多重比较结果，科研岗位与管理、文化产业岗位员工存在显著差异。

表 7.50 高水平智库专家不多均值及单因素方差分析结果

岗位	人数/人	各组均值	统计检验
科研	113	1.840 ± 1.373	
管理	45	1.360 ± 1.334	$F=3.355^{*}$
编辑	12	1.420 ± 1.443	
文化产业	23	0.960 ± 1.430	

注：均值越低的小组认同度越低。

表 7.51 高水平智库专家不多多重比较结果

（I）岗位	（J）岗位	均值差（$I-J$）	标准误	显著性
科研	管理	0.484	0.243	0.048
	文化产业	0.883	0.315	0.006

（三）"十四五"及未来更长时期教育智库的主要短板

在教育智库发展主要短板上，不同岗位的职工对教育智库"成果转化机制和渠道还不顺畅"认同方面存在一定差异。文化产业岗位职工最为认可存在成果转化机制和渠道还不顺畅的短板，其次为科研岗位的职工（表 7.52）。对此问题，由于岗位职责的不同，编辑岗位职工和文化产业职工的看法最不一致（表 7.53）。

表 7.52　成果转化机制和渠道还不顺畅均值及单因素方差分析结果

岗位	人数/人	各组均值	统计检验
科研	113	1.340±1.799	
管理	45	1.000±1.552	$F=2.801^*$
编辑	12	0.670±1.073	
文化产业	23	2.130±1.890	

注：均值越低的小组认同度越低。

表 7.53　成果转化机制和渠道还不顺畅多重比较结果

（I）岗位	（J）岗位	均值差（I–J）	标准误	显著性
编辑	文化产业	−1.464	0.501	0.037

（四）"十四五"发展思路与重点工作

关于教育智库"十四五"时期提出的发展思路，不同岗位职工在创新发展、制度治理、开放合作方面存在显著的差异。在创新发展方面，见表 7.54，文化产业岗位职工对"推动文化出版产业高质量发展"是创新发展的重点工作方向的认同度相当高，体现了文化产业岗位职工对自身岗位高质量发展的期待；见表 7.55，科研岗位与文化产业岗位员工存在显著差异，文化产业岗位对"推动文化出版产业高质量发展"的认同度更高。

表 7.54　推动文化出版产业高质量发展均值及单因素方差分析结果

岗位	人数/人	各组均值	统计检验
科研	113	0.200±0.804	
管理	45	0.400±1.156	$F=9.356^{***}$
编辑	12	0.830±1.337	
文化产业	23	1.430±1.647	

注：均值越低的小组认同度越低。

表 7.55　推动文化出版产业高质量发展多重比较结果

（I）岗位	（J）岗位	均值差（$I-J$）	标准误	显著性
科研	文化产业	−1.238	0.352	0.010

对于制度治理的重点工作，见表 7.56，不同岗位职工对在制度治理工作中突出"加强制度的执行力度和效度"的认可度不同，管理岗位职工的认可度较高，编辑岗位的认可度最低；见表 7.57，科研岗位和管理岗位之间存在明显差异。

表 7.56　加强制度的执行力度和效度均值及单因素方差分析结果

岗位	人数/人	各组均值	统计检验
科研	113	0.470±0.920	
管理	45	1.020±1.118	F=3.788*
编辑	12	0.330±0.888	
文化产业	23	0.740±1.054	

注：均值越低的小组认同度越低。

表 7.57　加强制度的执行力度和效度多重比较结果

（I）岗位	（J）岗位	均值差（$I-J$）	标准误	显著性
科研	管理	−0.549	0.188	0.028

在开放合作方面，不同岗位职工对于"加强对国内教育战线的引领指导"和"加强和高校的交流合作"两方面的重要性存在不同意见。一方面，见表 7.58，相比于其他岗位职工，科研岗位职工对在开放合作中加强对国内教育战线的引领指导的重要性不太认可；见表 7.59，科研岗位职工与管理、编辑岗位职工之间存在显著差异。

表 7.58　加强对国内教育战线的引领指导均值及单因素方差分析结果

岗位	人数/人	各组均值	统计检验
科研	113	0.830±1.169	
管理	45	1.130±1.272	F=3.356*
编辑	12	1.750±1.422	
文化产业	23	1.430±1.237	

注：均值越低的小组认同度越低。

表 7.59　加强对国内教育战线的引领指导多重比较结果

（*I*）岗位	（*J*）岗位	均值差（*I-J*）	标准误	显著性
科研	管理	−0.920	0.370	0.014
	编辑	−0.604	0.279	0.031

另一方面，见表 7.60，编辑岗位职工对在开放合作中加强和高校的交流合作的认可度极低，科研岗位和管理岗位职工的认可度较高；见表 7.61，科研岗位和编辑、文化产业岗位之间存在明显不同，管理岗位和编辑岗位存在显著差异。

表 7.60　加强和高校的交流合作均值及单因素方差分析结果

岗位	人数/人	各组均值	统计检验
科研	113	0.870±1.143	
管理	45	0.760±1.090	*F*=4.413**
编辑	12	0.000±0.000	
文化产业	23	0.220±0.600	

注：均值越低的小组认同度越低。

表 7.61　加强和高校的交流合作多重比较结果

（*I*）岗位	（*J*）岗位	均值差（*I-J*）	标准误	显著性
科研	编辑	0.866	0.108	0.000
	文化产业	0.649	0.165	0.001
管理	编辑	0.756	0.163	0.000

（五）"十四五"时期对教育智库发展的主要期待

不同岗位职工在"十四五"及未来更长时期对教育智库发展的主要期待存在三方面的差异。第一，提升工资待遇和福利方面，见表 7.62，科研岗位职工对于提升工资待遇和福利的期许最为强烈；见表 7.63，科研岗位与管理、文化产业岗位职工在提升工资待遇和福利的期待上存在显著的差异，后者的期待较低。

表 7.62 提升工资待遇和福利均值及单因素方差分析结果

岗位	人数/人	各组均值	统计检验
科研	113	1.710±1.175	
管理	45	1.220±0.997	$F=3.216*$
编辑	12	1.080±1.505	
文化产业	23	1.130±1.325	

注：均值越低的小组认同度越低。

表 7.63 提升工资待遇和福利多重比较结果

（I）岗位	（J）岗位	均值差（I–J）	标准误	显著性
科研	管理	0.483	0.208	0.021
	文化产业	0.575	0.270	0.034

第二，增加职称评定名额方面，由于工作性质，科研岗位对教育智库增加职称评定名额、拓宽晋升渠道方面存在很大期待，而其他岗位在这方面则期待较少（表 7.64）。单因素方差分析的齐性检验结果显示方差为非齐性，选用 Tamhane T2 方法进行多重比较后，发现各组之间无显著性差异。

表 7.64 增加职称评定名额方面均值及单因素方差分析结果

岗位	人数/人	各组均值	统计检验
科研	113	1.580±1.167	
管理	45	1.070±1.421	$F=3.064*$
编辑	12	0.580±1.165	
文化产业	23	1.350±1.945	

注：均值越低的小组认同度越低。

第三，提供更多的学术交流机会方面，相比于其他岗位，文化产业岗位对提供更多学术交流机会方面的期许最高，而科研岗位因为学术交流机会相对较多，对于增加学术交流机会的更深期待相对较低（表 7.65、表 7.66）。

表7.65　提供更多的学术交流机会均值及单因素方差分析结果

岗位	人数/人	各组均值	统计检验
科研	113	1.040±1.803	
管理	45	1.360±1.944	F=2.759*
编辑	12	1.330±1.923	
文化产业	23	2.260±1.936	

注：均值越低的小组认同度越低。

表7.66　提供更多的学术交流机会多重比较结果

(I) 岗位	(J) 岗位	均值差（I–J）	标准误	显著性
科研	文化产业	−1.216	0.426	0.005

四、性别、年龄及学历维度

（一）职工性别与"十四五"及未来更长时期的期待

调查样本中教育智库人员共193人，其中有男性73人，女性120人。不同性别职工对教育智库"十四五"及未来更长时期发展的期待分析结果见表7.67、表7.68。可见，男性职工更加注重增加职称评定名额，而女性职工更加注重解决年轻干部职工的租房住房问题、提供更多的学术交流机会、更好地解决子女就学问题。

表7.67　男性、女性员工"十四五"个人期待均值

题目选项	性别	平均值	标准偏差
增加职称评定名额	男	1.440	1.563
	女	1.330	1.229
解决年轻干部职工的租房住房问题	男	0.640	1.110
	女	1.080	1.560
提供更多的学术交流机会	男	1.100	1.765
	女	1.390	1.954
更好地解决子女就学问题	男	1.040	1.719
	女	1.410	1.915
其他	男	0.070	0.481
	女	0.000	0.000

注：均值越低的小组认同度越低。

表 7.68　性别与"十四五"个人期待独立样本 *t* 检验结果

题目选项	均值差	*F*	显著性	*t*	自由度
22.3	0.111	10.499	0.001	0.545	190
22.4	−0.440	18.366	0.000	−2.105	190
22.7	−0.299	4.085	0.045	−1.067	190
22.9	−0.371	5.482	0.020	−1.352	190
22.10	0.068	9.934	0.002	1.556	190

（二）职工年龄与"十四五"及未来更长时期的期待

本调查将职工年龄分为四类：30 岁及以下职工共 20 人，31～40 岁职工共 82 人，41～50 岁职工共 59 人，51 岁及以上职工共 32 人。不同年龄阶段职工在"十四五"时期对教育智库发展的主要期待存在两方面的差异，分别为解决年轻干部职工的租房住房问题和更好地解决子女就学问题。对于解决年轻干部职工的租房住房问题，见表 7.69，40 岁以下较年轻职工对其关注度极高，这关系到年轻职工的切身利益。见表 7.70 的多重比较分析结果，以 40 岁为分界线，较年轻职工和较年长职工在解决年轻干部职工的租房住房问题上存在显著的差异。

表 7.69　解决年轻干部职工的租房住房问题均值及单因素方差分析结果

年龄	人数/人	各组均值	统计检验
30 岁及以下	20	2.000±1.487	
31～40 岁	82	1.300±1.608	*F*=13.380***
41～50 岁	59	0.340±0.902	
51 岁及以上	32	0.290±0.783	

注：均值越低的小组认同度越低。

表 7.70　解决年轻干部职工的租房住房问题多重比较结果

（*I*）年龄	（*J*）年龄	均值差（*I−J*）	标准误	显著性
30 岁及以下	41～50 岁	1.661	0.353	0.001
	51 岁及以上	1.710	0.361	0.000
31～40 岁	41～50 岁	0.966	0.213	0.000
	51 岁及以上	1.015	0.226	0.000

对于更好地解决子女就学问题，随着年龄的增加，职工对"更好地解决子女就学问题"的认同度呈现不规律变化。见表 7.71，31～40 岁职工和 51 岁及以上职工对此问题的关注度较高，30 岁及以下职工和 41～50 岁职工对此问题的关注度较低。见表 7.72，31～40 岁年龄段的员工与 30 岁及以下、41～50 岁员工对于更好地解决子女就学问题的期待存在显著差异。

表 7.71　更好地解决子女就学问题均值及单因素方差分析结果

年龄	人数/人	各组均值	统计检验
30 岁及以下	20	0.700±1.302	
31～40 岁	82	1.800±2.027	F=4.682**
41～50 岁	59	0.760±1.568	
51 岁及以上	31	1.190±1.815	

注：均值越低的小组认同度越低。

表 7.72　更好地解决子女就学问题多重比较结果

（I）年龄	（J）年龄	均值差（I-J）	标准误	显著性
30 岁及以下	31～40 岁	−1.105	0.367	0.026
31～40 岁	41～50 岁	1.042	0.303	0.005

（三）职工学历与"十四五"及未来更长时期的期待

本调查将职工学历分为四类：本科及以下学历职工共 27 人，硕士研究生学历职工共 56 人，博士研究生学历职工共 110 人。不同学历类型职工在"十四五"时期对教育智库发展的主要期待存在两方面的差异：改善办公环境和条件，提升工资待遇和福利。见表 7.73，博士研究生学历职工对于改善办公环境和条件的期待相比于硕士研究生及以下学历职工更高；见表 7.74，本科及以下、硕士研究生学历的职工与博士研究生学历的职工有显著差异，后者对"改善办公环境和条件"的期待更高。

表 7.73　改善办公环境和条件均值及单因素方差分析结果

学历	人数/人	平均值	标准偏差	统计检验
本科及以下	27	0.440	0.801	
硕士研究生	56	0.650	1.174	F=5.510**
博士研究生	110	1.260	1.722	

注：均值越低的小组认同度越低。

表 7.74　改善办公环境和条件多重比较结果

（I）学历	（J）学历	均值差（I-J）	标准误	显著性
本科及以下	博士研究生	-0.819	0.225	0.001
硕士研究生	博士研究生	-0.609	0.228	0.025

对于提升工资待遇和福利则正好相反，见表 7.75，学历越低的职工对于提升工资待遇和福利的期待越高；见表 7.76，本科及以下学历的员工与博士研究生学历的员工有显著差异，后者对"提升工资待遇和福利"的认同度较低。

表 7.75　提升工资待遇和福利均值及单因素方差分析结果

学历	人数/人	平均值	标准偏差	统计检验
本科及以下	27	1.000	1.144	
硕士研究生	56	1.350	1.126	$F=4.065^*$
博士研究生	110	1.670	1.212	

表 7.76　提升工资待遇和福利多重比较结果

（I）学历	（J）学历	均值差（I-J）	标准误	显著性
本科及以下	博士研究生	-0.673	0.253	0.009

第四节　结论与讨论

实证调查是科学研究的基本方法，也是掌握实际情况、开展战略规划研制的重要基础。为明确"十四五"及更长一段时期教育智库的发展方向和重点任务，课题组坚持问题导向，精心设计问卷，通过问卷、访谈等多种形式开展深入调查研究，了解各方利益相关者对新时代教育智库"十三五"发展成效和问题的看法，以及对"十四五"及更长时期战略目标和发展思路的诉求。主要调查结论与讨论如下。

第一，"十三五"时期新时代教育智库建设成效明显。教育智库在理论研究、服务决策、引领舆论等方面都取得了显著的成效，特别是在始终坚持正确政治方向、党的建设和文化建设方面可圈可点。坚持正确政治方向和党的领导是根本性、原则性的问题。2015 年中共中央办公厅、国务院办公厅《关于加强中国特色新型智库建设的意见》、2019 年《教育部关于加强新时代教育科学研究工作的意见》的出台，推动了教育智库事业的快速发展，我国教育智库进入了发展的"黄金时期"。无论是国家教育智库还是地方教育智库，无论是官方还是半官方甚至是民间教育智库，都取得了长足的发展。

第二，"十三五"时期教育智库建设积累了重要经验。从调查情况来看，"十三五"时期教育智库在"坚持正确的政治方向""坚持党的全面领导""坚持改革创新""坚持有组织的科研"等方面取得了重大的成就。一是党对教育工作领导的全面加强，教育智库坚持正确的政治方向，意识形态阵地得到坚守和巩固。二是坚持改革创新，很重要的就是从传统的教育科研机构向现代教育智库转型，从国家到地方层面的教育智库都积极服务于教育决策，在国家和区域许多重要的教育政策、制度的研制过程中都发挥了应有的积极作用。三是在有组织的科研方面，教育智库做了许多积极且富有成效的探索，通过发挥团队集中攻关优势，在许多重大的项目研究中实现了新的突破。

第三，"十三五"时期教育智库发展存在一些问题与挑战。从调研的情况来看，前瞻性研究不够、领军人才和创新团队不足、组织模式和运行机制不畅，以及国际合作和交流缺乏等问题仍然比较凸显。一是前瞻性研究不足，主要在于新时代教育智库的转型还不尽到位，许多智库学者仍然停留在个人的研究兴趣爱好和学科专业门类的研究上，对于党和国家的重大教育战略问题关心关注不够。二是领军人才和创新团队不足，主要在于人事评价制度滞后于现代智库发展的需求，培养总体不够，引进缺乏相应的政策和资金支持，许多地方教育智库还存在引进博士研究生难的问题，和高校相比政策上没有优势。青年职工对教育智库发展高度认可，而作为中坚骨干力量的"中间层"对教育智库发展信心相对不足，职称较高的资深职工认为需要着力培养领军人才和高水平智库专家，多维度完善科研人才梯队。切实提升工资待遇是教育智库职工最为深切的期待，分职工类型来看，40 岁以下职工最期待解决租房住房问题，31～40 岁年龄段的员工关心子女就学问题，科研岗位和中级职称职工更期望增加职称评定名额。三是组织模式和运行机制不畅，主要在于由学科专业划分而成的研究部门，相对独立而未能形成合力，传统的科层制管理虽然能够保证组织的高效运行，却也影响智库的创新活动和创新动能，亟须进一步提高教育智库治理体系和治理能力现代化水平。四是国际合作和交流有待加强，主要表现为意识不强和能力不足的问题，尤其是 2020 年开始的新冠疫情对于教育智库发展产生了比较严重的影响，许多教育智库国际交流基本上处于停滞状态或半停滞状态。

第四，"十四五"及未来更长时期面临的机遇与挑战。从国家层面来看，随着教育决策的科学化和民主化进程持续推进，教育改革对教育科研的支撑、驱动和引领作用的期待与要求越来越高，这将更加依赖教育智库发挥作用，同时也对教育智库的服务决策能力提出了相应的挑战。未来一段时期，还需要进一步加强科学理论武装、党建与业务深度融合；加强基础理论研究、提高服务决策水平；激发创新活力、改革评价方式；优化科研组织模式和运行机制；加强与教育部司局和其他部委，以及地方政府教育部门的紧密联系；加强和联合国教科文组织等国际组织，以及国际知名教育智库的深度合作，积极参与全球教育治理，为世界贡献中国教育智慧，讲好中国教育故事。

第五节　小　　结

本章主要呈现了课题组通过实证研究方法，就新时代教育智库规划有关执行情况进行调研取得的结果。问卷调查既有总体情况分析，也有不同维度的差异化剖析，在此基础上，得出有关的结论和讨论。首先，"十三五"时期我国新时代教育智库建设成效明显，在理论研究、服务决策、引领舆论等方面都取得了显著成效，特别是在始终坚持正确政治方向、党的建设和文化建设方面得到切实增强。其次，"十三五"时期教育智库积累了重要经验，主要在"坚持正确的政治方向""坚持党的全面领导""坚持改革创新""坚持有组织的科研"等方面进步明显。再次，"十三五"时期我国教育智库发展也存在一些问题与挑战，如前瞻性研究不够、领军人才和创新团队不足、组织模式和运行机制不畅，以及国际合作和交流缺乏等问题仍然比较凸显。最后，"十四五"及未来更长时期我国教育智库建设也面临一定的机遇与挑战。为此，需要进一步加强科学理论武装、党建与业务深度融合；加强基础理论研究、提高服务决策水平；激发创新活力、改革评价方式；优化科研组织模式和运行机制；加强与各级政府教育部门的紧密联系；加强和联合国教科文组织等国际组织，以及国际知名教育智库的深度合作，积极参与全球教育治理，贡献中国教育智库力量。

第八章 教育智库发展规划编制的实操指南

自 2015 年开始，笔者先后作为中国教科院"十三五""十四五"发展规划的联络员和统稿人，在院主要领导和分管院领导的领导、部署下，参与教育智库中长期发展规划的研制工作。同时，2018 年笔者还作为核心起草组成员参与了《教育部关于加强新时代教育科学研究工作的意见》的起草工作，该文件是新中国成立以来教育部印发的首个教育科研规范性文件，对做好新时代教育科研工作具有重大开创性意义。❶实质上这也是加强新时代教育智库建设的一个政策文件。本章主要以中国教科院"十四五"发展规划研制为例，从实操层面介绍如何研制高质量的发展规划，以实现新时代教育智库的发展目标。

第一节 研制工作方案

凡事预则立，不预则废。发达国家的智库研究定位明确，拥有专长的研究领域、研究目标、稳定的资金来源和服务对象，具有较强的连续性、前沿性和计划性的特点。❷这和其战略规划密切相关。发展规划的研制工作是一个系统的过程，需要提前谋划、周密部署、协同作战，并保证尽可能地出亮点，任务要具有很强的操作性，举措要得当，最终能够完成组织预定的目标。因此，对于战略规划的研制，首先需要做的就是进行系统的谋划。一份好的战略规划的研制方案是必不可少的，需要明确工作目的、工作任务、工作思路、工作安排、工作举措和工作保障等。

---

❶ 崔保师，殷长春. 新时代教育科学研究工作新纲领 [N]. 中国教育报，2019-11-14.
❷ 王辉耀，苗绿. 大国智库 2.0 [M]. 北京：人民出版社，2023：13.

一、确定工作目标

工作方案的开篇，首先要交代研制发展规划的依据和目的。研制教育智库发展规划，一定是基于党和国家的重要文件、重要会议的精神。区域或高校层面的教育智库，还要根据所在省市或所在高校的精神或文件。这个工作目标，往往可成为战略规划正文的帽段部分。在帽段的写作上，以中国教科院"十四五"发展规划（学术版）为例，文字可以表述如下。

为深入贯彻党的十九大和十九届历次全会精神，全面落实《教育部关于加强新时代教育科学研究工作的意见》，切实提升教育智库的治理体系和治理能力现代化水平，加快建设一流教育智库，更好地服务于教育事业科学发展，根据《中国教育现代化 2035》、教育部"十四五"发展规划决策部署和教育智库的改革发展需求及现实基础，启动编制教育智库"十四五"发展规划。

参照以上体例，对后续研制教育智库"十五五"发展规划或类似的专项规划来说，在编制工作方案和正式规划文本的过程中，都可以采用类似的写法。总体来说，要有上位的精神和政策依据，要结合工作实际，规划帽段部分总体要言简意赅。

二、明确工作任务

工作方案的编制，在工作目标之下，要处理好"整体"和"局部"的关系，对任务要进行分解，明确好具体的工作任务。概言之，完成这样一项总体任务，需要有哪些支撑性的前期工作，可以表述为具体任务或相应的阶段性工作。

通常来说，这些具体任务要包括以下六个方面。一是整体设计战略规划的工作方案，明确目标、工作思路、基本原则、组织架构及保障等。二是组织开展相关理论研究和调查研究，尤其调查研究非常关键。教育智库的规划研制，从综合层面来看，一般要开展所在智库的现状研究或上一轮五年发展规划的评估研究，关于智库或教育智库的上位精神和政策文件的研究，国内智库或教育智库同行的现状研究，国外教育智库的发展研究，甚至还要有国内外经济、社会、文化特别是教育形势的研判。从专项层面来看，一般要形成所在智库的人才规划、科研规划、对外交流合作规划、宣传规划、财务规划等，共同支撑总体发展规划的研制工作。三是形成发展规划总体框架，主要包括发展环境、总体要求（指导思想、总体目标、基本原则）、重点任务、改革举措、组织保障等。四是研究起草总体规划，这是核心工作，也是关键环节。五是广泛征求意见，既多征求所在智库机构的科研人员的意见，也要广泛征求上级管理部门、专家同行的意见，最大程度上确保发展规划的科学性和合理性。六是按照有关的程序和流程批复后正式实施，除了教育智库的党委会、院务会、所务会等决策机构审定通过，一般还要报上级主管部门同意后才能印发执行。

三、厘清工作思路

研制发展规划，要有基本的工作思路，也可以视为工作应该遵循的基本原则。主要有以下五个方面的工作思路。

一是坚持科学理论的指导和引领。教育智库规划，必须有上位的思想作为指导，必须坚持以习近平新时代中国特色社会主义思想为指导，具体来说，要以习近平总书记关于教育的重要论述和智库建设的指示批示为指导，用系统思维和全局意识深刻认识加快推进新时代教育智库建设的重大意义，明确提出教育智库发展的战略目标、发展思路、重点任务、改革举措和支撑保障等。

二是坚持实事求是，一切从实际出发。实事求是是开展规划研制的基本前提，也是重要的方法。因此，必须深入分析研究当前和今后一段时期我国经济社会和教育发展态势，全面评估新时代教育智库的成绩经验和问题不足，准确把握教育智库当前面临的形势和任务，按照新时代教育智库既定的发展目标，坚持高质量发展原则，注重预见性、前瞻性、计划性和统筹性，确定教育智库未来五年的战略目标和发展思路。

三是坚持继承发展与改革创新相结合。发展规划是要基于历史文化的传承，在守正的基础上创新。从教育智库建设的角度，要深度挖掘自身的文化传统和特色优势，全面反映教育智库科研、行政及相关部门发展的新情况、新问题、新需求，勇于创新，开拓进取，推动新时代教育智库发展迈上新台阶。

四是坚持集中研究与广集众智全员参与相结合。从发展规划编制的效率来看，一定要有由教育智库主要领导牵头的核心研究团队和起草小组；与此同时，从民主的角度来看，要动员教育智库科研、行政和相关部门全体干部职工积极参与规划研制全过程，切实提高规划的科学性和有效性，让规划研制过程成为广集众智、凝聚共识的过程，成为团结合作、协同创新的过程，成为统一思想、鼓舞干劲的过程。

五是坚持问题导向、目标导向和效果导向相结合。编制发展规划，必须抓住关键问题，找准问题症结，有针对性地提出具体改进策略和方法；同时，根据国家和教育发展战略要求，结合教育智库发展实际，明确下一阶段的战略目标，有针对性地提出发展思路、重点任务、改革举措；此外，还要通过组织领导和支撑保障，确保如期完成既定的发展目标。

四、做好工作部署

在宏观目标、任务和思路明确的前提下，要设计好工作的路线图和施工图。主要有以下六个阶段的任务。

一是筹备谋划阶段。重点要研究编制发展规划工作方案；同时根据工作方案，及时组织召开规划编制领导小组会和工作小组会，全面启动教育智库规划研制工作。

二是调研论证阶段。要结合中央精神和新时代教育智库发展目标开展广泛调研，全面梳理分析中央关于智库建设和科技创新等方面改革的文件精神，认真总结上一阶段教育智库改革发展的成就经验及困难问题，深入了解国内外教育智库发展现状、经验做法和发展趋势，在此基础上研究确定总规划基本框架，厘清下一阶段教育智库发展规划的战略目标、发展思路、重点任务和工作举措。

三是研究制定相关的专题规划。从教育智库发展的角度来看，主要有人才队伍发展规划、教育科研发展规划、产学研用一体化发展规划、国际交流合作发展规划、党建工作高质量发展规划等，建议由相关的职能处室牵头组织研制，为教育智库总体规划提供相应的重要素材和参考依据。

四是文本起草阶段。在相关的调研和专题规划基础上，发展规划的核心起草组要认真学习并充分吸收，形成总体的发展规划报告征求意见稿。

五是征求意见阶段。征求意见的过程，其实是发扬民主的过程。要通过多种形式和方式，向教育智库的全体职工广泛征求意见，听取意见建议；同时要征求上级教育主管部门、同行教育智库特别是教育和智库专家的意见。

六是完善定稿。在充分征求意见并不断完善的基础上，形成教育智库发展规划的定稿。

五、加强组织保障

组织保障是规划研制的关键环节。可以从加强组织领导、深入调研、全员发动、加强保障四个方面进行考虑。

一是组织领导。要成立教育智库发展规划编制领导小组和工作小组，领导小组建议由教育智库主要领导担任组长，由分管领导担任副组长开展工作，相关职能部门的负责同志为成员；工作小组通常由分管领导担任组长，相关职能部门负责人担任副组长或执行负责人，成员主要由核心起草小组组成，具体参与规划编制工作。工作小组根据实际可设立专题研究小组，如中央和上级部门有关精神专题、国内外智库专题调研组和教育智库评估专题组等，以及相应的专项研究小组。

二是深入调研。要深入学习中央精神和梳理有关教育智库的文献，充分吸收借鉴国内外教育智库的先进经验做法，科学评估教育智库改革发展中的成绩经验和困难问题，广泛征求意见建议，确保下一阶段发展规划的科学性。

三是全员发动。加强规划编制工作的动员宣传，充分调动教育智库职工的积极性和主动性，确保规划研制的参与度和有效性。

四是加强保障。要通过设立课题等形式，落实专项经费保障，并将规划编制工作及阶段性成果纳入年终考核范围，充分确保规划研制的成效。

总之，编制发展规划，既要体现教育智库领导班子的顶层设计和总体考虑，也要尽可能地调动所有职工参与规划的积极性，让规划研制成为教育智库工作人员共同的事，成为凝聚人心、广集众智、深入调研的一项工作，形成合力推动新时代教育智库高质量发展的局面。

第二节　剖析发展环境

发展规划开篇，需要阐述研制目的，即依据国家和上级主管部门精神，以及所在教育智库的具体实际研制战略规划。但最重要的就是要研究"发展环境"，对教育智库上一阶段取得的成绩、面临的形势，存在的问题与挑战进行全面系统的分析。

一、成绩和经验

对于上一个五年或更长时期成绩的充分总结，既是全面回顾的过程，也是提振士气的过程。无论是国家中长期规划，还是具体到教育智库规划，都遵循这样一个逻辑。总体来看，要结合教育智库的定位和职能，进行全面的系统回顾，其中尽可能地做到量化，所涉及的量化数字尽可能地精准。同时对成绩的表述，主要是把握亮点和特色，不求面面俱到，但能体现教育智库最出彩的工作。对于中国教科院发展所取得的成绩，主要从服务决策、理论创新、指导实践、引领舆论、国际交流等方面的职能进行概括提炼，由于一些材料不宜对外公开，仅提供方法论层面的参考。

对于新时代教育智库的成绩，总体上可以从服务决策、理论创新、指导实践、内部建设等几个维度进行总结，基本上涵盖了上一个阶段教育智库的亮点工作。同时在此基础上，一般还会提炼总结若干条有益经验。基于对中国教科院"十三五"发展规划所取得的成绩，主要总结了五个方面的重要经验。

一是坚持正确政治方向，以习近平新时代中国特色社会主义思想特别是习近平总书记关于教育的重要论述为行动指南，加强党对教育科研工作的全面领导。二是坚持围绕中心、服务大局，聚焦中央和部党组决策部署，发挥智囊团和思想库作用。三是坚持理论联系实际，立足中国大地，面向基层一线，探寻破解教育重点难点问题的有效举措。四是坚持改革创新，以深化组织模式和运行机制改革为抓手，推动"大兵团、多兵种"协同攻关。五是坚持营造良好院风，推进智库治理现代化，调动广大干部职工的积极性、主动性、创造性，凝聚强大内生动力。

这五条经验，应该说是中国教科院在过去 5 年、10 年发展中始终坚持的，从调研的情况来看，也充分说明真正形成了这些宝贵经验。比如坚持正确的政治方向，这是"政治立院"的基本体现，对于党对教育科研工作的领导，成了全院干部职工的共识；比如围绕中心、服务大局，这几乎成了全体干部职工的科研自觉，那就是服务国家和教育部的教育决策；在具体的工作过程中，教育智库人员始终坚持理论联系实际，历届班子都坚持改革创新，不断推动一流国家教育智库快速发展；此外，还加强"学风、研风和院风"建设，加强智库的科学治理。这"五个坚持"，成为中国教科院开展科研工作的基本遵循，是长期形成的一种学术品格。对于新时代教育智库来说，无论是政府的教育智库，还是高校或民间的教育智库，都可以作为相应的参考。

二、重大形势分析

除了全面总结成绩和提炼发展经验，对于新时代教育智库发展所面临的形势，同样要作系统的梳理，旨在立足未来寻找教育智库发展的"坐标系"和"参照系"。一般来说，新时代教育智库发展规划必须系统分析所处的世情、国情、教情、社情等宏观背景，要根据时代的变化、国家发展的变化，在未来发展的取向上作出战略性的提前布局。

从宏观的形势来看，当前世界正处于百年未有之大变局的特殊时期，国际竞争特别是大国之间的教育、科技、人才竞争日趋激烈，推进教育强国建设任务迫切，亟须加快建设中国特色、世界水平的教育科研体系，建设一流教育智库；中国特色社会主义进入新时代，面对教育服务中华民族伟大复兴的时代使命，亟须发挥教育科研的支撑、驱动和引领作用；我国教育已经进入由大到强、高质量发展的新阶段，亟须教育科研聚焦中央关心、社会关注、人民关切的重大教育问题，不断提高科研质量和智库服务水平。这些都属于基本的宏观形势判断。高校和区域教育智库还要充分结合所在的校情、区情来作具体研判。这些既是形势要求，也是重大的机遇挑战。

坚持问题导向是编制规划的基本思路。在分析形势的基础上，要对自身组织所存在的问题和面临的挑战进行深刻分析。问题的阐述，既有常规的共识层面的，也有基于调研结果的，但是总体上来说，这些问题都是客观的，真正反映新时代教育智库中存在的不足和短板，只有这样才能有针对性地去解决发展中的问题，进而推动教育智库的高质量发展。

我国的智库建设由于起步较晚、经验有限，总体上还存在许多改善提升的空间。对于新时代教育智库存在的问题，在系统梳理和认真研究后可以发现，与时代要求、国家和人民期待相比，主要存在以下问题：围绕中心服务大局的站位不够高，解答重大现实问题的能力亟须增强；重大原创性理论成果匮乏，前瞻性、储备性研究比较薄弱；领军人才和创新团队明显不足，人才成长渠道不够畅通，人尽其才局面尚未充分形成；科研组织模式、运行机制和评价方式有待改进；成果转化机制不完善，智库影响力特别是国际影响力不强等。由于中国智库发展的时间相对不长，这些短板和不足是我国许多智库存在的普遍问题。

一是研究站位的问题。尽管从2015年开始国家大力加强中国特色新型智库建设，但是许多教育智库科研人员的观念仍然停留在科研机构层面，崇尚个人的研究兴趣，偏好书斋式的研究，个人身份上仍以"知识分子"而非以教育智库的"科研人员"或"智库学者"自居。总体来看，其从站位、能力上还未能适应国家和时代的发展要求。

二是理论创新的问题。尽管教育智库每年都有数百上千本的著作出版，有数千上万篇的论文发表，但重大原创性的理论成果很少见，由于职能定位的不同，特别是科研精力的分散，与高校教育理论研究相比，存在脱节和落后的问题。对于教育政策前沿，智库科研人员相对有优势，但是涉及前瞻性问题的研究，还缺乏敏感度。同时，在研究转型的过程中，由于研究主题以"问题"为导向，对于长线性、储备性的研究相对做得也不够。

三是人才的培养问题。主要体现为领军人才缺乏和创新团队不足。在自然科学界领域，领军人才和创新团队的作用非常重要，其实在教育智库研究中也非常需要一批领军人才和创新团队，但在实际过程中，学术性领军人才和创新团队始终是一个问题。在高校教育理论界，偶尔还有一些学术领军人才出现，许多也是因为有"帽子"的加持，但在教育智库领域，由于相对来说缺乏"帽子"的加持，以及研究过程中更多凸显组织的作用，而非学者个人的作用，领军人才很难冒出来。因为没有领军人才，创新团队也就很难形成，许多只是部门内的合作，跨部门、跨单位的合作都非常少，也非常难。对于人才发展的渠道上，从教育智库本身来说，要大力发挥"旋转门"的作用，吸引更多的政府官员、高校学者甚至企业专家参与智库的工作，同时推送更多的智库科研人员去政府、高校、企业挂职或交流学习和工作。但事实上，能够交流的机会"凤毛麟角"，同时也有许多智库科研人员适了科研工作的相对平稳、自由和舒适，不愿意接受更多的挑战。因此，教育智库内会逐渐出现"温水煮青蛙"的现象，领军人才无望，创新团队艰难，成长的渠道依然单一，未能实现人尽其能、人尽其才的目的。目前，我国智库人员特别是政府智库的人员多有编制，人员流动性差，若要解决现有智库人员存在的年龄偏大、专业及从业背景单一、文化参差不齐的问题，必须招聘年轻、互补性专业及高学历的人才。❶从某种程度上说，虽然广义上我国已有数以十万计的教育智库从业人员，但人才问题仍然是制约新时代教育智库发展最关键的"要害"问题。

四是科研组织模式、运行机制和评价方式的问题。教育智库的科研组织模式不同于高校，由于科研项目涉及面广，既需要熟悉国家教育政策，也需要准确把握教育理论和实践，更加适合有组织的科研，但是客观上存在部门之间的专业分割，仍然是"学科导向"而非"问题或项目导向"；在运行机制上，总体上还是以科层制的运行机制为主，强调纵向的信息传递，个体和团队的创新总体重视不够；在评价方式上，最突出的是"职称评价"与"工作评价"脱节的问题，职称评价更加看重科研人员个人的学术成果，但工作评价更多看的是参与教育智库工作的成效，两者并不必然画等号，甚至在某些时候还存在一定冲突。更多的时间花在智库工作上，会导致学术积累不足，或者集体共同成果无法作为代表作；反之，过于重视个人的学术积累，而在教育智库工作中参与不够，也会出现工作边缘化的问题。很少有科研人员能够把两者结合得天衣无缝，更多的情况是出现学术研究与智库工作的"断链"

---

❶ 张伟. 智库能力评价与创新［M］. 北京：中共中央党校出版社，2017：95.

和"脱钩"。尽管智库管理人员已意识到这个问题，努力想建立基于教育智库要求的"学术评价机制"或者"分类评价"，但是学术评价的惯习巨大，总体上科研人员还是依赖于传统的学术评价。而且，脱离了学术评价，建立以教育智库工作或服务决策成果作为导向的评判标准，也可能不为一些教育智库科研人员所接受。

五是成果转化机制不健全的问题。对于教育智库工作人员来说，成果的转化有其内在的规律。首先，成果要转化为决策。要能够为教育主管部门的行政领导所采纳，能够为科学决策提供理论和数据支撑。其次，成果要转化为理论。教育智库工作人员虽然不以原创性的理论工作为主，但是没有理论的支撑，也就很难有高质量的决策服务，因此基础性的理论研究仍然非常重要。再次，成果要转化为舆论。教育智库的生命力就在于能够影响政府决策和社会民意，很重要的一个手段就是通过媒体的宣传，营造良好的社会舆论环境和氛围。最后，成果要转化为实践。要能够真正在实践中用得上、用得好。以上四个方面的成果转化，是对教育智库科研人员的基本要求，也是努力方向。但是即便做好其中一项，都不是太容易的事情。要能够同时满足这四个转化，对智库科研人员更是巨大的挑战。对大部分的科研人员来说，要完成这四个转化是不现实的，只有极少数的复合型、综合性的人才方可兼顾，但由于工作精力的问题，也很难做到面面俱到。对许多教育智库来说，成果转化的机制尚未健全，并没有一体化、体系化的整体设计，从而也影响了科研人员的成果转化，影响了教育智库自身的发展。

六是智库影响力特别是国际影响力不强的问题。影响力是智库的生命线，无论是决策影响力、学术影响力、社会影响力，还是国际影响力，对智库的发展都至关重要。智库存在的根本目的即"影响政策"[1]，一定程度上，智库是因为影响力而彰显其存在的价值。从当前的情况来看，与国际一流国家教育智库相比，我国教育智库的影响总体上不足，特别是国际影响力存在较大的短板。这既有管理体制上的问题，也有智库重视的问题，还有科研人员自身的国际意识和能力问题。对于新时代教育智库来说，提升智库影响力，特别是提升国际影响力是迫在眉睫的事情。只有积极参与全球教育决策，加强国际智库之间的学术对话，才能为世界贡献中国的教育智慧，特别是为发展中国家的教育提供中国经验和中国方案。

---

[1] 王辉耀，苗绿. 大国智库 2.0 [M]. 北京：人民出版社，2023：20.

第三节　明确总体要求

总体要求是对发展规划的顶层考虑，是整个规划的"大脑"，通常包括指导思想、基本原则和发展目标三个部分，在有些发展规划中只包括指导思想和发展目标两个部分。

一、关于指导思想的考虑

指导思想是上位的方向性指引，规定了规划的基本遵循、有关的思路及准备达成的目标，总体是宏观层面的。以中国教科院"十四五"发展规划（学术版）为例，具体文本如下。

以习近平新时代中国特色社会主义思想特别是习近平总书记关于教育的重要论述为指导，全面贯彻党的十九大和十九届二中、三中、四中全会精神，全面落实全国教育大会精神，增强"四个意识"，坚定"四个自信"，做到"两个维护"，坚持以政治建设为统领，以建成一流国家教育智库为目标，以围绕中心服务大局、聚焦主责主业为核心，以服务国家重大战略需求为主攻方向，以组织模式和运行机制改革为突破口，按照"政治建院、人才强院、创新兴院、制度治院、开放办院"的总体思路，着力推进中国教科院"转轨、强力、提质、扬声"，不断提高核心竞争力、社会影响力，为加快推进教育现代化、建设教育强国、办好人民满意的教育提供强有力的智力支撑和专业贡献。

对于指导思想的确定，一般有其内在的逻辑和写作要求。首先，要坚持政治方向的正确性，在党和国家的领导下，在贯彻落实党中央大政方针的精神下开展工作，这是最基本的前提；其次，要明确思路，提出了"四个以"的思路，即"以建成一流国家教育智库为目标，以围绕中心服务大局、聚焦主责主业为核心，以服务国家重大战略需求为主攻方向，以组织模式和运行机制改革为突破口"；再次，提出了"五院"的办院总体思路，并通过四项"举措"，提升智库的"两力"，即核心竞争力和社会影响力；最后，落脚到为党和国家教育事业高质量发展发挥应有的作用。

指导思想中具体思路、举措的提出，许多是贯彻落实上级教育主管部门的要求，也是基于智库领导班子工作中的探索，还有些是基于存在的问题和短板，总体上要体现明确的问题导向、目标导向和效果导向。

二、关于发展目标的确定

战略目标是规划的灵魂，是未来一段时间教育智库发展的根本遵循和努力方向。通常来说，在战略目标部分会包括总体目标和具体分目标等，是对教育智库发展的总体考虑和顶层设计。

（一）总体目标

总体目标是战略规划最核心的要素，是整个战略规划的"灵魂"。在制定中国教科院"十四五"规划时，总体目标表述如下。

力争用 5 年左右的时间，将中国教科院建成一流的国家教育智库，成为国内一流、世界知名的中国特色新型智库，成为教育理论创新的高地，成为教育教学改革的策划者和推动者。

总体目标的设定一般要求比较精炼，从战略层面谋划教育智库的发展。其中的一个"建成"、三个"成为"，既有考虑中央关于智库建设的精神，也有上级主管部门对于中国教科院发展的期盼，同时也充分结合了中国教科院自身的实际。总体目标的设定，要经过充分的论证和严密的思考，既不能过高，也不能太低，总体上是要经过一段时期的努力，是可以达成和实现的。

（二）分目标

基于总体目标设定，一般要根据教育智库的工作职能，研究相应的子维度的发展目标，使总目标进一步落地落细。在发展规划总体目标下，具体分为六个维度的分目标。

一是政治立场更加坚定，能够自觉用习近平新时代中国特色社会主义思想武装头脑，党对教育科研工作的全面领导切实增强。二是科研质量和服务水平大幅提高，科研组织模式和运行机制更加优化，科研范式和方法更加创新多元，打造一批具有国家水准、智库特色、世界影响的优秀成果，服务国家重大战略需求和教育改革发展实践的能力显著增强。三是人才队伍显著优化，人才结构更加合理，人才成长渠道更加畅通，领军人才和创新团队脱颖而出，各展其长、各得其所、各安其位、各领风骚的人才发展格局基本形成。四是治理能力大幅提升，职责更加清晰、协同更加顺畅、运行更加高效、评价更加科学的治理体系基本建立。五是交流合作深度拓展，与教育部司局、地方政府、高端智库（高校）、地方教科院（所）、权威媒体、学术社团、国际教育科研机构（组织）、知名企业等的交流合作更加深化。六是成果转化更富成效，高端教育期刊集群初步形成，文化出版产业高质量发展，成果宣传推广体系更加健全，社会贡献度、影响力大幅提升。

以上六个维度的分目标，总体涵盖了教育智库发展的重要领域和有关工作。具体来说，政治方向决定智库建设的价值取向，必须坚持党的全面领导，用党的科学理论指导教育智库发展。科研质量和服务水平的提升是核心，涉及组织模式、研究方式、研究成果等维度。人才队伍建设是教育智库发展的关键，主要包括人才队伍结构、发展渠道、各类人才发展等维度。治理体系是教育智库的保障，主要涉及运行机制和评价体系的问题。交流合作是教育智库的重要生长点，既有国内的合作，也有国外的合作，既有政府部门，也有高校、企业甚至媒体等的合作。成果转化是教育智库的内在要求，主要有报刊、出版、宣传等方面的内容。

从发展规划分目标的写作体例上来看，除了质性的描述外，正常来说都应有量化的数据目标。在有些国家层面的教育规划中，会设置一些必须完成的约束性目标，也会有一些相应的参照性或预期性目标，一般是经过努力可达成的目标。

第四节　研制重点任务和举措

不管是战略规划的总体目标还是分目标，最终都要落实在任务上。这些重点任务的设定和选择，一般来说主要根据所在教育智库的战略目标、承担的职能、业务的范围进行设定。重点任务一般不宜多，但是要力图实。在重点任务的处理上，有些发展规划不仅有文字上的表述，还有相应配套的工程或项目。通过工程或项目，促进重点任务的落实落地。仍以中国教科院"十四五"发展规划（学术版）为例，一般来说，新时代教育智库的重点任务，根据总体目标和职能划分主要有以下几个方面。

一、以党的科学理论指导智库建设

政治正确是智库特别是政府智库的首要责任。无论是体制内智库还是社会性智库，都必须坚守清晰的政治定位和政治标准。[1]因此，对于新时代教育智库来说，必须坚持科学的思想引领，确保用党的科学理论来指导智库建设。

一是加强党对教育科研工作的全面领导。具体来说，要落实全面从严治

---

❶ 李耀坤. 建设现代化智库强国［M］. 北京：中国发展出版社，2019：6.

党要求，确保把中央精神和部党组部署全方位、全过程、全环节贯穿到位；坚持以党的政治建设为统领，把政治理论学习与业务知识学习有机结合，把坚定政治立场与正确科研方向有机结合，把贯彻落实党中央、部党组决策部署与重大课题研究有机结合，把党风廉政建设与端正学风院风有机结合，把落实意识形态工作责任制与干部考核有机结合，充分实现党建工作和业务工作有机融合；坚持教育科研意识形态属性，牢牢把握意识形态的领导权和主导权。

这一条款上的要求，总体都是最上位的也是最基本的要求。无论对于政府智库还是高校或民间智库来说，加强党对教育科研的全面领导，确保意识形态的正确性，毫无疑问是应有之义。

二是强化党的科学理论武装。坚持以习近平新时代中国特色社会主义思想特别是习近平总书记关于教育的重要论述为思想指南，提高政治站位，增强全局意识，加强形势研判学习，夯实教育科学研究的理论基础；坚持运用马克思主义的立场、观点和方法发现问题、分析问题、解决问题，做到学以致用、知行合一；牢固树立以人民为中心的发展理念，深刻理解和把握人民立场在教育研究中的内涵要求、重大意义和现实价值。

这一条款着力提到要加强科学理论武装，主要是从学习、运用的角度来真正落实科学理论的指导，做到学思悟用、融会贯通，并真正体现在服务决策和科学研究当中。

二、着力提升科研质量和服务水平

对于新时代教育智库来说，创新既是落实国家战略的要求，也是科研工作的本质特征，核心是提升科学研究的质量，提升服务决策的能力和水平。

一是丰富完善中国特色社会主义教育理论体系。扎根中国大地，立足社会主义教育的内在要求，深入开展习近平总书记关于教育的重要论述、党的教育方针及中国共产党领导教育工作的基本经验等重大研究；聚焦立德树人根本任务的重大理论和实践问题，弘扬中国优秀教育文化传统，深化教育基本理论研究，探究中国特色社会主义教育的道路、理论、制度发展的历史根基、丰富内涵和精神实质，推动构建中国特色的教育发展道路，增强中国教育自信；围绕中央关心、社会关注、群众关切的"三关"问题开展深入研究，推动重点领域和关键环节取得新突破；充分学习借鉴世界先进教育理念和先进经验，将研究成果积极转化为社会主义教育的伟大实践。

这一条款主要是基于理论研究和理论创新进行的任务设定。这些工作既有基础性，也有重大的战略意义。对于新时代教育智库来说，丰富和完善中国特色社会主义教育理论体系，总结中国教育实践发展的成功经验，构建中国自主的教育学知识体系，在当前已显得尤为迫切。

二是提高服务决策能力和水平。把工作重心放在服务党和国家科学民主依法决策上，把科研主题放在战略问题和公共政策研究上，探索建立与教育部相关司局的对接与长效互动机制，大力提升服务决策水平；聚焦国家重大战略需求，科学谋划科研选题，增强课题指南的引领性和前瞻性；提高课题申报的规范性和竞争性，充分发挥院学术委员会在确定重大科研发展方向、评议学术重大决定、指导课题研究等方面的作用，增加竞争性课题申报，严把成果质量关，大力提升围绕中心服务大局的意识和能力。办好《科研与决策》《教育成果要报》等决策服务平台，畅通服务决策通道。

从这一条款来看，主要是要解决研究对象的问题，以及提升服务决策成效的路径和方式，通过一系列的举措来提升服务决策的能力和水平。由于体制内的智库机构往往习惯于"命题作文"，承担上级政府部门委托的项目或工作，从现实的情况来看，现在教育智库人员的理论创新、决策服务的意识和能力，特别是选题的创新能力还有待持续加强。

三是打造区域教育综合改革实验样板。坚持理论联系实际，落实"一线规则"，全面对接教育部有关司局教育改革试点项目，强化实践创新；以现实需求为导向，把握全面深化区域教育综合改革的内在规律，根据当地经济社会发展需要和教育改革发展目标，明确战略定位，确立主攻方向，找准实验区建设的发力点和着力点，形成富有特色的区域教育改革发展理念；改进教育综合改革实验区共建模式，创新指导方式，完善过程管理，统筹做好实验区五大平台建设；把实验区（校）纳入科研体系和科学研究全过程，推动理论研究与实践创新同频共振。

这一条款主要是针对教育智库指导实践来说，无论是国际还是国内的教育智库，许多都有指导实践的功能，或者具有自身的实验区平台。要从理念、策略、成效上真正重视实验区或实验校的工作，使之真正成为科学研究、服务决策有关问题或议题的重要来源，同时形成的科学研究成果又能够继续深入指导教育实践。当前一个无法否认的事实是，由于我国拥有世界上最大规模的教育实践，以及伴随而来的教育教学实践的丰富多样性，我国的教育实践总体已经走在了教育理论研究的前头，亟须开展有关的经验总结，同时对实践中出现的新问题新情况要加以科学的指导。

四是充分发挥舆论引领作用。按照"整体规划、重点突破、协同创新、分步推进"的原则，构建涵盖官方网站、微信公众号、报刊、出版平台和成果发布会的"4+1"教育科研成果宣传体系，提高宣传效能；积极开展重大教育政策阐释解读，传播先进教育理念，普及教育科学知识，着力打造若干学术精品和品牌，提升中国教科院主题策划力、形势把控力、政策引领力、学术影响力；建立舆情监测预警、分析研判、舆论引导一体化工作机制，构筑新媒体背景下教育舆情研究的学术体系、理论体系、话语体系，营造教育事业科学发展的良好环境。

这一条款主要是针对教育智库引领舆论的职能而来的，在这方面总体上我国教育智库是相对落后的。在影响力为王的时代，许多教育智库缺乏引领舆论的积极性和策划性，在和媒体打交道方面明显缺乏相应的意识和能力，有些教育智库认为这是额外的或锦上添花的工作，在评价上总体"管得多"、支持得少，同时大多数的教育智库都没有自己相对成熟的英文网站，在一定程度上影响了教育智库的社会影响力和国际影响力，最终影响教育智库的快速发展。

五是加强研究范式和研究方法创新。加强学理研究，坚持马克思主义基本原理和方法，注重学理逻辑和理论思辨，探索教育本质和规律；加强实证研究，坚持以事实和证据为依据，对重大问题持续跟踪，注重长期性、系统性研究；加强比较研究，深入挖掘中国优秀教育传统和经验，注重借鉴国外教育研究范式、方法，积极吸纳国际教育研究的前沿进展和优秀成果；加强跨学科研究，促进教育科学和自然科学交叉融合，充分运用认知科学、脑科学、生命科学等领域最新成果和研究方法；积极探索运用大数据、云计算、模型构建、人工智能等新技术新方法开展研究。

这一条款主要针对研究范式和方法创新，是从学理研究、实证研究、比较研究、跨学科研究及新技术新方法的应用来论述的。相当长时期以来，课题研究范式、方法的同质化问题很难适应理论创新、决策服务的要求。通常表现为缺乏深度的思想，出现了"有库无智"的情况；偏于思辨，对基于事实和数据的实证方法运用不多；视野不宽，对于国际前沿的信息关注不够或者停留在二手资料的学习上；学科研究重点还是以教育学科为主，对跨学科的方法还不够重视，或者即便有跨学科的研究团队，也没有很好地实现学科之间的深度融合；对于新技术新方法的应用，许多还停留在理念层面。"研究范式"的变革是新时代教育智库提升理论水平和服务决策能力必经的进阶之路。

三、打造学术品牌和推动成果转化

学术品牌是新时代教育智库的立身之本，是产生决策影响力、社会影响力的关键所在；同时，要通过发表、出版等平台的建设，实现学术成果最大程度的转化。

一是大力推进基础平台建设。优化完善教育决策模拟系统平台，充分发挥在重大教育决策上的数据支撑作用；搭建全国教育数据信息平台，建立全国教育数据公开共享机制；搭建全国教育调研平台，聚焦教育重大决策部署实施情况和重大现实问题，协同开展全面深入的调查研究；搭建国外教育信息综合平台，充分发挥驻外使领馆教育处（组）职能作用，密切了解跟踪国外教育改革发展动态；完善全国教育科学规划管理平台，统筹管理和使用各级各类教育科学规划课题成果；集成多方资源，精心打造中国教育科学论坛，扩大论坛影响，提升学术水平，力求成为国内一流、世界知名的权威教育科学论坛，成为提升中国教科院智库影响力的新的重要学术品牌。

这一条款主要是针对基础能力平台建设提出的，也是在《教育部关于加强新时代教育科学研究工作的意见》中提到的四大平台建设，即全国教育数据信息平台、全国教育调研平台、国外教育信息综合平台，以及中国教科院直接管理的全国教育科学规划管理平台。据有关方面统计，我国有用的信息 80%由政府掌握。[1]智库信息化、数字化是提升智库治理能力现代化的必经之路。因此，加强数据、调研和信息平台建设，对于教育智库的发展尤为重要。最后提到的是中国教育科学论坛，这个论坛最早可追溯到 2003 年[2]，近年来中国教育科学论坛围绕国家教育改革发展的重大理论和实践问题开展学术交流，提出了许多富有价值的理论观点和政策建议。

二是打造高端学术期刊集群。树立以社会效益涵养为主的办刊理念，以学术引领作为办刊重要目标，创办"学术一流、特色突出、国际视野"的学术期刊集群；明确组织架构，在人员配置、绩效考核和经费使用机制上灵活多元，多渠道多途径促进报刊发展；重视办刊队伍建设，打造专业的编辑队伍，突出专家视角、专业引领；主动研判教育改革发展形势和教育学术前沿

---

[1] 张伟. 智库能力评价与创新［M］. 北京：中共中央党校出版社，2017：95.

[2] 由中央教育科学研究所（现中国教育科学研究院）主办、苏州市人民政府协办的首届中国教育科学论坛于 2003 年 11 月 8 日—10 日在江苏省苏州市举行。

问题，及时了解期刊市场状况，深入分析客户需求，充分发挥纸媒的学术性和新媒体的及时性、普及性，探索传统纸媒和新媒体有机融合新途径。

这一条款主要是针对学术期刊而言的，中国教科院先后拥有"8刊1报"期刊资源，《教育研究》《中国特殊教育》《中国德育》《教育文摘周报》等在国内外教育学术界都具有广泛的影响，《教育研究》更被视为教育圈的"顶刊"。在数字化时代，纸质媒介如何发展，如何通过"集群化"发展提升整体的报刊质量，近年来已经做了一定的探索。国内许多教育智库也都有自己的期刊平台，如何更好地让这些期刊引领学术、咨政助学、服务新时代教育智库发展，仍然是一个值得深入思考的话题。

三是推动文化出版产业高质量发展。把加快科研成果转化放在突出位置，制定科学、可操作的成果转化评价激励机制，做好中国教科院重点科研成果的转化工作，鼓励扩大高水平研究成果的学术影响力，提高科研成果的经济和社会效益；坚持正确出版方向，聚焦长远发展，加强整合学术资源，涵养大型出版项目，打造原创性经典学术著作，加快融合发展和业态创新，推动教育科学出版社高质量可持续发展；加强对国育中心等院属企业的指导、支持和监管，激发企业活力，推动提质升级，确保国有资产保值增值，实现企业社会效益和经济效益双丰收。

这一条款主要是针对所属出版社和企业而言的，总体上是要推动出版社、企业形成品牌，实现高质量发展，同时更好地支撑和服务教育智库的发展。国外一些智库对其研究成果建立了整套的成果推销机制，如全球科技智库排名前列的美国信息技术与创新基金会定期或不定期出版各类政策报告和书籍❶；甚至国外许多民间教育智库都是依托出版社和企业而存在，互为支撑、共同发展。国内许多教育智库也都有所属的出版企业和下属企业，如何形成正向的相互促进作用，共同推动新时代教育智库发展，这些都是需要深入研究的重要议题。

四、建设高素质创新型智库队伍

人才队伍是智库的第一资源。正如美国布鲁金斯学会前董事会主席约翰·桑顿所说："任何一个智库的成功，首先取决于它所拥有的专家的实力。"❷

---

❶ 上海社会科学研究院智库研究中心. 思想的版图：全球智库发展概览 [M]. 上海：上海人民出版社，2020：181.

❷ 李刚，王思敏，等. 智库评价理论与方法 [M]. 南京：南京大学出版社，2019：108.

新时代教育智库高质量发展关键在人才，在于是否能够充分激发智库科研人员干事创业的活力。

一是全面加强人才队伍建设。坚持"人才强院"理念，实施人才发展战略，拓宽人才引进、交流、培养思路，建设高素质专业化的教育科研、行政管理和编辑出版人才队伍。加强人才招聘工作，探索实施优秀高端人才、学科带头人引进项目，加大多学科、跨专业人才引进力度，补齐学科结构短板；组建高层次专家咨询委员会，充分利用外部高端智源助力人才培养；采取立足本院、专兼结合、多样化人才配置方式，组建高层次、高水平的创新科研团队；完善"旋转门"机制，通过内部岗位流动、跨部门合作、挂职锻炼、驻外工作等多种方式促进人才交流；建立常态化的人才举荐机制，拓宽人才成长渠道；鼓励和支持各类人才终身学习，形成脱产与在职、境内与境外、线下与线上相结合的人才教育培训体系。

这一条款主要是涉及各级各类人才发展的问题。在"人才强院"的总体思路下，全方位加强人才队伍建设，既有人才引进，包括多种形式的聘请外界资源，也有人才的培养和发展。从近年来的发展来看，新时代教育智库在人才问题上重点还是要加强领军人才和创新团队的培养，真正发挥"旋转门"机制的优势，畅通人才的"活水源头"，吸引更多的政府、媒体、企业等高层次专业人才加入新时代教育智库建设中来。

二是深化人才体制机制改革。加强人才发展顶层设计和组织领导，科学制定人才发展配套制度，破除束缚人才发展的思想观念和体制机制障碍；持续推进人才管理体制革新，加强人才管理过程评估，充分发挥各部门主体作用，改进岗位管理模式，健全岗位等级晋升制度，建立岗位动态调整机制；创新人才引进发现机制、培养支持机制、选拔任用机制、流动配置机制、激励保障机制，优化人才成长环境；完善专业技术职务评审制度，努力破解职称指标与晋升需求之间的突出矛盾；深入推进绩效评价改革，科学合理设置分级分类人才评价指标，建立以创新质量和实际贡献为导向的绩效评价体系，探索综合动态评价模式，强化考核评价结果的运用。

这一条款主要针对如何用好人才、激发人才活力的问题。引进是前提，但用好是关键。其涉及组织领导、体制机制创新、优化环境、打通职务职称通道、完善评价体系等。政府教育智库、高校教育智库和民间教育智库在人才管理上还存在不同的情况和问题。政府教育智库最大的问题在于机制的相对僵化，论资排辈的现象仍然比较凸显；高校教育智库在于评价的问题，许多依然还是坚持以学术评价为主；民间教育智库最大的问题在于缺乏吸引人才的条件，以及人才队伍不够稳定的问题。这些都影响了新时代教育智库的发展。因此，要充分创新体制机制，激发各级各类人才干事创业的活力，鼓励更多的智库人员想干事、能干事，并且干成事。

五、加强国内外交流与合作

开放是智库发展的应有之义。智库面对的都是重大的战略与政策问题，每一项都可能涉及多领域、多维度、多群体，任何一家智库都不可能穷尽所有决策需求，包打天下。❶只有坚持"开门办智库"，教育智库才能有更广阔的研究视角、更丰富的合作资源。国际上优秀的教育智库无一不是坚持开放的路线。

一是构建全方位战略合作体系。努力构建"类型完备、优势互补、运行顺畅、务实高效"的对外战略合作体系。加强与高校合作，开展习近平总书记关于教育的重要论述、立德树人根本任务的重大理论和实践问题等研究，探索联合培养智库人才，打造若干开放式教育理论研究平台；加强与教育部司局、国家高端智库合作，研判国内外形势，聚焦教育改革发展重大理论和实践问题开展研究；深化与地方政府的合作，打造一批在国内外具有较高影响力的示范性实验区（校）；加强与权威媒体的合作，形成宣传合力，为教育改革营造良好氛围；加强与国际组织和国外高端智库、高校的合作，积极参与全球教育治理。通过多主体、多途径、多渠道合作，及时将研究成果转化为教案、制度、决策和舆论。

这一条款主要针对的是国内外的合作，不仅有和高校的，也有和教育部、地方政府及权威媒体的合作，还有和国际组织及国际教育智库的合作。总体来看，新时代教育智库不能关起门来办智库，必须在不断的开放中寻求合作和支持，共同打造高质量的政策咨询成果和理论研究成果，并加强成果的及时转化。这些都离不开多方的协作与配合。当前，国家大力倡导学术机构开展有组织的科研，对教育智库而言，这不仅是教育智库内部的组织，也是整个战线及多个行业、领域的协同，如此才能产出真正具有影响力、创新性的科研成果。

二是加强国际交流合作。推进双边合作带动多边交流，聚焦双方共同关注的课题，开展联合研究，共享研究成果，解决共同问题，扩大中国教科院

---

❶ 上海社会科学院智库研究中心．思想的力量：中国智库案例集萃［M］．上海：上海人民出版社，2019：186．

的国际知名度和学术影响力；加强与国外重点大学、研究机构的战略合作，构建以合作项目为载体、以人员往来为核心的国际交流合作平台；全面支持各年龄段科研人员出国研修，鼓励高层次人才开展国际合作研究，开展深层次学术交流活动，提升中国教科院研究人员国际化素养和对外合作研究能力，实现高层次、国际化、复合型人才培养；积极创新"一带一路"合作机制，分享国际经验，讲好中国故事，促进共同发展；积极参与国际教育治理、规则制定，提高中国教育和教育科研的影响力。

这一条款主要是从国际交流合作的具体业务来做的考虑，重点是要加强课题的研究、人员的互访、人才的培养，同时利用好"一带一路"等合作平台与渠道，向世界讲好中国教育故事。从国家层面来看，在逆全球化的浪潮中，更加强调高水平的对外开放。中国智库应该有时代紧迫感，将在全球舆论界发声视为一场新时代的"思想战争""意见战争"[1]。因此，新时代教育智库要积极配合国家战略，把握了解世界教育发展的重要机遇，通过教育科研之间的学术交流合作，促进国与国之间的民心相通，为构建教育命运共同体作出积极贡献。

六、推进治理体系和治理能力现代化

智库要有活力，要产出高质量研究成果，关键要有适合智库发展的现代智库治理体制机制。[2]改革是激发组织活力的主要途径，深化改革是组织实现系统性跃迁的重要法宝。这样一种改革，目的是要建立与现代治理体系相匹配的机制和制度，形成现代化的智库治理体系，切实提升治理能力现代化水平。

一是健全完善制度体系。研制《中国教育科学研究院章程》，全面修订完善党建、科研、人事、财务、资产、后勤各项制度，健全完善内控制度，形成规范和引领一流国家教育智库建设的制度体系；强化制度的权威性和严肃性，健全完善科学决策、依法决策和民主决策的有效机制；积极推进电子政务内网使用运行，简化工作流程，提升工作效能和服务水平。

这一条款主要是结合"依法治院"和"制度治院"而来的，大体方向是要形成现代化的教育智库章程，在章程的统领下，健全完善各项制度。同时，要保证制度的严肃性和执行力，真正发挥制度的功效。此外，还强调了电子政务系统的建设问题，真正提升行政的工作效率。对于新时代教育智库来说，

---

❶ 王文. 思想坦克：中国智库的过去、现状与未来 [M]. 北京：商务印书馆，2023：119.

❷ 李耀坤. 建设现代化智库强国 [M]. 北京：中国发展出版社，2019：9.

建立智库章程，健全完善制度体系是最基本的要求；同时，加强数字化信息政务平台的建设，更是教育智库科学、高效运行的前提与保障。

二是优化科研组织模式和运行机制。进一步加强研究所建设，理顺院、所、室的工作职责，提升研究所工作效能，激发科研人员工作活力，不断提升教育科研服务决策的质量效率、能力水平；探索实行首席专家负责制，逐步扩大研究人员的专业影响力；建立健全重大研究项目集中攻关与快速响应机制，充分调动院内外组织机构、人力、平台等资源，高质量、高效率地完成研究任务；创新科研管理机制，优化科研管理平台，不断提高管理效能。

这一条款主要是针对教育智库内部的组织和管理来拟定的。对于教育智库来说，最重要的就是要激发智库部门和科研人员的活力，有效的科研组织模式和顺畅的组织机制是必不可少的。总体来说，要通过赋权增效，让更多的领军人才勇挑重担，同时鼓励更多年轻人能够"揭榜挂帅"，实现有组织的科研和自由创新并重。此外，在科研管理方面要简化流程，做好服务保障工作，真正实现人尽其才、物尽其用。

三是加强政治生态和优良院风建设。落实全面从严治党要求，严格遵守党的政治纪律和政治规矩，营造干事创业、奋发进取、风清气正、团结和谐的良好政治生态；严格落实廉政风险防控制度，加强廉政教育宣传和警示教育；实施院文化建设专项计划，加强院史文化的挖掘和研究，传承弘扬中国教科院优良传统和文化。

这一条款主要是从党的领导、组织保障及学风建设展开的，也是新时代教育智库内部建设的重要组成部分。只有坚持党的全面领导，营造良好的政治生态，发挥群团组织的力量，才能形成共促改革发展的生动局面。此外，还要通过加强文化建设来引领、辅助科学研究和咨政工作，真正形成良好的干事创业氛围。

第五节　规划组织实施

规划初稿研制完成后，很重要的一项工作就是要充分征求意见。征求意见实际上是不断完善的过程，也是广泛宣传、凝聚人心、广集众智的过程。意见征集的对象，要尽可能涵盖所有的利益相关者，以及行业领域的专家学者，从不同的角度吸纳更多的建设性意见。在征求完意见之后，要按照程序通过有关的院（所）务会审阅，最后经党委会审定，并向上级分管的领导部门报备通过后实施。

规划属于战略管理，它不仅涉及战略规划的制定，还包括将制定出的战略付诸实施的管理，因此是一个全过程、动态的管理。❶在具体的组织实施中，需要注意以下四个重要环节。

一是加强组织领导，建立"一把手"亲自抓、上下联动协同抓、统筹兼顾重点抓的规划实施机制。战略规划的实施必须加强组织领导，建立有效的机制；否则，规划就很难落地和推进。通常"一把手"重视，许多工作才能真正落地；同时也需要各层级、各部门的协同；此外，在诸多的任务中，还要统筹兼顾抓好重点任务和工程。这样规划的落实才能确保有成效。

二是加强部门协同，对规划进行细化，明确任务书、时间表、路线图、责任部门和责任人，合力推进规划实施。部门是智库的组成部分，是落实发展规划的关键。一定程度上说，规划的落实主要在于职能部门，在于中层的执行能力。因此，必须把发展规划进行细化，并具体落实到相关职能部门，明确好任务、时间、路径、责任等全过程全链条的管理，才能够推动规划的落地落实。

三是加强资源保障，充分调动院内外资源，积极引智借力，加大重点项目和平台建设的经费保障力度，加大宣传和引导，充分激发全院干部职工的主人翁意识，大力营造新时代教育智库建设良好氛围。规划的落实必须予以经费等资源的保障，没有资源特别是没有经费做保障，规划也难落实，因此在人、财、物方面必须向规划的重点项目和平台建设倾斜。同时，还要加大宣传力度，提高广大干部职工对规划的认同度，引导更多干部职工参与到教育智库干事创业中来。

四是加强督促落实，建立工作台账，加强过程监督，逐项跟踪落实，把任务落实情况作为年度考核、评优晋级的重要依据。规划的执行必须有过程性的评估和监督，通过建立台账，对一些重大的工程和项目进行跟踪落实评价，并以此作为评奖评优的依据，只有这样才能激发干部职工的活力，才能真正推动规划的落实。

---

❶ 张伟. 智库能力评价与创新［M］. 北京：中共中央党校出版社，2017：116.

第六节　小　结

　　基于笔者多次参与新时代教育智库发展规划研制和相关工作的经验，本章重点以中国教科院"十四五"发展规划（学术版）的研制为例，对教育智库发展规划的编制方案，特别是教育智库规划的发展环境、总体要求（指导思想、总体目标、分目标）、战略任务、发展举措、组织实施等方面的实操进行全景式的陈述，对每一项重要条款都有学理分析和依据。同时，对教育智库发展规划研制的具体流程和重要环节也都做了详细的介绍。对教育智库发展规划研制实操的学理分析和流程的有关阐述，可为新时代教育智库"十五五"和更长期发展规划或相应专题规划的研制提供参考。

第九章　新时代教育智库的战略方向

教育智库是教育事业的重要组成部分。党的十八大以来，我国教育事业发展取得历史性成就，发生了格局性变化，我国教育总体水平位居世界中上行列。党的十九届五中全会提出"建设高质量教育体系"，党的二十大明确提出到 2035 年建成教育强国的战略目标。对于新时代教育智库来说，不仅要为教育改革发展提供强有力的支撑，更要从战略层面发挥科学的引领，提供原创性的思想和有价值的咨政建言。教育智库的作用从支撑走向引领，这既是教育智库赖以存在的本质特征，也是教育智库实现跨越式发展的必然要求，更是支撑引领教育强国建设的时代需求。

第一节　理念重塑：从支撑走向引领

理念是一个组织的"灵魂"，也是行动的先导。面对新阶段新形势新任务，教育智库各项发展虽有数量上的突破，但仍有"质"的不足，比如尚停留在理论论证和阐释等支撑性的较低层面的工作上，理论研究滞后于实践的发展、前瞻性和储备性研究薄弱、学术体系建设水平不高、对社会舆论缺乏有效关注和引导等。这亟须教育智库切实敢于创新、善于谋划，发挥教育科研"风向标"的重要作用。面向未来，面对建成教育强国的战略目标，教育智库必须增强历史主动，重塑发展理念，实现从支撑到引领教育变革的转型升级。

一、时代要求教育智库开展战略性、前瞻性研究

当今时代，世界正在发生深刻而复杂的变化。百年未有之大变局加速演进，世界之变、时代之变、历史之变正以前所未有的方式展开。不确定性成为这个时代的显著特征。大国之间的竞争加剧，导致教育、科技、人才的作用愈加凸显，这就要求教育智库发挥更加重要的作用，不仅要做好"命题作文"，更重要在于能够在教育战略性问题和公共政策上"自选题目"，加强战

略性、前瞻性、储备性的研究，提供高质量的智库成果，引领教育高质量发展，并积极主动服务国家高质量发展。

一是世界多极化加剧博弈，对我国教育事业提出更高要求。当今世界正处于大变革大发展阶段，大国之间的战略博弈引起国际体系秩序的巨大调整，发达国家与广大发展中国家之间的差距正在不断缩小，全球多极化全面均衡发展已呈现颠覆性且不可逆转的态势。"地球村"的形成把全球紧密联系在一起，与此同时，逆全球化、地缘冲突、极端主义、难民等全球化问题也不断扩散。特别是俄乌战争、疫情、供应链中断及滞胀风险等对全球经济增长造成沉重打击。在此背景下，世界各国把经济、科技、军事领域作为主要竞争筹码，而这背后归根到底是教育、科技和人力资本的竞争。当前我国处在建设教育强国过程中，总体上我国教育还面临着大而不强，发展不平衡不充分，教育供给和市场需求错位，战略性人才、高技能人才缺乏等问题。中国作为全世界第二大经济体和新兴经济体的第一梯队，应通过强化教育发展，从而在国际竞争中抢占有利位置，亟须新时代教育智库切实发挥"思想库"和"智囊团"的角色，推动我国在教育发展、科技进步、人才争夺中赢得先机。在大国关于教育和人才的竞争中，新时代教育智库还有许多议题可以开展研究，重点是要推动我国教育高质量发展，引领我国建设成为具有全球影响力的重要教育中心，成为世界重要人才中心和创新高地。

二是世界各国文明间的交流沟通，需要教育发挥独特作用。世界多样化的文明正是在文化交流、互相借鉴中才得以不断发展进步。国与国之间许多问题最后都是文化和价值观问题，要加强不同文化之间的了解、理解、交融和包容，建设人类命运共同体。教育作为文化交流中的关键一环，是中外人文交流的重要组成部分，能够促进文化传承和创新，其培养的文化交流人才为不同文明的对话沟通提供了强大的人才支撑，促进了世界不同文明广泛的传播和交流。尤其在全球化的背景下，要思考"世界教育，中国何为"的问题，即中国教育如何以面向全球的开放之姿，始终坚持高水平的对外开放，通过提供中国教育道路发展的经验，在参与全球教育治理的过程中贡献中国教育模式和中国教育方案，推动解决全球教育的重难点问题，构建教育命运共同体。新时代教育智库要主动担负历史赋予的使命，积极推动构建具有中国特色的教育学自主知识体系，在深化不同教育对话中夯实国家发展的人文基础，为世界教育知识体系贡献中国智慧。

三是新一轮科技和产业革命的兴起，引起教育生态的深层次变革。科学技术是第一生产力，历次科技和产业革命均对世界发展格局产生很大改变。

当前，人工智能、物联网、区块链等重大颠覆性技术层出不穷，使科技和产业组织形式进入创新活跃期，在重构全球经济结构和创新版图的同时，也正在全方位地影响人们的学习方式、工作方式、生活方式和思维方式，给教育发展带来前所未有的机遇和挑战。党的二十大报告首次将"推进教育数字化"写入报告，习近平总书记在主持中共中央政治局第五次集体学习时指出："教育数字化是我国开辟教育发展新赛道和塑造教育发展新优势的重要突破口。"我国自 2022 年提出实施教育数字化战略行动以来，已经建成世界第一大教育教学资源库，实现了国家智慧教育平台应用试点工作全覆盖，形成了一批标志性研究成果，为加快建设高质量教育体系提供了重要支撑，引领了国际数字教育合作。国家智慧教育平台获联合国教科文组织哈马德·本·伊萨·阿勒哈利法国王教育信息化奖，形成了独特的教育数字化的发展路径和发展经验。教育数字化变革是教育形态、教育体系的全面重塑，涉及教育理念、目标、内容、模式、资源、环境、治理的全方位革新。❶传统的教育组织、教育伦理、教师职能、教育评价等都面临创新难题，给教育带来无限发展潜力之余也带来诸多不确定性。如何借助信息技术特别是数字化发展的优势，开辟新赛道，塑造新动能，提升教育教学质量、培养创新型人才等，特别是面对以 ChatGPT 为代表的生成式人工智能机器人对传统教育内容的"降维打击"，数字意识、数据素养、计算思维、协作创新等将构成新的教育内容主体。这些都亟须新时代教育智库切实加强前沿性研究，助力我国站稳世界教育数字化的"第一方阵"，引领教育理念、目标、体系、模式、内容、治理等要素系统性变革。

二、教育强国建设亟须教育智库提供科学的引领

教育强国建设是当前和今后一个时期我国教育战线的主题主线。特别是 2023 年 5 月 29 日习近平总书记在中共中央政治局第五次集体学习时做重要讲话以来，教育强国建设迅速上升为国家意志。教育强国建设必然需要新时代教育智库提供科学引领。

一是教育强国建设是以中国式现代化全面推进中华民族伟大复兴的基础工程，亟须教育智库发挥引领作用。回顾历史发展，中国共产党带领人民群众开展了很多历史斗争。党的十九大报告提出："从十九大到二十大，是'两个一百年'奋斗目标的历史交汇期。我们既要全面建成小康社会、实现第一个百年奋斗目标，又要乘势而上开启全面建设社会主义现代化国家新征程，

---

❶ 李永智. 服务国家战略，谋划数字教育变革 [J]. 教育国际交流，2023（6）：20.

向第二个百年奋斗目标进军。"❶这是新时代中华民族伟大复兴的中国梦，而实现这样一个历史使命，是以中国式现代化来推进的，并且教育强国建设是基础工程。因此，在这样一个关键时间节点，对教育有更加迫切的需求，特别是对教育服务高质量发展有更加热切的诉求。如何使教育提高人民素质、助力实现高水平科技自立自强，促进中华民族伟大复兴，新时代教育智库理应增强历史主动和使命担当，切实为教育强国建设提供智力支撑和前瞻性的研究成果。

二是教育强国建设核心课题是"培养什么人、怎样培养人、为谁培养人"，需要教育智库在破解教育根本问题上提供专业引领。党的十八大以来，明确教育的根本任务是立德树人，由此教育智库、教育科研的根本出发点也是立德树人，即重点要围绕培养社会主义建设者和接班人来开展研究，使培养的人力拥护中国共产党的领导并能为党的事业奋斗终身。教育的首要问题是"培养什么样的人"的问题。新时代教育智库只有紧紧围绕"为党育人、为国育才"这一目标，才能在研究的方向上不偏离中心工作和根本问题。鉴于此，需要教育智库切实加强立德树人落实机制研究，就如何上好思想政治理论课的核心课程、如何创新人才培养体系等问题加强研究，推动立德树人贯穿到各级各类教育的各领域各环节。值得关注的是，新时代教育智库要通过教育评价改革研究，推动打赢"破五唯"的攻坚战和长期战，为破解当前教育极度"内卷"的难题寻求良策，为新时代立德树人工程的落实落地提供更加强有力的科学方法论指导。

三是教育强国建设需要教育服务高质量发展，需要教育智库提供行动方案和有效路径。改革开放以来，我国教育事业取得了前所未有的发展成绩，教育对经济社会发挥的作用也越来越重要。在全面建设社会主义现代化强国的新征程中，教育、科技和人才已上升为全面建设现代化国家的基础性、战略性支撑，这就要求教育承担更多的社会功能，更好地服务国家高质量发展，这些都还面临诸多难啃的"硬骨头"。如何为解决我国关键核心技术"卡脖子"问题提供智力支撑，如何聚焦国家重大战略需求动态调整学科设置，如何统筹职业教育、高等教育、继续教育，推进职普融通、产教融合、科教融汇，源源不断培养高素质技术技能人才、大国工匠、能工巧匠，亟须新时代教育

---

❶ 习近平：决胜全面建成小康社会　夺取新时代中国特色社会主义伟大胜利——在中国共产党第十九次全国代表大会上的报告［EB/OL］.（2017-10-27）［2023-12-30］. http://www.12371.cn/2017/10/27/ARTI1509103656574313.shtml.

智库切实聚焦高质量主题，为教育服务高质量发展提供更加科学有力的方向引领。

三、人民群众需要教育智库发挥舆论引领和科普作用

我国是中国共产党领导的社会主义国家，这就决定了我国教育必须为人民服务。教育具有典型的民生属性，办好人民满意的教育是社会主义教育的本质要求。党中央始终将教育作为民生之基，必须把人民群众对教育美好的期待作为教育工作的出发点和落脚点，这也是新时代教育智库工作的基本价值取向。党的十九届五中全会明确提出了"建设高质量教育体系"的政策要求，要求要办好人民满意的教育、坚持教育为人民服务。教育智库要深刻把握时代要求、国家需求、人民诉求，通过开展前沿性研究，引领教育改革发展，有效启迪民智。

一是人民群众树立正确的教育理念，需要教育智库提供专业引领。理念是先导，教育理念决定了人民群众如何认识教育，如何理解教育。当前教育存在的许多问题，就在于人民群众对教育政策还不太了解，缺乏对教育规律的正确认识。[1]此外，当前国家为深化教育改革，制定出台了一系列的政策法律。教育智库要唱响主旋律，积极主动、耐心细致地做好重大改革事项、重点工作、热点事件等政策解读和宣传引导。这就需要教育智库及时消除坊间误解和网上杂音，迅速抢占舆论先机，加强教育政策宣讲、教育科学普及，有效引导社会对教育工作形成正向的认知，帮助人民群众树立科学的教育观、成才观和发展观，增进人民群众对教育政策的正确理解。

二是人民群众的教育急难愁盼问题，需要教育智库提供有效指导。衡量国家教育决策的适用性，应将人民拥护、满意与否作为一条重要的标准。人民的呼声与需求是教育改革的基本参考，教育改革只有从人民最关心的领域出发，才能真正让社会感受到改革成果。"做好教育这项'民生'工作，首先要了解'民声'，要坚持问政于民、问计于民、问需于民。"[2]改革开放以来，我国教育发展的总体水平在世界范围处于中上程度，随着人均生活消费水平提高，人民对优质教育的需求也随之提高。在"能上学"的前提下，人民对教育有更加公平、更高质量的需求，更加关注能否"上好学"。如何把握人民

---

[1] 崔保师，邓友超，等. 扭转教育功利化倾向 [J]. 教育研究，2020（8）：5.

[2] 中国教育科学研究院. 办好人民满意的教育——全国教育满意度调查报告 [M]. 北京：教育科学出版社，2019：9.

期盼、回应人民诉求，亟须新时代教育智库在切实进行科学调研的基础上，更加有针对性地把握人民关切，回应教育热点难点和人民呼声，把人民群众关心"问题"及时转化为"课题"，做真研究，真做研究，切实为办好人民满意的教育提供智力支撑。

三是家校形成协同育人合力，需要教育智库的专业指导。家庭及学校是对一个人发展影响范围最大、程度最深的教育系统。从各自定位上来讲，家庭是人生的第一所学校；学校是教书育人的主阵地，对家庭育人有重要的指导作用。整合家校教育资源，实现家校协同育人，是培育时代新人必不可少的环节。当前，学校教育和家庭教育之间的育人边界尚不清晰，传统的以学校为主的教育理念深入人心，加之家长对孩子过分宠爱、学校对家校协同育人抱有消极想法等因素，一定程度上影响了家校合作的融通。鉴于此，教育智库要发挥专业引领作用，聚焦学校教育和家庭教育的不同性质、职能、教育内容进行探索，尤其在在线教育快速发展的背景下，把握好技术的"双刃剑"性质，研究家校协同开展在线教育的配合举措。此外，教育智库还需要探索家校共育的制度设计，通过加强家庭教育法治化支持和指导服务体系研究、家校共育制度化研究等，推进家校合作良好氛围的形成，实现协同育人的良好格局。

四、教育实践亟须教育智库发挥专业引领作用

新时代中国教育实践是立足于中国特有国情发生的教育实践活动，具有区别于他国教育的独特性，突出表现为教育规模之大、教育制度之特、教育差异之巨。❶正是这样一种复杂性和特殊性，需要新时代教育智库进行全面总结、认真研究和提供行之有效的指导。

一是新中国成立以来特别是党的十八大以来的伟大教育实践，需要教育智库加强全面总结。中国社会复杂多面，中国教育丰富多样。新中国成立以来，我国教育事业取得了历史性成就、发生了格局性变化，有丰富的教育思想、教育理论和教育实践。党的十八大以来，我国已建成世界上规模最大的教育体系，教育普及水平实现历史性跨越，教育现代化发展总体水平跨入世界中上国家行列。2018年全国教育大会之后，党中央提出"德智体美劳"的总体要求，创造性地发展了党的教育方针，坚定社会主义办学方向，健全立德树人落实机制，扎根中国大地办教育，广大师生展现出昂扬向上的精神风

---

❶ 李永智，等. 中国教育学论纲［J］. 教育研究，2023（4）：5-6.

貌和听党话跟党走的坚定决心，中国特色社会主义教育发展道路越走越宽广。据中国教科院测算，我国目前教育强国指数居全球第 23 位，比 2012 年上升 26 位，是进步最快的国家。这充分证明中国特色社会主义教育道路是完全正确的。❶新时代教育智库要发挥专业优势，增强历史主动和使命担当，全面系统总结新中国成立 70 多年来教育改革发展的成功经验，凝练体现中国优秀传统和制度优势、具有鲜明时代特色的中国特色社会主义教育理论体系，切实增强新时期建设教育强国的道路自信、理论自信、制度自信和文化自信。

二是破解当前教育改革发展面临的新问题，需要教育智库提升指导实践的能力。新时期，我国教育进入高质量发展阶段。我国教育改革发展的外部环境和宏观政策环境已发生深刻变化，面临新形势、新阶段、新理念、新格局、新目标、新要求，会产生一些新问题。如何全面贯彻党的教育方针，落实立德树人根本任务？如何举办好世界最大规模的教育？如何构建高质量教育发展体系，推动教育高质量发展？如何让教育服务好国家现代化建设、实现好中华民族伟大复兴？如何推动中国在国际教育舞台上发挥更大更重要的作用？这些重大问题都是教育智库面临的时代之问，需要教育智库深入研究、认真回答，为新时期教育改革发展提出建设性意见。教育智库要充分发挥专业优势，把握人口结构变化、科技创新、社会变革等大形势、大趋势对教育改革发展所带来的影响，强化预研预判，加强基础性、前瞻性、针对性、储备性教育研究，为教育改革发展提供有针对性的指导。

三是教育教学面临许多新的问题和挑战，需要教育智库作出专业指导和引领。教育智库是建设高质量教育体系中的重要组成部分，从以往的基础性研究功能走向先导性引领功能。一方面，我国教育实践在教育教学方面作出了许多探索，形成了一些教育学派和独特的教学模式，比如叶澜的"生命·实践"学派、裴娣娜的"主体教育"、李吉林的"情境教育"等，并涌现了于漪、张桂梅等一批在全国具有知名影响的教育家型的校长。某种程度上说，我国的教育实践已经走在了理论研究的前头。另一方面，面对新时代教育发展由知识本位转向素养本位和能力本位，在教学中更加强调核心素养下的大单元教学、强调基于解决问题导向的情景式教学，以及教育的创新性诉求等，特别是以生成式大模型 ChatGPT 为代表的数字技术的加速应用，给教师带来许多新的挑战。同时，"双减"后如何真正减轻师生负担，实现减负增效，以及

---

❶ 习近平. 扎实推动教育强国建设 [J] 求是，2023（18）：4.

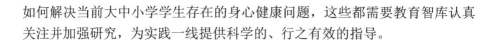

如何解决当前大中小学学生存在的身心健康问题，这些都需要教育智库认真关注并加强研究，为实践一线提供科学的、行之有效的指导。

第二节　守正创新：巩固地位与作用

党的十八大以来，我国就加强中国特色新型智库发展出台了诸多利好政策支持。特别是在2015年"两办"文件出台之后到2020年疫情前这一段时间，无论是政府教育智库还是高校教育智库或民间教育智库，都得到了快速发展，教育智库人才队伍专业化水平得到进一步提升，高质量教育科研成果不断涌现，为教育智库从支撑教育改革发展到引领教育改革发展的转变奠定了扎实基础。从组织建设层面来看，要坚持稳中求进、以进求稳、先立后破的总基调，坚持守正创新，巩固好教育智库建设的"基本盘"，推动新时代教育智库高质量发展。

一、坚定正确政治方向

"守正"守的首先是方向，方向问题是根本性问题。面对新形势新挑战，新时代教育智库须从思想理论武装、党的建设与意识形态安全，以及站稳人民立场等方面持续发力，认真履行理论创新、服务决策等职能。

一要强化思想理论武装。习近平总书记指出："哲学社会科学发展状况与其研究者坚持什么样的世界观、方法论紧密相关。"[1]马克思主义是指导教育科研工作者的有力武器，习近平新时代中国特色社会主义思想是当代马克思主义，尤其是习近平总书记关于教育的重要论述丰富完善了中国特色社会主义教育理论体系和成果。教育智库要坚持以马克思主义和党中央重要决策部署为指导，深入学习研究宣传贯彻习近平总书记关于教育的重要论述，坚持读原著、学原文、悟原理，推动学习教育走深走心走实，真正做到用马克思主义的立场、观点、方法来解决中国教育改革发展中的问题，筑牢中国特色社会主义教育理论基石。

二要把住政治关，加强党的建设和意识形态安全工作。教育研究具有鲜明的意识形态属性。加强党对教育科研工作的全面领导，是中国教育科学研

---

[1] 习近平在哲学社会科学工作座谈会上的讲话［EB/OL］.（2016-05-19）［2023-12-30］. http://cpc.people.com.cn/n1/2016/0519/c64094-28361550.html.

究的基本要求，也是教育科研实现高质量发展的根本保证。对此，教育智库要心怀"国之大者"，不断加强党对教育智库的全面领导，实现党建工作与业务工作的紧密融合，传承总结党领导教育事业的成绩和经验。同时，增强政治敏锐性和政治警觉性，把握好政治问题和学术问题的边界，从研究方向、成果内容和成果宣传应用各环节严格落实意识形态工作责任制，坚持"研究无禁区、宣传有纪律"，提前预判研究成果可能会带来的政治风险和舆论影响。

三要站稳人民立场。中国共产党的根本宗旨是全心全意为人民服务，这也是其区别于其他政党的显著标志。新时代教育智库要深刻把握以人民为中心发展教育的要求，以人民的根本利益为出发点，通过开展全国各级各类教育满意度调查等实地调研，关注人民群众从"有学上"到"上好学"的教育期盼及相关的急难愁盼问题，急人民所急，想人民所想，有效发挥连接党和政府科学决策与人民群众内在需求的桥梁纽带作用，使研究成果更有针对性、实用性，真正把论文写在人民群众心坎上，为深化教育改革、建设教育强国、办好人民满意的教育提出切合国情、社情、民情和学情的实招与良策。

二、用足用好政策"红利"

党的十八大以来，中央就加强中国特色新型智库建设、构建中国特色哲学社会科学等作出了一系列重大战略部署，为教育智库提供了方向性的指引。这些政策有直接相关的，也有间接相关的；但总体来看，教育智库对这些政策文件学习不够、研究不够、运用不够，还未能真正为我所用。

一是教育智库直接相关的重要政策。党的十八届三中全会强调要加强中国特色新型智库建设，建立健全决策咨询制度。习近平总书记就加强智库建设多次作出重要指示，为新形势下推动智库建设指明了方向、提供了强大动力。2014 年 2 月，教育部发布《中国特色新型高校智库建设推进计划》，明确了中国特色新型高校智库建设的目标和走向，开启了高校智库建设新征程。2015 年 1 月，中共中央办公厅、国务院办公厅印发《关于加强中国特色新型智库建设的意见》，提出"到 2020 年，统筹推进党政部门、社科院、党校行政学院、高校、军队、科研院所和企业、社会智库协调发展，形成定位明晰、特色鲜明、规模适度、布局合理的中国特色新型智库体系"❶。这是我国首个关于中国特色新型智库建设的意见，具有方向性引领作用。2015 年 11 月，

---

❶ 中共中央办公厅、国务院办公厅印发《关于加强中国特色新型智库建设的意见》．[EB/OL]．（2015-01-20）[2023-12-30]．http://www.gov.cn/zhengce/2015-01/20/content_2807126.htm.

中央全面深化改革领导小组审议通过《国家高端智库建设试点工作方案》，截至目前共有两批 29 家高端智库入选国家高端智库建设试点名单，其中首批在 2015 年 12 月选出共 25 家，后因国家机构改革缩减为 24 家；第二批在 2020 年 3 月公布共 5 家。这三个文件对于教育智库发展具有非常重要的参考意义和价值。

二是教育科研有关的重要文件。2014 年国务院印发《关于改进加强中央财政科研项目和资金管理的若干意见》，2017 年中共中央发布《关于加快构建中国特色哲学社会科学的意见》，2018 年中共中央办公厅、国务院办公厅印发《关于进一步加强科研诚信建设的若干意见》，2018 年国务院印发《关于优化科研管理提升科研绩效若干措施的通知》，2019 年中共教育部党组发布《关于抓好赋予科研管理更大自主权有关文件贯彻落实工作的通知》，2019 年教育部印发《关于加强新时代教育科学研究工作的意见》。这些政策基本与科研机构简政放权、激发活力有关，应适用于所有的教育智库，对于有关的文件精神，学习和吸收总体不够，还未能充分利用政策释放的"红利"。

2020 年以后，受疫情等客观因素的影响，智库的发展一度出现了热度下降的趋势。目前促进教育智库高质量发展，仍要深入学习中央文件精神和有关部署，更重要的是要用好政策"红利"，主动加强和上级部门的沟通，争取政策支持，重点破解新时代教育智库发展中的一些体制机制难题，真正为教育智库发展增强新的活力，激发新的动能。

三、夯实机构建设"基本盘"

机构建设是新时代教育智库的存在前提，它对于政府内教育智库建设尤为重要。尽管近年来随着事业机构改革，对新时代教育智库建设造成了一定的影响，但总体来说教育智库机构建设不断健全完善并得到了加强。2021 年，中国教育科学研究院和教育部教育发展研究中心整合，组建新的中国教育科学研究院，实现了强强联合，国家层面教育智库的实力得到了空前增强。

一是建立健全了教育智库体系。当前，各级教育行政部门对教育科研工作给予了高度重视和支持，从中央到地方再延伸到学校的全面覆盖、立体贯通、优势互补的教育智库体系已经形成，并有了相对明确的分工与定位。其中，国家和地方教育智库重点以国家和地方治理及重大教育现实问题的实践调研和决策咨询服务为着力点，高等学校智库以加强基础理论、服务决策、教育学及相关学科建设和人才培养为着力点，中小学智库以教育教学实践研究为着力点，以教育学术团体为代表的社会教育智库以群众性教育科研、教育科普工作为着力点强化教育科学研究，此外还有不同形式的社会教育智库以创新性方式开展教育科研，全国各地各级教育智库得到不断健全。

二是树立系统"一盘棋"的格局。各教育智库打破了封闭研究的方式，不断加强上下联动、内外合作，协同创新攻关能力不断增强。与过去相比，尤其随着《教育部关于加强新时代教育科学研究工作的意见》的印发，教育智库编制、人员、项目、经费等条件得到了明显改善。在全国教育科学规划领导机构对教育科研工作的统筹下，各省（自治区、直辖市）教育科学规划领导机构聚焦各地教育实际情况，稳步推进组织形态创新，建立科学有序、权责合理的内部治理体系，不断激发科研活力。比如，山东省启动工作机制创新改革工作，优化教育智库队伍的任职和激励制度，创新教育科研协同创新和评价制度，完善教育科研经费的支持制度，改善教育智库领导、督导与评估制度；北京市编制年度课题指南，增设"延续课题"，鼓励已结题课题开展延续纵深研究，依据首都教育改革与发展中的热点难点问题，以特别委托的方式增立课题，放宽青年专项课题的申报年限至 40 周岁，等等。

三是高校教育智库、民间教育智库的实力不断增强。除了省级教科院（所），诸多高校智库也加快助力教育科研创新发展。比如，2020 年 3 月北京师范大学中国教育与社会发展研究院正式获批国家高端智库建设试点单位。华东师范大学国家教育宏观政策研究院、东北师范大学中国农村教育发展研究院、华中师范大学国家教育治理研究院、北京大学中国教育财政科学研究所、浙江大学中国科教战略研究院、清华大学联合国教科文组织国际工程教育中心等高校教育智库都保持了雄厚的研究实力。同时，长江教育研究院、21 世纪教育研究院，乃至中国教育三十人论坛等，充分发挥体制机制灵活性的优势，通过决策服务特别是舆论引领，在社会上形成了较大影响，共同推动教育事业的高质量发展。

四是要关注智库机构建设中的"变量"因素。随着近年来的事业单位改革，黑龙江省教育科学研究院、辽宁省教育科学研究院、江西省教育科学研究所等省级教科院（所）先后改名，与省内相关的单位合并整合为黑龙江教师发展学院、辽宁教育学院、江西省教育评估监测研究院。从机构建设的角度，这在一定程度上削弱了原有的教育智库功能，反映了教育智库在有些省级层面被弱化。另外一个现象是，也有许多发达地区市域区县纷纷成立了教育科学研究院，基层的教科、教研得到进一步的重视和加强。

四、加强人才队伍建设

人才是智库的第一资源。建立一支政治素质过硬、业务能力突出、专业结构合理、执行力强的智库人才队伍，也是教育智库建设的基础工作。当前，各级教育行政部门通过完善教育智库人才队伍成长机制、为其搭建成长平台，充分营造了尊重、信任、培养人才的良好氛围。

一是加强智库人才队伍的培养。国家和各地教育行政管理部门为教育智库设立专门编制和人员、提供专门项目，为科研人员搭建干事成长的平台，越来越注重促进教育智库人才队伍实现专业化发展。当前，高等学校强化教育学及相关学科建设，有条件的学校还与教育智库联合培养研究生，从源头上致力于培养教育科研储备人才。教育智库完善针对科研人才的薪酬奖励办法，因地制宜制定有针对性的高层次人才引进办法，主动吸引党政机关、学校、企业等高层次人才加入研究队伍。有的地方针对教育智库编制受限的情况，探索灵活的管理制度，通过建立"旋转门"机制，鼓励教育智库人才挂职，聘任跨学科、富有全球视野的高层次人才到本单位担任研究员，提高教育智库人才队伍创新理论、破解难题的专业能力。比如，广东省建立了教研员欠发达区域、乡村薄弱学校联系点制度，建立灵活、畅通的聘任、挂职、培训机制，打造了一批兼具理论知识和实践经验的科研人才队伍。

二是增强科研人员使命感和责任感。教育科研工作者成绩的取得与其聪明才智密不可分，更离不开自身的优良学术作风与辛勤努力。尤其在新时代背景下，科研人员面临更艰巨的服务教育改革发展的重任，只有坚守为国家富强、人民幸福工作的科研初心，才能激发其"板凳甘坐十年冷"的责任情怀，以奉献、淡泊、钻研的心态取得高质量的学术成果。国家和各地教育行政管理部门也要建立科学的学术评价标准，发挥学术评价的正向导向作用，营造专心干实事、严谨治学的良好学术生态，并对败坏学术风气的行为加大监督惩处力度，防范学术不端。

三是提升科研人员的专业素养。科研人员是教育智库的智力支撑，其专业性高低直接决定了教育智库的实力和地位。在新技术发展背景下，各级教育行政部门更加注重对教育智库人才队伍加强专业培训，尤其是以"老带新"的方式加强梯队建设。如2020年，经教育部党组批准，首期全国教育科研管理干部培训班在北京举行，这为探索教育智库人才队伍定期培训制度，增强其做好新时代教育科研工作的责任感和使命感，加强学术自律做了有效探索。国家和各地教育行政管理部门要加强梯队建设，通过"老带新"等方式，激励青年科研人才开展原创性研究，形成团队研究合力。要优化教育科研人才队伍结构，通过引进政治学、经济学、社会学等不同专业背景人才，组建跨学科科研团队，为创新科研成果的产出提供保障。要落实好以 5 年为周期对教育科研人员进行不少于 360 个学时的培训，为科研人员提供学术进修途径。要探索"旋转门"机制，定期择优推荐优秀科研人员通过挂职、任职等方式，到党政机关、学校等机构锻炼能力、提升视野。

四是建立健全教育科研队伍保障机制。加大对科研人员的薪酬支持，优化奖励方式，在职称评审、职位晋升、课题申请等方面为科研人员搭建渠道。创新科研经费的使用方式，为创新团队及领军人才提供灵活的人财物决策支配权。通过建立学术休假、薪酬激励、科学的成果评价奖励机制，更加注重调动教育智库人才队伍尤其是青年人才开展原创性、探索性研究的积极性。比如，湖南省于 2014 年在全国率先出台《关于全面加强教育科学研究工作的决定》，把教育科研摆在优先发展的位置，特别是将省教育科研优秀成果奖作为省级成果奖，与省级教学成果奖一视同仁，全面提升了教育科研工作的地位。陕西省通过设立省级重大招标课题、规划课题、专项课题，指导市、县设立区域内小课题，形成课题研究全省覆盖、全层次覆盖、全员覆盖，激励广大教师积极参与教育科研工作。西藏自治区就规范课题经费的管理和使用印发通知，明确课题经费的 50% 用于激励科研人员的绩效支出。

五、大力提升科研质量

质量是智库的生命线。教育智库的存在与发展，归根结底是能够提供高质量的科研产出，特别是服务决策成果，要能为政府决策部门提供建设性的参考。进入新时代，提高教育智库的科研质量需要从教育现象和问题中把握规律，需要加强理论联系实际，需要不断创新研究的范式和手段方法。

一要在探索教育规律中提升质量。只有扎根中国大地，才能办出有中国特色、体现世界水平的教育，教育科研才能有源头活水。教育智库要汲取中华优秀传统文化和教育实践经验，将知行合一、学为人师、因材施教等优秀传统文化传承和弘扬下去，并结合时代发展丰富传统文化的内涵；要认真梳理新中国成立 70 多年来我国教育改革发展的经验，在此基础上发现涉及教育教学、学生成长等方面的基本规律，优化学科、教学、教材、管理体系；要对教育规律及时进行检验和发展，尤其要对违背学生心理、生理发展特征的教育工作进行及时调整，使教育发展更具有科学性。

二要在理论联系实际中提升质量。真正优秀的科研成果必将是将教育理论与实践有效融合的成果。教育智库要瞄准国家关注、社会关切、人民关心的"三关"教育问题开展研究，树立教育科研的"大视野"和"大情怀"，通过深入基层一线，发现实践中的真问题、人民群众的真痛点。教育智库要致力于研究党的教育方针和立德树人根本任务的落实，探索新时代推进教育高质量发展的方式和路径，探求中国特色社会主义教育理论，积极开展专业的舆论引导，使教育研究匹配我国教育发展现状，适应教育实践需求，契合人民群众期待，在理论引领实践、实践检验理论的良性循环中保持长久生命力。

三要在创新科研方法中提高质量。教育问题具有复杂性和多方参与性，单兵作战的研究模式和单一的研究方法很难保证科研成果的高质量。教育智库要改进组织形式和管理机制，探索采用跨机构、跨部门、跨学科的"团队作战"模式，注重研究资源共享，形成研究的系统合力；要创新研究方法，尤其要借助大数据、人工智能等新技术加强学理研究、实证研究、比较研究等，这样才能为破解当前存在的唯分数、唯升学、唯文凭、唯论文、唯帽子及教育发展不平衡不充分等问题提出更加科学的举措；要转变话语体系，避免老套的研究思维束缚，以鲜活表达打破教育科研死板研究之局面。

六、加大科研成果转化与运用

经过长期发展，尤其是党的十八大以来，全国各地教育智库围绕创新理论、服务决策、指导实践、引领舆论累积了诸多重磅成果，并逐步加快成果转化的工作步伐。但是客观上来说，科研成果的转化总体还不够，还未能真正转化为思想、转化为决策、转化为实践、转化为舆论，还需要进一步巩固与加强。

一是始终坚持以马克思主义基本理论为指导，致力于研究宣传阐释习近平总书记关于教育的重要论述并将之作为首要政治任务，聚焦立德树人根本任务，深入开展中国特色社会主义教育理论体系的学术建构与学理阐释。广大科研人员提出的"教育必须为社会主义建设服务""教学是学校的中心工作"等论断，为构建中国教育学学科、学术、话语、教材体系作出了重要贡献。

二是始终坚持围绕中心、服务大局，聚焦国家战略形势需求开展前瞻性、储备性、预判性研究，服务国家教育科学决策，并注重监测评估政策执行过程中的问题和效果，提高决策的科学性。比如，广大教育科研人员参与了教育体制机制改革、推进素质教育、中国教育现代化2035、劳动教育等相关重要文件的研制工作。

三是深入一线教学实践，通过探索区域教育综合改革、开展教育对口帮扶等方式，为破解制约教育实践发展的诸多问题，如办学活力不强、教师队伍专业性素质有待提升等提供有效方案，尤其是深度探索传统教育向在线教育转型的思路和策略，推动高质量课堂在一线落地生根，推动全民终身学习体系构建。

四是一批科研人员借助传统媒体和新媒体，发挥专业引领作用，积极对习近平总书记关于教育的重要论述、重大教育政策进行解读阐释，围绕人民群众关注的教育问题开展教育科学普及和舆情引导，通过传播先进教育理念，凝聚全社会的教育共识，营造全社会支持教育的良好氛围。同时，借助国际学术交流平台，主动面向世界传播中国教育优秀经验，通过广泛"扬声"，提升中国教育事业在国际上的话语权和影响力。

七、构建现代教育智库治理体系

党的十八届三中全会提出了完善和发展中国特色社会主义制度、推进国家治理体系和治理能力现代化的全面深化改革总目标，在这次会上特别提出"加强中国特色新型智库建设，建立健全决策咨询制度"，对新时代教育发展具有重要意义。从其自身的发展来看，构建现代化的教育智库治理体系是应有之义。

一要健全教育科研机构体系。国家和各地教育行政管理部门要将教育科研工作作为一项基础工程来抓，通过健全各级各类教育科研管理机构，构建分工明确、联动贯通、内外合作的教育科研机构体系，打破教育智库之间各自为政的研究现状，实现不同级别、不同类型教育智库的全面覆盖和优势互补。同时，教育智库要聚焦主责主业，根据教育科学研究的规律，建立完善现代化的科研内部治理体系，科学设立内部机构，探索以项目制为核心的组织模式和组织形态，合理确定岗位职责，不断提高机构运行的稳定性和效率。

二要健全教育科研运行体系。国家层面要完善协同创新机制，通过搭建全国教育科学规划管理平台、全国教育调研平台、国外教育信息综合平台等，为教育智库发展构建"一盘棋"的格局，形成教育智库之间协同创新、攻坚克难的研究合力。各级教育行政管理部门要以"放管服"改革为契机，为教育智库发展设立专门的经费支持，通过探索多元化、多层次的灵活投入方式，确保教育科研经费投入稳步增长。教育智库要科学研制教育科研发展规划，认真谋划未来一段时期教育科研事业发展的着力点，充分用好政府购买教育咨询服务的政策，注重对内对外合作，广泛开展教育理论研究、实地调研和试点改革。

三要健全教育科研机构成果转化体系。国家和各地教育行政管理部门要深化教育科研体制机制改革，以 2020 年中共中央、国务院印发的《深化新时代教育评价改革总体方案》为契机，完善教育科研的评价体系，破除"五唯"的单一评价标准，以创新能力、质量、实效、贡献为导向，创新探索新的评价体系，科学分解分类设置评价指标，有效激发教育科研的活力。教育智库要将成果从"书橱"中解放出来，致力于将教育科研成果转化为教案，指导教育教学实践；转化为建议，推动国家教育科学决策；转化为制度，规范引领教育事业改革发展；转化为舆论，形成全社会关心教育、尊重教育的良好舆论氛围。

第三节　乘势而上：开辟发展新赛道

"十四五"到"十五五"时期，是我国教育事业由教育大国迈向教育强国的重要阶段和关键时期。新时代教育智库要把握新阶段新特征，把握时代机遇，增强历史主动，无论从理念和意识还是从组织和能力等方面，都要从支撑教育改革发展主动迈向引领教育强国建设，为构建高质量教育体系，加快推进教育现代化、建设教育强国、办好人民满意的教育作出新的更大贡献。

一、全力引领教育强国建设

教育强国建设的地位作用和历史意义不言而喻。2023 年 5 月 29 日，习近平总书记在中共中央政治局第五次集体学习时强调，"建设教育强国，是全面建成社会主义现代化强国的战略先导，是实现高水平科技自立自强的重要支撑，是促进全体人民共同富裕的有效途径，是以中国式现代化全面推进中华民族伟大复兴的基础工程"。以此次会议为起点，我国开启了加快建设教育强国的新征程，教育强国建设成为当前和今后一段时间教育战线的头号工程。新时代教育智库要坚持以习近平新时代中国特色社会主义思想为指导，以服务国家重大战略需求和公共政策研究为主攻方向，全力引领、服务教育强国建设。

一要围绕教育强国建设，开展战略性、前瞻性理论研究。政策实施，理论先行。新时代教育智库要准确把握教育强国建设的理论内涵。什么是教育强国？应该从哪些维度来界定教育强国？回答好这些问题是建设教育强国的前提。中国教科院从教育自身强不强、教育对国家和社会的贡献大不大、中国教育在世界认不认三个维度来分析阐释其核心内涵，成为教育强国内涵的重要标准之一；同时，中国教科院组织开展的教育强国指数研究，直接为习近平总书记重要讲话所引用。经过教育学术界的研究，教育强国的科学内涵、主要内容、实施路径、评价指标等方面已有较多的高水平研究成果，这些都为探索教育强国建设奠定了扎实的理论基础。随着教育强国建设的深入推进，理论研究仍然要先行。教育智库要重点关注教育强国评价指标、标准和模型的研究制定，构建教育强国监测评价指标体系，系统开展国际比较，为我国教育强国建设的方向和水平提供参照，为我国从教育大国到教育强国的系统性跃升建言献策，以高水平的教育理论引领教育强国建设。

二要围绕教育强国建设，参与政策文件研制和决策服务工作。教育智库的首要职能就是服务决策。教育强国建设是一个系统工程。教育智库需要思考"强国建设、教育何为""教育强国、智库何为"的问题。服务决策，既需要上位国家层面的宏观文件，也需要相应的配套政策文件，地方层面还需要相应的落实方案和政策文件。2023 年，华东师范大学国家教育宏观政策研究院承担完成了《教育强国建设规划纲要（学术版）》编制工作。中国教科院通过开展"教育强国大调研"，组织精干力量直接参与了教育强国相关专题和文件的研制工作。面向未来，各级各类文件的研制、宣传解读、跟踪评估仍然是教育智库的工作重点，需要为政策出台持续提供智力支持和科研引领。

三要围绕教育强国建设，指导各地建设教育强省、教育强市、教育强区（县）。习近平总书记在中共中央政治局第五次集体学习时的重要讲话，擘画了建设中国特色社会主义教育强国的宏伟蓝图。国家教育强国建设意志的落地落实，最终在一线、在基层。教育智库除了服务国家层面研制教育强国纲要外，还需要指导各地建设教育强省、教育强市、教育强区（县），这就需要教育智库从教育理念、体系、制度、内容、方法、治理现代化等方面，分析各地建设教育强国的方向定位、基本路径、保障条件，真正推动国家政策的落地落实，共同推动教育强国建设，最终实现办好人民满意的教育。

二、开展人口趋势对教育发展影响的研究

2024 年 1 月 17 日，国家统计局公布了 2023 年国民经济数据。数据显示，2023 年年末全国人口比上年末减少 208 万人，人口自然增长率为-1.48‰。❶

---

❶ 2023 年中国人口减少 208 万，增长率-1.48‰［EB/OL］.（2024-01-17）［2024-02-20］. https://www.guancha.cn/politics/2024_01_17_722525.shtml?s=syyldbkx.

此外，根据第七次全国人口普查数据，我国 60 岁及以上人口为 2.6 亿人，占 18.7%，其中，65 岁及以上人口为 1.9 亿人，占 13.5%。按照联合国有关标准，我国已经是老龄化社会。第七次全国人口普查数据还显示，2010—2020 年，我国城镇化率提高了 15 个百分点，城镇化呈加速度发展。❶当前我国人口发展呈现少子化、老龄化、区域人口增减分化的趋势性特征。

人口问题与教育发展紧密相关，中国人口发展的新趋势势必会给教育带来一定的冲击和影响。与此同时，教育也是提高人口素质的重要途径，2023 年 5 月召开的二十届中央财经委员会第一次会议明确提出，把教育强国建设作为人口高质量发展的战略工程。可见，人口发展所呈现出的新趋势、新特征不仅将影响教育发展的规划和布局，也将伴随着教育的发展变化而深刻影响人口的质量与结构。新时代教育智库要充分认识和深入思考人口发展趋势给我国各项教育事业带来的影响，为政府部门抓住时间窗口前瞻布局、适时调整提供策略和依据。具体而言，新时代教育智库可开展的有关人口对教育影响的研究包括以下方面。

一是对教育改革发展的影响研究。我国人口形势和发展趋势呈现出的新特征给教育带来了一系列影响，特别是学龄人口变动对教育资源配置产生了直接影响。根据学者预测，2021—2035 年我国学龄人口总规模将从 3.28 亿人持续减少至 2.50 亿人，学龄人口年龄结构也将由"两头小、中间大"的纺锤形结构逐步向"上宽下窄"的倒金字塔结构转变。学校布局调整及教育经费投入都将面临一定的冲击和挑战。为此，教育智库首先应协助各级政府部门建立学龄人口预警机制，根据区域内学龄人口动态变化趋势，统筹前后阶段之间学校建设的平衡衔接。其次，针对农村学前和义务教育适龄人口总量逐步下降趋势，开展学校布局调整、乡村小规模学校及校舍资源开发再利用等方面的研究。再次，考虑到学龄人口阶段性变动影响教育经费配置的稳定性，应进一步开展有关教育经费配置协同机制研究，确保各级教育阶段教育经费投入科学合理。最后，基于当前少子化、老龄化已成为世界许多国家的共性问题，因而也可开展有关世界主要国家少子化、老龄化趋势及其教育应对策略的比较研究。

二是对教师队伍建设的影响研究。教师是最先感知到人口变化的行业之一。受人口变化的影响，教师行业正面临一定的冲击与挑战。如教师数量会出现"相对过剩"。从区域来看，人口流出地的学校会出现"师资过剩"问题；

---

❶ 李永智. 把教育强国建设作为人口高质量发展的战略工程 [J]. 红旗文稿，2023（21）.

从学段来看，人口变化对小学阶段师资的影响相对明显。为此，应开展有关教师资源精准配置方面的研究，根据区域人口新变化，测算教师与学生、教师与班级的科学配比，对不同区域、学段教师出现"超编""缺编"及代课教师占比较高的情况进行深入探索。再如生源减少，对教师专业能力要求的提高。针对这一问题，应根据人口发展新形势的特点和社会的新需求，开展有关专业设置动态调整的系统研究及师资培养方面的研究，切实提高师范生培养层次并不断优化教师队伍结构。

三、积极构建中国教育学自主知识体系

2022 年 4 月，习近平总书记在考察中国人民大学时指出："加快构建中国特色哲学社会科学，归根结底是建构中国自主的知识体系。"这是习近平总书记就加快构建中国特色哲学社会科学作出的又一次重要论述。建构中国特色哲学社会科学自主知识体系，是回答好中国之问、世界之问、人民之问、时代之问的需要。在此背景下建构中国教育学自主知识体系，新时代教育智库应当承担起历史使命，充分发挥作用。

一要加强对习近平总书记关于教育重要论述的学术建构与学理阐释。党的十八大以来，习近平总书记高度关心教育，就教育改革的重大理论与实践的重大问题，提出了一系列蕴含着深刻的教育思想、教育原理、教育方法的新判断、新命题，形成了习近平总书记关于教育的重要论述，突出表现为"九个坚持"。2018 年全国教育大会召开以来，习近平总书记关于教育的重要论述得到进一步丰富和发展。当务之急，在建构中国教育学自主知识体系中，新时代教育智库需要主动担当，既需要坚持习近平新时代中国特色社会主义思想特别是习近平总书记关于教育的重要论述的高位引领，也亟须将习近平总书记关于教育的重要论述的新思想、新观念、新论断转化为中国教育学自主知识体系的核心内容。

二要加强对中华传统教育精华的学术挖掘。中华文化博大精深，源远流长。我国拥有五千多年的灿烂文明，蕴含着丰富的教育思想和教育理论。如学思结合、博学审问的学习观，知行合一、身体力行的知行观，学为人师、行为世范的师德观，因材施教、启发教学的教学观，无不闪烁着中华文明和教育智慧的光芒。同时，中华传统教育中的一些教育制度，如考试制度、书院制等，至今对我国教育产生着深远的影响。新时代教育智库要充分联系"中国教育传统"这个实际，深刻挖掘弘扬中华优秀文化和教育传统，推进优秀教育传统的创造性转化和创新性发展，在此基础上构建中国教育学自主知识体系。

三要加强对当代中国教育实践经验的总结提炼。新中国成立 70 多年特别是改革开放 40 余年来，中国共产党在领导人民群众探索教育发展新形态的伟大实践中，积累了大量难以用西方教育学理论解释的实践经验、实践模式、实践智慧，构成了教育学知识体系建设最深厚的本土资源。新时代教育智库需要密切联系基层一线，努力用专业话语、逻辑规范对我国丰富的教育实践进行学理提取、原理提炼、哲理提纯，升华为学术形态、学科形态的中国教育学自主知识体系。

四、开展数字时代的教育研究

当今时代，以人工智能、大数据、云计算、ChatGPT 等为代表的数字技术创新和迭代速度加快，数字化转型已成为世界各国发展的必然趋势。因应数字技术发展，推动教育系统性变革和重塑，是世界上各个国家共同面临的重大课题。党的二十大报告提出："推进教育数字化，建设全民终身学习的学习型社会、学习型大国。"习近平总书记指出："教育数字化是我国开辟教育发展新赛道和塑造教育发展新优势的重要突破口。"党的二十大报告和习近平总书记关于数字教育的重要论述，是数字时代教育发展的根本遵循和行动纲领。新时代教育智库必须立足前沿，构建数字时代的教育新形态，必须突破传统教育体系和制度的路径依赖，实现以"教育之变"回答"时代之问"。❶

一要确立数字时代新的教育理念。数字时代的技术发展正在赋能各级各类教育，它不仅是技术手段的更新迭代，更在于理念思维的重塑。数字时代的教育，需要重塑教育体系、优化教育的内容、变革教育的模式、重塑教育的形态，推动"标准化教育"向"个性化学习"转变，更加强调因材施教、有教无类，推动大规模的个性化教育正在成为现实。这意味着个人发展、学校教育、社会教育高度趋向统合，正在形成一种大教育、教育终身化等教育理念。新时代教育智库要率先确立数字时代教育发展新理念，坚持以新教育理念为指导，深入研究教育数字化转型、智能化升级的理论基础和实践路径，并通过政策解读和专业引领，推动新教育理念在教育系统的落实落地。

二要重塑数字化时代新的教育体系。数字时代对教育的影响，将是系统性的体系重塑。教育数字化发展将重树培养目标，机器无法取代的能力素养成为未来人才培养的重心；将重构课程内容，数字素养、计算思维、数据意识将成为重要的课程内容，推动课程从知识本位走向素养导向；将重组教学

---

❶ 李永智. 质变前夕：数字教育的破与立 [M]. 上海：上海教育出版社，2023：93.

方式，人机共教将成为重要的教学方式，从结果分数驱动走向过程数据驱动；将重建教学环境，从传统教室走向数字学习空间。新时代教育智库要围绕培养目标、课程内容、教学方式和教学环境，探讨数字化时代的新教育体系，通过加强与政府教育管理部门、高校、中小学、企业的联动，探索教育目标重塑、课程共建、师资共享、课堂互联、学制互通等，共同推动数字化时代的教育体系重塑。

三要激发数字化赋能教育的新活力。进入数字化时代，教育数字化在加速发展。从理论上来讲，科技与教育天然就捆绑在一起，两者可以相互成就、相互促进。科技是国家强盛之基，教育是民族复兴之本。党的二十大报告中首次把教育、科技、人才进行"三位一体"统筹安排、一体部署。推进数字化时代的教育发展，正是科技和教育的重要结合点。与此同时，现行工业时代的教育组织模式总体上存在管理僵化、活力不足的问题，数字化时代的教育将有效改善这个问题，实现教育从管理向治理的转变。新时代教育智库要充分发挥人工智能等科学技术优势，深化科教融合创新发展，大力开展教育专用大模型研究，打造教育高质量发展的智能底座，最大程度激发数字化赋能教育的新活力，推动数字化为我国教育赋能，并推动在全球教育数字化发展中居于第一方阵。

五、创新科研组织模式和运行机制

组织模式与运行机制的优化，是智库发展的核心要素，是激发智库活力、提升成果质量的关键所在。当前，世界已经进入大科学时代。与小科学不同，大科学更加注重大问题，任务紧迫、复杂、关键；更加注重循证，寻找系统有效的证据链；更加注重大团队，多学科交叉融合；更加注重大成果，对经济社会影响深远。新时期新任务新要求，需要教育智库创新科研组织模式、运行机制和研究范式。

一要大力倡导有组织科研。教育智库的工作性质，决定了必须创新科研组织模式。特别是面对上级教育部门的大任务、大项目，必须开展有组织的科研。在推进的过程中，要坚持战略引领、组织创新、深度融合、系统推进的指导原则，在持续开展高水平自由探索研究的基础上，加快变革科研范式和组织模式，强化有组织的自由探索，开展大兵团作战，以及跨部门、跨领域、跨学科、跨主题的合作。既要发挥集体攻关的优势，也要发挥个人的研究所长，还需要打破论资排辈的传统惯习做法，鼓励年轻智库人员"揭榜挂帅"，最大程度激发教育智库的活力。

二要积极开展交叉学科、混合方法科研。交叉学科科研要求教育智库不能局限于单一学科、单一视野，要不断强化教育科学与自然科学的交叉融合，充分运用新兴学科、新技术的最新成果和研究方法，不断拓宽教育研究的广度和深度。混合方法科研要求教育智库综合运用文献、实证、案例、比较等各种研究方法，实现科研大跨越发展。要以事实和证据为依据，改进实证研究，强化长时段跟踪研究。要加强比较研究，在纵向的时间维度和历史维度上把握教育方位与任务，在横向的空间维度方面找准中国教育在世界中的位置。

三要探索建立以问题导向、目标导向和结果导向相统一的科研。教育智库要遵循正确政治方向、质量导向、分类评价的原则，突出教育科研实际和特色，根据理论研究、应用研究、决策咨询等不同研究类型，科学设置分类评价标准，推行代表性成果评价，探索长周期评价，完善同行专家评议机制，注重个人评价与团队评价相结合。要重点考量科研成果的创新程度、学术价值、应用价值、社会效应，全面准确反映成果创新水平、转化应用绩效和实际贡献，着力强化成果高质量供给与转化应用。

六、积极参与全球教育科研治理

2020 年开始的新冠疫情，影响了我国教育开放交流的步伐。同时，在全球保护主义、逆全球化的背景下，总体上教育科研的交流、参与国际治理受到影响。未来，教育智库要抓住新的时间窗口，加快"走出去"的步伐，通过教育科研工作的交流，讲好中国教育故事，为世界教育知识体系贡献中国智慧。

一要提高在国际上的教育表达权。表达权是教育智库参与国际教育治理的基本权利。我国每年都会产生大量教育科研成果，如何将这些成果传播出去？这就要求教育智库采用通俗化、更具亲和力的话语表达方式，打造一批在国际上有影响力、形象权威的高端平台，精心选择并主动做好成果外译工作，讲好中国教育故事和案例，传播能够体现中国立场和价值的先进教育理念，让能体现我国风格和气派的中国特色社会主义教育理论体系被世界广泛认知和接受。同时，要积极主动地针对国际教育问题、教育制度等发表自己的观点，强化教育智库观点输出。

二要提高在国际上的教育参与权。参与权是教育智库参与国际教育治理的中等权利。一方面，教育智库要立足国际视野，与"一带一路"共建国家和地区等建立定期交流合作机制，提高对全球教育发展趋势认知的敏锐度，强化国际比较教育研究，在比较中充分吸收借鉴世界教育的先进成果、方法、实践经验等，面对世界各种教育思想观点的交融交锋，处理好共性和个性之间的关系，更好地实现互学互鉴。另一方面，教育智库要找准我国教育在全球教育中的位置，积极参加国际教育规则和标准的制定、阐释、修改、审议工作，在参与的过程中对国际教育的发展产生一定影响。

三要提高在国际上的教育主导权。主导权是教育智库参与国际教育治理的最高权利，体现了教育智库在国际教育中的话语地位和关键性。教育智库要培养一批急需的优秀国际专家人才，深刻把握当前全球教育治理的现状和存在问题，以走近世界教育舞台中央的姿态，对接我国教育发展战略，统筹国内外两个大局，探索全球教育问题的解决之道并提供有效的中国方案，积极参与全球教育规则和标准的制定、修改与审议，并在这个过程中注重防范化解国际交流中的重大风险，切实在国际教育治理中发挥主动性，占据教育对外开放的高地。

第四节　小　　结

本章主要从理念层面、组织建设及未来发展三个角度阐释教育智库的战略方向。首先，教育智库要重塑理念，从支撑走向引领。时代变革要求教育智库开展战略性、前瞻性研究，提供高质量的智库成果，引领教育高质量发展，并服务国家高质量发展；教育强国建设作为当前和今后一个时期我国教育战线的主题主线，亟须新时代教育智库提供科学的引领；把人民群众对教育美好的期待作为教育工作的出发点和落脚点，决定了教育智库必须发挥舆论引领和科普作用。其次，教育智库要守正创新，不断巩固自身地位与作用。从组织建设层面来看，要坚定正确政治方向，要充分用足政策"红利"，要夯实机构建设"基本盘"，要大力加强人才队伍建设，要大力提升科研质量，要加大科研成果转化与运用，要构建现代教育智库治理体系。最后，教育智库要乘势而上，开辟发展新赛道。新时代教育智库要把握新阶段新特征，从支撑教育改革发展主动迈向引领教育改革发展，全力引领教育强国建设，开展人口趋势对教育发展影响的研究，积极构建中国教育学自主知识体系，开展数字时代的教育研究，创新科研组织模式和运行机制，积极参与全球教育科研治理。

附　　件

附件一　中共中央办公厅　国务院办公厅印发

《关于加强中国特色新型智库建设的意见》

近日，中共中央办公厅、国务院办公厅印发了《关于加强中国特色新型智库建设的意见》，并发出通知，要求各地区各部门结合实际认真贯彻执行。

《关于加强中国特色新型智库建设的意见》全文如下。

为深入贯彻落实党的十八大和十八届三中、四中全会精神，加强中国特色新型智库建设，建立健全决策咨询制度，现提出如下意见。

一、重大意义

（一）中国特色新型智库是党和政府科学民主依法决策的重要支撑。决策咨询制度是我国社会主义民主政治建设的重要内容。我们党历来高度重视决策咨询工作。改革开放以来，我国智库建设事业快速发展，为党和政府决策提供了有力的智力支持。当前，全面建成小康社会进入决定性阶段，破解改革发展稳定难题和应对全球性问题的复杂性艰巨性前所未有，迫切需要健全中国特色决策支撑体系，大力加强智库建设，以科学咨询支撑科学决策，以科学决策引领科学发展。

（二）中国特色新型智库是国家治理体系和治理能力现代化的重要内容。纵观当今世界各国现代化发展历程，智库在国家治理中发挥着越来越重要的作用，日益成为国家治理体系中不可或缺的组成部分，是国家治理能力的重要体现。全面深化改革，完善和发展中国特色社会主义制度，推进国家治理体系和治理能力现代化，推动协商民主广泛多层制度化发展，建立更加成熟更加定型的制度体系，必须切实加强中国特色新型智库建设，充分发挥智库在治国理政中的重要作用。

（三）中国特色新型智库是国家软实力的重要组成部分。一个大国的发展进程，既是经济等硬实力提高的进程，也是思想文化等软实力提高的进程。智库是国家软实力的重要载体，越来越成为国际竞争力的重要因素，在对外交往中发挥着不可替代的作用。树立社会主义中国的良好形象，推动中华文化和当代中国价值观念走向世界，在国际舞台上发出中国声音，迫切需要发挥中国特色新型智库在公共外交和文化互鉴中的重要作用，不断增强我国的国际影响力和国际话语权。

智力资源是一个国家、一个民族最宝贵的资源。近年来，我国智库发展很快，在出思想、出成果、出人才方面取得很大成绩，为推动改革开放和社会主义现代化建设作出了重要贡献。同时，随着形势发展，智库建设跟不上、不适应的问题也越来越突出，主要表现在：智库的重要地位没有受到普遍重视，具有较大影响力和国际知名度的高质量智库缺乏，提供的高质量研究成果不够多，参与决策咨询缺乏制度性安排，智库建设缺乏整体规划，资源配置不够科学，组织形式和管理方式亟待创新，领军人物和杰出人才缺乏。解决这些问题，必须从党和国家事业发展全局的战略高度，把中国特色新型智库建设作为一项重大而紧迫的任务，采取有力措施，切实抓紧抓好。

二、指导思想、基本原则和总体目标

（四）指导思想。深入贯彻党的十八大和十八届三中、四中全会精神，高举中国特色社会主义伟大旗帜，坚持以马克思列宁主义、毛泽东思想、邓小平理论、"三个代表"重要思想、科学发展观为指导，深入贯彻习近平总书记系列重要讲话精神，以服务党和政府决策为宗旨，以政策研究咨询为主攻方向，以完善组织形式和管理方式为重点，以改革创新为动力，努力建设面向现代化、面向世界、面向未来的中国特色新型智库体系，更好地服务党和国家工作大局，为实现中华民族伟大复兴的中国梦提供智力支撑。

（五）基本原则

——坚持党的领导，把握正确导向。坚持党管智库，坚持中国特色社会主义方向，遵守国家宪法法律法规，始终以维护国家利益和人民利益为根本出发点，立足我国国情，充分体现中国特色、中国风格、中国气派。

——坚持围绕大局，服务中心工作。紧紧围绕党和政府决策急需的重大课题，围绕全面建成小康社会、全面深化改革、全面推进依法治国的重大任务，开展前瞻性、针对性、储备性政策研究，提出专业化、建设性、切实管用的政策建议，着力提高综合研判和战略谋划能力。

——坚持科学精神，鼓励大胆探索。坚持求真务实，理论联系实际，强化问题意识，积极建言献策，提倡不同学术观点、不同政策建议的切磋争鸣、平等讨论，创造有利于智库发挥作用、积极健康向上的良好环境。

——坚持改革创新，规范有序发展。按照公益服务导向和非营利机构属性的要求，积极推进不同类型、不同性质智库分类改革，科学界定各类智库的功能定位。加强顶层设计、统筹协调和分类指导，突出优势和特色，调整优化智库布局，促进各类智库有序发展。

（六）总体目标。到 2020 年，统筹推进党政部门、社科院、党校行政学院、高校、军队、科研院所和企业、社会智库协调发展，形成定位明晰、特色鲜明、规模适度、布局合理的中国特色新型智库体系，重点建设一批具有较大影响力和国际知名度的高端智库，造就一支坚持正确政治方向、德才兼备、富于创新精神的公共政策研究和决策咨询队伍，建立一套治理完善、充满活力、监管有力的智库管理体制和运行机制，充分发挥中国特色新型智库咨政建言、理论创新、舆论引导、社会服务、公共外交等重要功能。

中国特色新型智库是以战略问题和公共政策为主要研究对象、以服务党和政府科学民主依法决策为宗旨的非营利性研究咨询机构，应当具备以下基本标准：（1）遵守国家法律法规、相对稳定、运作规范的实体性研究机构；（2）特色鲜明、长期关注的决策咨询研究领域及其研究成果；（3）具有一定影响的专业代表性人物和专职研究人员；（4）有保障、可持续的资金来源；（5）多层次的学术交流平台和成果转化渠道；（6）功能完备的信息采集分析系统；（7）健全的治理结构及组织章程；（8）开展国际合作交流的良好条件等。

三、构建中国特色新型智库发展新格局

（七）促进社科院和党校行政学院智库创新发展。社科院和党校行政学院要深化科研体制改革，调整优化学科布局，加强资源统筹整合，重点围绕提高国家治理能力和经济社会发展中的重大现实问题开展国情调研和决策咨询研究。发挥中国社会科学院作为国家级综合性高端智库的优势，使其成为具有国际影响力的世界知名智库。支持中央党校、国家行政学院把建设中国特色新型智库纳入事业发展总体规划，推动教学培训、科学研究与决策咨询相互促进、协同发展，在决策咨询方面发挥更大作用。地方社科院、党校行政

学院要着力为地方党委和政府决策服务，有条件的要为中央有关部门提供决策咨询服务。

（八）推动高校智库发展完善。发挥高校学科齐全、人才密集和对外交流广泛的优势，深入实施中国特色新型高校智库建设推进计划，推动高校智力服务能力整体提升。深化高校智库管理体制改革，创新组织形式，整合优质资源，着力打造一批党和政府信得过、用得上的新型智库，建设一批社会科学专题数据库和实验室、软科学研究基地。实施高校哲学社会科学走出去计划，重点建设一批全球和区域问题研究基地、海外中国学术研究中心。

（九）建设高水平科技创新智库和企业智库。科研院所要围绕建设创新型国家和实施创新驱动发展战略，研究国内外科技发展趋势，提出咨询建议，开展科学评估，进行预测预判，促进科技创新与经济社会发展深度融合。发挥中国科学院、中国工程院、中国科协等在推动科技创新方面的优势，在国家科技战略、规划、布局、政策等方面发挥支撑作用，使其成为创新引领、国家倚重、社会信任、国际知名的高端科技智库。支持国有及国有控股企业兴办产学研用紧密结合的新型智库，重点面向行业产业，围绕国有企业改革、产业结构调整、产业发展规划、产业技术方向、产业政策制定、重大工程项目等开展决策咨询研究。

（十）规范和引导社会智库健康发展。社会智库是中国特色新型智库的组成部分。坚持把社会责任放在首位，由民政部会同有关部门研究制定规范和引导社会力量兴办智库的若干意见，确保社会智库遵守国家宪法法律法规，沿着正确方向健康发展。进一步规范咨询服务市场，完善社会智库产品供给机制。探索社会智库参与决策咨询服务的有效途径，营造有利于社会智库发展的良好环境。

（十一）实施国家高端智库建设规划。加强智库建设整体规划和科学布局，统筹整合现有智库优质资源，重点建设 50 至 100 个国家亟需、特色鲜明、制度创新、引领发展的专业化高端智库。支持中央党校、中国科学院、中国社会科学院、中国工程院、国务院发展研究中心、国家行政学院、中国科协、中央重点新闻媒体、部分高校和科研院所、军队系统重点教学科研单位及有条件的地方先行开展高端智库建设试点。

（十二）增强中央和国家机关所属政策研究机构决策服务能力。中央和国家机关所属政策研究机构要围绕中心任务和重点工作，定期发布决策需求信息，通过项目招标、政府采购、直接委托、课题合作等方式，引导相关智库开展政策研究、决策评估、政策解读等工作。中央政研室、中央财办、中央外办、国务院研究室、国务院发展研究中心等机构要加强与智库的沟通联系，高度重视、充分运用智库的研究成果。全国人大要加强智库建设，开展人民代表大会制度和中国特色社会主义法律体系理论研究。全国政协要推进智库建设，开展多党合作和政治协商制度、社会主义协商民主制度理论研究。人民团体要发挥密切联系群众的优势，拓展符合自身特点的决策咨询服务方式。

四、深化管理体制改革

（十三）深化组织管理体制改革。按照行政管理体制改革和事业单位分类改革的要求，遵循智库发展规律，推进不同类型智库管理体制改革。强化政府在智库发展规划、政策法规、统筹协调等方面的宏观指导责任，创新管理方式，形成既能把握正确方向、又有利于激发智库活力的管理体制。

（十四）深化研究体制改革。鼓励智库与实际部门开展合作研究，提高研究工作的针对性实效性。健全课题招标或委托制度，完善公开公平公正、科学规范透明的立项机制，建立长期跟踪研究、持续滚动资助的长效机制。重视决策理论和跨学科研究，推进研究方法、政策分析工具和技术手段创新，搭建互联互通的信息共享平台，为决策咨询提供学理支撑和方法论支持。

（十五）深化经费管理制度改革。建立健全规范高效、公开透明、监管有力的资金管理机制，探索建立和完善符合智库运行特点的经费管理制度，切实提高资金使用效益。科学合理编制和评估经费预算，规范直接费用支出管理，合规合理使用间接费用，发挥绩效支出的激励作用。加强资金监管和财务审计，加大对资金使用违规行为的查处力度，建立预算和经费信息公开公示制度，健全考核问责制度，不断完善监督机制。

（十六）深化成果评价和应用转化机制改革。完善以质量创新和实际贡献为导向的评价办法，构建用户评价、同行评价、社会评价相结合的指标体系。建立智库成果报告制度，拓宽成果应用转化渠道，提高转化效率。对党委和政府委托研究课题和涉及国家安全、科技机密、商业秘密的智库成果，未经允许不得公开发布。加强智库成果知识产权创造、运用和管理，加大知识产权保护力度。

（十七）深化国际交流合作机制改革。加强中国特色新型智库对外传播能力和话语体系建设，提升我国智库的国际竞争力和国际影响力。建立与国际知名智库交流合作机制，开展国际合作项目研究，积极参与国际智库平台对话。坚持引进来与走出去相结合，吸纳海外智库专家、汉学家等优秀人才，支持我国高端智库设立海外分支机构，推荐知名智库专家到有关国际组织任职。重视智库外语人才培养、智库成果翻译出版和开办外文网站等工作。简化智库外事活动管理、中外专家交流、举办或参加国际会议等方面的审批程序。坚持以我为主、为我所用，学习借鉴国外智库的先进经验。

五、健全制度保障体系

（十八）落实政府信息公开制度。按照政府信息公开条例的规定，依法主动向社会发布政府信息，增强信息发布的权威性和及时性。完善政府信息公开方式和程序，健全政府信息公开申请的受理和处置机制。拓展政府信息公开渠道和查阅场所，发挥政府网站以及政务微博、政务微信等新兴信息发布平台的作用，方便智库及时获取政府信息。健全政府信息公开保密审查制度，确保不泄露国家秘密。

（十九）完善重大决策意见征集制度。涉及公共利益和人民群众切身利益的决策事项，要通过举行听证会、座谈会、论证会等多种形式，广泛听取智库的意见和建议，增强决策透明度和公众参与度。鼓励人大代表、政协委员、政府参事、文史馆员与智库开展合作研究。探索建立决策部门对智库咨询意见的回应和反馈机制，促进政府决策与智库建议之间良性互动。

（二十）建立健全政策评估制度。除涉密及法律法规另有规定外，重大改革方案、重大政策措施、重大工程项目等决策事项出台前，要进行可行性论证和社会稳定、环境、经济等方面的风险评估，重视对不同智库评估报告的综合分析比较。加强对政策执行情况、实施效果和社会影响的评估，建立有关部门对智库评估意见的反馈、公开、运用等制度，健全决策纠错改正机制。探索政府内部评估与智库第三方评估相结合的政策评估模式，增强评估结果的客观性和科学性。

（二十一）建立政府购买决策咨询服务制度。探索建立政府主导、社会力量参与的决策咨询服务供给体系，稳步推进提供服务主体多元化和提供方式多样化，满足政府部门多层次、多方面的决策需求。研究制定政府向智库购买决策咨询服务的指导意见，明确购买方和服务方的责任和义务。凡属智库提供的咨询报告、政策方案、规划设计、调研数据等，均可纳入政府采购范围和政府购买服务指导性目录。建立按需购买、以事定费、公开择优、合同管理的购买机制，采用公开招标、邀请招标、竞争性谈判、单一来源等多种方式购买。

（二十二）健全舆论引导机制。着眼于壮大主流舆论、凝聚社会共识，发挥智库阐释党的理论、解读公共政策、研判社会舆情、引导社会热点、疏导公众情绪的积极作用。鼓励智库运用大众媒体等多种手段，传播主流思想价值，集聚社会正能量。坚持研究无禁区、宣传有纪律。

六、加强组织领导

（二十三）高度重视智库建设。各级党委和政府要充分认识中国特色新型智库的地位和作用，把智库建设作为推进科学执政、依法行政、增强政府公信力的重要内容，列入重要议事日程。建立健全党委统一领导、有关部门分工负责的工作体制，切实加强对智库建设工作的领导。

（二十四）不断完善智库管理。有关部门和业务主管单位要按照谁主管、谁负责和属地管理、归口管理的原则，切实负起管理责任，建章立制，立好规矩，制定具体明晰的标准规范和管理措施，确保智库所从事的各项活动符合党的路线方针政策，遵守国家法律法规。加强统筹协调，做好整体规划，优化资源配置，避免重复建设，防止一哄而上和无序发展。

（二十五）加大资金投入保障力度。各级政府要研究制定和落实支持智库发展的财政、金融政策，探索建立多元化、多渠道、多层次的投入体系，健全竞争性经费和稳定支持经费相协调的投入机制。根据不同类型智库的性质和特点，研究制定不同的支持办法。落实公益捐赠制度，鼓励企业、社会组织、个人捐赠资助智库建设。

（二十六）加强智库人才队伍建设。各级党委和政府要把人才队伍作为智库建设重点，实施中国特色新型智库高端人才培养规划。推动党政机关与智库之间人才有序流动，推荐智库专家到党政部门挂职任职。深化智库人才岗位聘用、职称评定等人事管理制度改革，完善以品德、能力和贡献为导向的人才评价机制和激励政策。探索有利于智库人才发挥作用的多种分配方式，建立健全与岗位职责、工作业绩、实际贡献紧密联系的薪酬制度。加强智库专家职业精神、职业道德建设，引导其自觉践行社会主义核心价值观，增强社会责任感和诚信意识，牢固树立国家安全意识、信息安全意识、保密纪律意识，积极主动为党和政府决策贡献聪明才智。

各地区各有关部门要结合实际，按照本意见精神制定具体办法。

附件二　教育部关于印发《中国特色新型高校智库建设推进计划》的通知

教社科〔2014〕1号

各省、自治区、直辖市教育厅（教委），新疆生产建设兵团教育局，有关部门（单位）教育司（局），部属各高等学校：

现将《中国特色新型高校智库建设推进计划》印发给你们，请结合实际认真贯彻执行。

教育部
2014 年 2 月 10 日

中国特色新型高校智库建设推进计划

为深入贯彻落实党的十八大、十八届三中全会精神，贯彻落实习近平总书记关于加强智库建设的重要批示和刘延东副总理在"繁荣发展高校哲学社会科学　推动中国特色新型智库建设"座谈会上的重要讲话精神，推进中国特色新型高校智库建设，为党和政府科学决策提供高水平智力支持，制定本计划。

一、服务国家发展，明确建设目标

1. 明确高校智库的功能定位。高校智库应当发挥战略研究、政策建言、人才培养、舆论引导、公共外交的重要功能。一是发挥基础研究实力雄厚的优势，着重开展事关国家长远发展的基础理论研究，为科学决策提供坚实的理论支撑。二是发挥学科门类齐全的优势，围绕重大现实问题，开展多学科的综合研究，提出具有针对性和操作性的政策建议。三是发挥人才培养的优势，努力培养复合型智库人才，为中国特色新型智库建设提供有力的人才保障。四是发挥高校学术优势，针对社会热点问题，积极释疑解惑，引导社会舆论。五是发挥对外交流广泛的优势，积极开展人文交流，推动公共外交。

2. 建立形式多样、结构合理的高校智库组织形式。按照总体设计、点面结合、突出重点、分类实施的原则，创新体制机制，整合优质资源，打造高校智库品牌，带动高校社会服务能力的整体提升。一是以学者为核心，支持和培养一批具有重要影响的高端智库人才和咨政研究团队。二是以机构建设为重点，培育建设一批具有集成优势的新型智库机构。三是以项目为抓手，改革科研项目管理，提高应用研究项目质量。四是以成果转化平台为基础，拓展转化渠道，搭建高端发布平台。

二、聚焦国家急需，确定主攻方向

围绕完善和发展中国特色社会主义制度，推进国家治理体系和治理能力现代化的总目标，结合高校优势和特色，统筹规划高校各类科研机构、人才团队和项目设置，凝炼智库建设的主攻方向，力求在以下关键领域、关键环节以及亟待解决的问题上取得重大突破。

1. 经济建设。围绕社会主义市场经济体制完善、经济发展方式转变等重大问题，重点推进经济结构调整与转型、创新驱动发展和国家创新体系建设、城乡一体化发展、财税体制改革、金融创新与安全、粮食与食品安全、区域经济协调发展等重点领域研究。

2. 政治建设。围绕社会主义民主政治建设、依法治国等重大问题，重点推进发展人民民主、行政体制改革、公共治理创新、社会主义法律体系完善、司法体制改革、民族与宗教问题等重点领域研究。

3. 文化建设。围绕提升国家软实力、深化文化体制改革等重大问题，重点推进社会主义核心价值体系建设、中华优秀传统文化传承创新、文化产业发展、中国文化"走出去"等重点领域研究。

4. 社会建设。围绕民生保障与改善、社会体制改革等重大问题，重点推进教育现代化、医药卫生体制改革、人口发展战略、收入分配改革、社会保障体系、创新社会治理体制等重点领域研究。

5. 生态文明建设。围绕国家经济社会可持续发展中的重大问题，重点推进国土开发、节能减排、发展低碳经济、应对全球气候变化、环境保护等重点领域研究。

6. 党的建设。围绕提高党的建设科学化水平、保持党的先进性和纯洁性等重大问题，重点推进党的思想建设、组织建设、作风建设、反腐倡廉建设、制度建设等重点领域研究。

7. 外交与国际问题。围绕维护国家主权与安全、促进世界和平发展等重大问题，重点推进构建新型大国关系、周边环境与周边外交、新兴国家

崛起、海洋战略与海洋强国政策、反恐维和、全球治理、公共外交等重点
领域研究。

8."一国两制"实践与推进祖国统一。围绕"一国两制"的理论与实践、
两岸关系和平发展中的重大问题，重点推进完善与基本法实施相关的制度和
机制、深化内地与港澳经贸关系、推进两岸交流合作等重点领域研究。

三、整合优质资源，建设新型智库机构

1. 以 2011 协同创新中心和人文社会科学重点研究基地建设为抓手，重
点打造一批国家级智库。按照"国家急需、世界一流、制度先进、贡献重大"
的总体要求，认定和建设一批国家"2011 协同创新中心"。深化高校人文社
会科学重点研究基地运行和管理体制改革，实行"有进有退、优胜劣汰"的
动态管理和弹性经费制度，完善总体布局，推动重点研究基地从整体上向问
题导向转型，提升社会服务能力。

2. 实施社科专题数据库和实验室建设计划，促进智库研究手段和方法创
新。围绕内政外交重大问题，重点建设一批社会调查、统计分析、案例集成
等专题数据库，和以模拟仿真和实验计算研究为手段的社会科学实验室，为
高校智库提供有力的数据和方法支撑。

3. 以高校哲学社会科学"走出去"计划为依托，扩大高校智库国际学术
话语权和影响力。完善结构布局，创新组织形式，重点建设一批全球和区域
问题研究基地。推动高校智库与国外一流智库建立实质性合作关系，建立海
外中国学术中心，支持高端智库参与和设立国际学术组织、举办创办高端国
际学术会议。

4. 加强高等学校软科学研究基地建设。以综合性大学现有的高水平战略
研究机构为基础，培育一批面向国家和国际重大科技战略问题的国家级智库。
培育、鼓励行业特色院校组建行业、产业科技发展战略研究中心，形成全面
覆盖的行业、产业发展战略与政策研究支撑网络。面向区域发展需要，在高
校培育一批面向区域产业发展需要的特色政策咨询机构。

四、发挥人才关键作用，着力培养和打造高校智库队伍

1. 实施高端智库人才计划。遴选确定立场坚定、理论深厚、视野开阔、
熟悉情况、掌握政策、联系实际的 200 多名高校专家，建立咨政研究核心人
才库，给予长期稳定支持。构建密切联系机制，引导和支持专家围绕全局、
战略问题和重点、热点、难点问题，及时向党中央、国务院各部门提出政策

建议，适时向公众发布研究观点，引导社会舆论。

2. 实施哲学社会科学教学科研骨干研修跟踪培养计划。对参加中央六部门举办的哲学社会科学教学科研骨干研修学员进行跟踪培养，组织参与实践考察、社会调研、挂职锻炼，在各类人才计划、团队建设、科研项目、出国访学等方面给予重点支持，培养一支智库建设的骨干队伍。

3. 推动智库人才交流。与有关部门密切配合，有计划地推荐高校智库核心专家到政府部门和国际组织挂职任职。聘请有较高理论素养的党政、企事业单位领导干部参与高校智库研究工作，形成政产学研用之间人才交叉流动的良好格局。

五、拓展成果应用渠道，打造高端发布平台

1. 建设中外高校智库交流平台。围绕国际国内重大热点问题，支持高校与国外高水平智库开展合作研究，举办高层智库论坛，打造高端引领、集中发布、影响广泛的高校智库成果发布品牌，发挥高校智库引导舆论、公共外交的重要作用。

2. 加大智库成果报送力度。进一步加强高校、科研机构、项目团队咨政建议的报送工作。建立咨政报告数据库，定期收集、整理、分析和反馈相关信息。拓展《教育部社会科学委员专家建议》报送渠道，加大报送力度，建立定向征集、集中报送的工作机制。

3. 加强成果发布管理。制订实施《关于加强和规范高校哲学社会科学成果发布管理的实施办法》，规范发布流程，切实把好政治关和质量关。

六、改革管理方式，创新组织形式

1. 大力推动协同。支持高校智库与实际工作部门联合组建研究团队，主动加强与政府研究机构、社科院、科学院、工程院，以及民间智库等的合作，强化高校之间及高校内部的合作，着力构建强强联合、优势互补、深度融合、多学科交叉的协作机制。密切关注、全程跟踪党和政府重大决策，及时提供动态监测、效果评估和信息反馈。

2. 改进科研评价。牢固树立质量第一的评价导向，实施科学合理的分类评价标准，把解决国家重大需求的实际贡献作为核心标准，完善以贡献和质量为导向的绩效评估办法，建立以政府、企业、社会等用户为主的评价机制。协调推进组织管理、人才培养、资源配置等方面的综合改革，构建有利于智库创新发展的长效机制。

3. 改革项目管理。建立后期资助方式，对政府决策产生重大影响的科研成果给予后期奖励和持续支持。密切跟踪重大需求，与实际工作部门合作确定科研项目选题，完善课题立项和申报制度，提高项目设置的针对性实用性。

七、加强组织领导，提供有力保障

1. 健全管理体制。把加强智库建设作为推动高等教育改革发展和繁荣发展哲学社会科学的重点任务，研究制定《关于提高高等学校哲学社会科学社会服务能力的意见》等文件，做好统筹规划，明确任务分工，形成工作合力。

2. 完善政策配套支持。根据新型智库特点和发展需要，在研究生招生、经费投入、项目支持等方面给予重点倾斜，在组织管理、人员评聘、科研活动安排等方面赋予更大的自主权，建立健全政策指导到位、保障措施得力、有利于激发智库活力的管理机制。

3. 加强经费保障。加大经费投入力度，多措并举筹集智库建设经费。完善经费使用机制，加大人力资本投入，实行绩效奖励。规范经费管理，加强绩效评估和审计，提高经费使用效益。

附件三　教育部关于加强新时代
教育科学研究工作的意见

教政法〔2019〕16 号

各省、自治区、直辖市教育厅（教委），各计划单列市教育局，新疆生产建设兵团教育局，部属各高等学校、部省合建各高等学校，部内各司局、各直属单位：

教育科学研究是教育事业的重要组成部分，对教育改革发展具有重要的支撑、驱动和引领作用。改革开放特别是党的十八大以来，我国教育科研工作取得长足发展和显著成就，学科体系日益完善，研究水平不断提升，服务能力明显增强，为推进教育改革发展发挥了不可替代的重要作用。进入新时代，加快推进教育现代化，建设教育强国，办好人民满意的教育，迫切需要教育科研更好地探索规律、破解难题、引领创新。为进一步加强新时代教育科研工作，现提出如下意见。

一、总体要求

（一）指导思想

以习近平新时代中国特色社会主义思想为指导，深入贯彻党的十九大精神，全面落实全国教育大会精神，树牢"四个意识"，坚定"四个自信"，做到"两个维护"，围绕中心，服务大局，坚持改革创新，推动建设具有中国特色、世界水平的教育科学理论体系，不断提升教育科研质量和服务水平，为加快推进教育现代化、建设教育强国、办好人民满意的教育提供有力的智力支持和知识贡献。

（二）基本原则

——坚持正确方向。坚持党对教育科研工作的全面领导，坚持马克思主义指导地位，坚持以人民为中心，牢牢把握意识形态的领导权和主导权。

——服务实践需求。立足中国大地，面向基层一线，坚持问题导向，突出教育科研的实践性，以重大教育战略问题和教育教学实践问题为主攻方向，支撑引领教育改革发展。

——激发创新活力。深化科研组织形式和运行机制改革，推进研究范式、方法创新，推动跨学科交叉融合，完善教育科研考核和人才评价制度，充分调动教育科研工作者的积极性、主动性、创造性。

——弘扬优良学风。坚持实事求是、理论联系实际，发扬科学家精神，推动形成求真务实、守正创新、严谨治学、担当作为的优良学风，营造风清气正、民主和谐、互学互鉴、积极向上的学术生态。

（三）发展目标

按照国家教育现代化总体部署，构建更加健全的中国特色教育科研体系，力争用 5 年左右的时间，重点打造一批新型教育智库和高水平教育教学研究机构，建设一支高素质创新型科研队伍，催生一批优秀教育科研成果。教育科研体制机制更加完善，科研机构和科研人员更有活力，组织形式和研究方法更加科学，科研成果评价更加合理，原创研究能力显著增强，社会贡献度大幅提升，推进建设教育科研强国。

二、提高教育科研工作质量和服务水平

（四）丰富完善中国特色社会主义教育理论体系

把马克思主义基本理论作为思想武器，把深入学习贯彻习近平新时代中国特色社会主义思想作为首要政治任务，系统开展习近平总书记关于教育的重要论述、党的教育方针以及中国共产党领导教育工作的基本经验等研究。聚焦立德树人根本任务的重大理论和实践问题，深化教育基本理论研究，弘扬中国优秀教育文化传统，探究中国特色社会主义教育道路、理论、制度发展的历史根脉、丰富内涵和精神实质，筑牢社会主义教育强国建设的理论基石，构建中国特色教育科学学科体系、学术体系、话语体系、教材体系，增强中国教育自信。

（五）全面提高服务决策能力

瞄准国家重大战略和区域发展需求，把握国际教育竞争、人口结构变化、科技创新、社会变革等大形势大趋势，强化预研预判，加强基础性、前瞻性、针对性、储备性教育政策研究，创新决策咨询服务方式，发挥大数据分析、决策模拟等在政策研制中的作用，注重监测评估中的成效追踪与问题预警，切实提高教育决策科学化水平，不断增强教育服务党和国家事业发展的能力。注重教育立法研究，推动教育法治建设。

（六）推动解决教育实践问题

围绕中央关心、社会关注、人民关切的教育热点难点问题开展深入研究，推动重点领域和关键环节取得新突破。加强调查研究，深入教育实践一线，掌握第一手资料，寻求破解教育难题的有效策略和办法。充分发挥地方和学校在教育科研中的实践主体作用，鼓励结合实际开展教育改革实验。鼓励支持中小学教师增强科研意识，积极参与教育教学研究活动，不断深化对教育教学改革的规律性认识，探索适应新时代要求的教书育人有效方式和途径，推进素质教育发展。深入开展服务全民的终身学习体系和学习型社会建设研究。

（七）充分发挥专业引领作用

积极开展重大教育政策阐释解读，主动释疑解惑，扩大政策知晓度，推动政策落地落实。积极搭建平台，壮大教育科学普及专家队伍，传播先进教育理念，普及教育科学知识，提升全民教育素养，指导做好家庭教育和社会

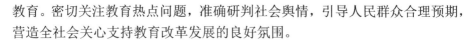

教育。密切关注教育热点问题，准确研判社会舆情，引导人民群众合理预期，营造全社会关心支持教育改革发展的良好氛围。

（八）着力提升国际影响力

加强中外教育科研交流和国际比较研究，吸收世界先进教育教学研究成果，拓展与国外教育科研机构的合作研究，注重加强与"一带一路"沿线国家地区交流合作。加大对优秀专家学者、青年后备人才开展国际学术交流的支持力度，办好国外教育调研专项访问学者项目，支持创办外文教育期刊，支持教育类优秀教材外译工作。积极打造一批具有国际影响力的学术交流平台，加强国别和区域研究基地建设，扩大我国在国际教育研究组织和合作项目中的参与度，积极参与全球教育治理，推动中国教育成功经验的传播分享。

（九）加强科研成果转化

增强科研成果转化意识，引导鼓励开展政策咨询类、舆论引导类、实践应用类研究，推动教育科研成果转化为教案、决策、制度和舆论。建立健全优秀教育科研成果发布制度和转化机制，激发地方政府、科研机构、学校、企业转化和应用科研成果的积极性，拓宽成果转化渠道，创新转化形式，推动教育科研成果及时有效转化。重视知识产权的保护，深化权益分配制度改革，加大科研成果转化的奖励激励。

三、推进教育科研体制机制创新

（十）健全教育科研机构体系

构建全面覆盖、立体贯通、分工明确、优势互补的教育科研机构体系。全国教育科学规划领导小组负责全国教育科研工作的统筹规划和管理指导，各省（区、市）教育科学规划领导机构统筹行政区域内教育科研工作，加强规划管理。各级教育科研专门机构要重点加强教育理论研究、政策研究和实践研究，提高服务决策能力和指导实践水平。高等学校要重点加强基础理论研究、决策服务研究，优化教育学及其相关学科规划建设和人才培养；中小学要积极开展教育教学实践研究，改进教学方法，提高教育质量。教育学术团体要突出特色，发挥平台优势，组织开展专业研究，推进群众性教育科研工作，普及先进教育理念和教育科学知识。鼓励支持和规范引导社会教育研究机构以多种形式开展教育科研工作。

（十一）完善协同创新机制

树立全国教育科研系统一盘棋思想。重视加强不同类型、不同层级、不同属性科研机构之间的协同创新，构建上下联动、横纵贯通、内外合作的协同创新体系，全面提升教育科研战线协同攻关能力。积极搭建全国教育数据信息平台，建立全国教育数据公开共享机制；搭建全国教育调研平台，聚焦教育重大决策部署实施情况和重大现实问题，协同开展全面深入的调查研究；搭建国外教育信息综合平台，充分发挥驻外使领馆教育处（组）职能作用，密切了解跟踪国外教育改革发展动态；完善全国教育科学规划管理平台，统筹管理和使用各级各类教育科学规划课题成果。发挥不同类型教育科研机构的特色优势，加强与政府、企业、学校以及其他社会组织的科研合作。

（十二）提升治理水平

适应机构改革和教育改革发展需求，稳步推进教育科研组织形态创新，提高教育科研水平和效益。各级各类教育科研机构要围绕科研主责、遵循科研规律科学合理设置内部机构，明确机构和岗位职责。加强制度建设，强化主体责任，建立目标明确、权责清晰、管理有序、评价科学的治理体系。落实国家关于加强和改进科研管理、激发科研活力的政策举措，深化"放管服"改革，扩大科研人员在项目选题、资金使用和成果转化等方面的自主权，充分释放创新活力。坚持"百花齐放、百家争鸣"的方针，鼓励不同学术观点交流碰撞，支持青年科研人员积极与学术权威平等对话。规范论坛、研讨会管理，更加注重会议实效。树立正确的科研价值导向，有效防范教育科研战线"四风"问题。把科研诚信要求融入科研管理全过程，对严重违背科研诚信要求、造成不良社会影响的人员记入"黑名单"。

（十三）创新科研范式和方法

适应教育改革发展和学科建设需要，坚持吸收借鉴和创新相结合，综合运用各种研究方法，创新教育科研范式，不断提升教育科研质量。加强理论研究，坚持马克思主义基本原理和方法，注重学理逻辑和理论思辨，探索教育本质和规律。加强实证研究，坚持以事实和证据为依据，对重大问题持续跟踪，注重长期性、系统性研究。加强比较研究，深入挖掘中国优秀教育传统和经验，注重借鉴国外教育研究范式、方法，积极吸纳国际教育研究的前沿进展和优秀成果。加强跨学科研究，促进教育科学和自然科学交叉融合，充分运用认知科学、脑科学、生命科学等领域最新成果和研究方法，综合运

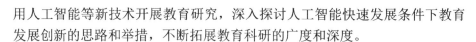

用人工智能等新技术开展教育研究，深入探讨人工智能快速发展条件下教育发展创新的思路和举措，不断拓展教育科研的广度和深度。

（十四）改革教育科研评价

根据理论研究、应用研究、决策咨询等不同研究类型，科学设置分类评价标准，努力破除"唯论文、唯职称、唯学历、唯奖项"等顽瘴痼疾，构建以创新质量和实际贡献为导向的教育科研评价体系。创新教育科研人员晋升机制，拓宽各类岗位人员发展渠道。完善教育科研机构专业技术职务评审制度，适当提高高级专业技术职务人员比例，营造有利于学术创新和青年科研人员成长的宽松环境。

四、建设高素质创新型科研队伍

（十五）高度重视教育科研队伍建设

教育科研队伍是教育科学研究的第一资源。各级教育行政部门要把教育科研队伍建设作为基础工作来抓。要尊重信任、关心支持教育科研人员，搭建教育科研人才成长平台，完善人才成长机制。加大对科研人员的薪酬激励，适当提高科研项目间接经费比例，间接经费使用向创新绩效突出的团队和个人倾斜。支持地方因地制宜创新高层次人才选聘和薪酬分配办法，加大高层次人才吸引力度，积极引进海外高层次人才。加强梯队建设，支持青年科研人员开展原创性、探索性研究，鼓励共建跨学科、跨领域的科研创新团队。完善教育科研成果表彰奖励制度，加大奖励力度，对长期潜心教育科研（教研）的团队和个人进行表彰奖励。

（十六）切实增强教育科研人员的使命担当

教育科研工作者要切实增强做好新时代教育科研工作的责任感和使命感。要信念坚定，学深悟透习近平新时代中国特色社会主义思想，善于运用马克思主义立场观点方法指导教育科研工作。要学识广博，努力掌握全面系统的教育学科等人文社会科学知识，积极拓展自然科学等跨学科理论支撑，富有全球视野和历史眼光，具备多视角、多领域、多层次研究问题、破解难题的能力。要敢于创新，主动学习新知识，善于运用新技术新方法开展研究，创新教育理论。要求真笃行，坚持理论联系实际，热爱教育、崇尚真理，脚踏实地、潜心研究，遵循科研规律，加强学术自律，力戒浮夸浮躁、投机取巧，杜绝"圈子"文化，自觉防范各种学术不端行为。

（十七）促进教育科研人员专业发展

完善人才培养制度，加强高等学校教育学相关学科建设，重视培养教育科研后备力量，鼓励有条件的教育科研机构与高等学校联合培养研究生。健全教育科研人员专业培训制度，培训经费列入教育行政部门年度预算，确保5年一周期不少于360学时的全员培训。完善管理制度，灵活运用编制配额，建立持久良性的"旋转门"机制，促进优秀科研人员到党政机关、事业单位、国有企业等机构任职，聘请有实践经验和科研能力的行政领导、学校校长（教师）、企业高层次人才等到教育科研机构担任专职或兼职研究员。探索建立学术休假和学术进修制度。

五、提高教育科研工作保障水平

（十八）加强党对教育科研工作的全面领导

以习近平新时代中国特色社会主义思想武装头脑、指导和推动教育科研工作，把教育科研工作纳入教育事业发展整体部署和总体规划。合理配备教育科研工作力量，不得挤占挪用科研机构人员编制。进一步完善教育科研机构的领导体制和党建工作机制。加强教育科研机构党的基层组织建设，实现党的组织和党的工作全覆盖。严格落实意识形态工作责任制，以党的政治建设为统领，将党的建设与业务工作紧密融合，认真落实全面从严治党要求，不断提升党建工作科学化水平。

（十九）加大教育科研经费支持力度

各级教育行政部门要加大投入力度，设立专项经费，完善资助体系，保障预算内教育科研经费稳步增长。探索建立多元化、多渠道、多层次的投入体系，健全竞争性经费和稳定支持经费相协调的投入机制，鼓励社会资金通过捐赠、设立专项基金等方式支持教育科研工作。优化科研经费管理，提高使用效益，对骨干团队和优秀青年科研人员给予重点支持。扩大科研项目经费管理使用自主权，简化项目预算编制要求，直接费用中除设备费外，其他科目费用调剂权全部下放给项目承担单位。

（二十）加强对教育科研工作的政策保障

完善教育决策意见征集和专家咨询制度，重大教育规划和教育政策研究制订要进行科学论证，宣传发布要组织专家解读，贯彻落实要组织专业评估。探索建立政府购买教育咨询服务制度。支持教育科研机构开展实地调研和改革试点。加大信息共享力度，为教育科研提供适用、及时、有效的数据信息。大力支持教育科研机构对外交流合作，支持开展国外教育培训，规范外事活动管理，适当简化中外专家交流、举办或参加国际会议等方面的审批手续。

各级教育行政部门、各级各类学校和教育科研机构要结合实际认真组织落实。

教育部

2019 年 10 月 24 日

参考文献

[1] 任鹏，李毅. 中国"五年规划"制度优势的历史生成、转化机制和认同功能 [J]. 思想教育研究，2022（6）：39.

[2] 帕瑞克·克勒纳，韩万渠. 智库概念界定和评价排名：亟待探求的命题 [J]. 中国行政管理，2014（5）.

[3] 张伟. 新型智库基本问题研究 [M]. 北京：中共中央党校出版社，2017.

[4] 金芳. 西方学者论智库 [M]. 上海：上海社会科学院出版社，2010.

[5] 姚海燕. 论美国教育智库的发展、运作方式及其启示 [J]. 教育理论与实践，2015，35（22）：11-15.

[6] 庞丽娟. 我国新型教育智库若干重要问题的思考 [J]. 教育研究，2015，36（4）：4-8.

[7] 赵庭. 中国教育智库建设：挑战及其应对 [J]. 当代教育科学，2015（23）：42-46.

[8] 曾天山，王小飞，吴霓. 澳新两国国家教育智库及其服务政府决策研究——澳大利亚、新西兰教育科研考察报告 [J]. 比较教育研究，2013，35（8）：35-40，53.

[9] 周洪宇. 创新体制机制，建设中国特色新型教育智库 [J]. 教育研究，2015，36（4）：8-10.

[10] 王建梁，郭万婷. 我国教育智库建设：问题与对策 [J]. 教育发展研究，2014，34（9）：1-6.

[11] 袁本涛，杨力苈. 从文献看教育智库研究：一个亟待开拓的领域 [J]. 高等工程教育研究，2016（2）：40-47.

[12] 张力. 当前中国特色新型教育智库建设的若干问题 [J]. 基础教育，2015，12（4）：5-9.

[13] 杨敏. 新型教育智库：特征、功能与建设策略 [J]. 当代教育论坛，2015，（6）：22-28.

[14] 郝平. 加快新型教育智库建设　推进教育事业科学发展 [J]. 教育研究，2015，36（1）：4-9.

[15] 翟博. 中国特色新型教育智库建设要有新视野 [J]. 教育研究，2015，36（4）：21-24.

[16] 张武升. 中国特色新型教育智库的本质特征 [J]. 教育研究，2015，36（4）：16-19.

[17] 张力. 新型教育智库建设进入一个全新阶段 [J]. 教育研究，2015，36（4）：13-14.

［18］邬大光. 教育智库建设的特殊性［J］. 教育研究，2015，36（4）：14-16.

［19］田慧生. 当前教育智库建设的形势、方向与思路［J］. 中国教育学刊，2016（11）：1-6.

［20］秦惠民. 社会转型中的中国新型教育智库建设［J］. 教育研究，2015，36（4）：24-25.

［21］李金钊. 科研服务教育战略：以规划研制为例——兼谈一流基础教育智库的建设［J］. 上海教育科研，2022（11）：20-25.

［22］郝平. 新型教育智库建设要有新思维［N］. 光明日报，2015-03-03（016）.

［23］周洪宇，付睿. 教育智库应有新作为［N］. 中国社会科学报，2022-04-21（002）.

［24］谷贤林，邢欢. 美国教育智库的类型、特点与功能［J］. 比较教育研究，2014，36（12）：1-6.

［25］刘彦林. 我国教育智库建设：结构、影响与功能——中美教育智库对比的视角［J］. 智库理论与实践，2020，5（1）：59-68.

［26］袁本涛，陈东. 基于理性选择制度主义的英国教育智库研究［J］. 清华大学教育研究，2017，38（3）：85-90.

［27］李凌，等. 智库产业——演化机理与发展趋势［M］. 北京：生活·读书·新知三联书店，2012.

［28］胡鞍钢. 中国特色新型智库：胡鞍钢的观点［M］. 北京：北京大学出版社，2014.

［29］王厚全. 智库演化论［D］. 北京：中共中央党校，2016.

［30］詹姆斯·麦甘. 第五阶层：智库·公共政策·治理［M］. 北京：中国青年出版社，2018.

［31］崔树义，杨金卫. 新型智库建设：理论与实践［M］. 北京：人民出版社，2015.

［32］苗绿，王辉耀. 全球智库［M］. 北京：人民出版社，2018.

［33］陈卓芊. 战略引导的预算绩效管理［D］. 厦门：厦门大学，2023.

［34］高书国. 教育战略规划研究［D］. 北京：北京师范大学，2007.

［35］乔治·凯勒. 大学战略与规划：美国高等教育管理革命［M］. 青岛：中国海洋大学出版社，2005.

［36］杨明. 把战略的原则性和策略的灵活性有机结合起来［N］. 人民日报，2023-04-27（009）.

［37］彼得·德鲁克. 管理的实践［M］. 齐若兰，译. 北京：机械工业出版社，2018.

［38］柏必成. 制度建设：智库内容建设的关键［J］. 智库理论与实践，2021，6（06）：3-11.

［39］曹睿. 地方高校发展战略规划的有效性研究［D］. 西安：陕西师范大学，2017.

［40］晋浩天，陈鹏. "十三五"是教育智库发展黄金期［N］. 光明日报，2016-01-15.

［41］中国教育科学研究院官网：我院简介［EB/OL］.［2023-12-30］. http://www.nies.edu.cn/gywm/lsyg/202203/t20220310_337985.html.

［42］李安. 开放创新背景下高校新型智库协同建设研究［D］. 合肥：安徽大学，2017.

［43］王保星. 教育智库的基本特质分析：基于 20 世纪"卡内基教学促进基金会"的案例
分析［J］. 高校教育管理，2014（11）：50-55.

［44］王小飞，闫丽雯. 政府教育智库服务教育决策的路径依赖与突破［J］. 中国高教研究，
2020（11）：38-42.

［45］付卫东，付义朝. 我国教育智库建设的现状、问题及展望［J］. 华中师范大学学报（人
文社会科学版），2017（2）：167-176.

［46］冯叔君，等. 智库谋略——重大事件与智库贡献［M］. 北京：生活·读书·新
知三联书店，2012.

［47］王小飞，贺腾飞. 我国新型教育智库建设的现实困境与转型出路［J］. 中国高教研究，
2021（11）：64-69.

［48］任恒. 构建我国新型智库"旋转门"机制：内涵、现状及思路［J］. 北京工业大学学
报（社会科学版），2021，21（1）：75-84.

［49］温志强，付美佳. 中国特色新型智库建设的发展之源、实然之困及纾解之道［J］. 智
库理论与实践，2023，8（3）：1-11.

［50］姜朝晖. 新时代教育智库人才成长路径研究［J］. 大学（研究版），2020（1）：21.

［51］王文. 对中国特色新型智库几个重大问题的思考［J］. 智库理论与实践，2016，1（1）：
24-30.

［52］朱旭峰. 中国思想库：政策过程中的影响力研究［M］. 北京：清华大学出版社，2009.

［53］姜朝晖. 中国特色新型教育智库：内涵、特征及定位［J］. 高校教育管理，2016（2）：58.

［54］苗尧尧. 美国高校教育智库功能研究［D］. 天津：天津师范大学，2017.

［55］王辉耀，苗绿. 大国智库 2.0［M］. 北京：人民出版社，2023.

［56］王文. 思想坦克：中国智库的过去、现状与未来［M］北京：商务印书馆，2023.

［57］李永智. 质变前夕：数字教育的破与立［M］. 上海：上海教育出版社，2023.

［58］WILLIS S M. Conservative think tanks and higher education policy：Selected public
research institutes and their views on issues in higher education［D］. Bowling Green：
Bowling Green State University，1992.

［59］MCDONALD L E. The rise of conservative think tanks：The debate over ideas，research
and strategy in public education policy［M］. New York：City University of New York，
2008.

［60］ABELSON D E. Do think tanks matter? Assessing the impact of public policy institutes［M］.
McGill：McGill-Queen's University Press，2002.

［61］STONE D. Capturing the political imagination：Think tanks and the policy process［M］. London：Frank Cass，1996.

［62］VISEU S，CARVALHO L M. Think tanks，policy networks and education governance：The rising of new intra-national spaces of policy in Portugal［J］. Education Policy Analysis Archives，2018，26（108）：1-26.

［63］RUDMAN D L，POLLARD N，CRAIG C，et al. Contributing to social transformation through occupation：Experiences from a think tank［J］. Journal of Occupational Science，2019，26（2）：316-322.

［64］WILLIAMSON B. Policy networks，performance metrics and platform markets：Charting the expanding data infrastructure of higher education［J］. British Journal of Educational Technology，2019，50（6）：2794-2809.

［65］KUMAR D. A study of education policy tesearch at the Brookings Institution［J］. High Education Policy，2009，112（3）：35-39.

［66］KEAST M. Bridging education research and education policy-making［J］. Oxford Review of Education，2000，26（3/4）：379-391.

［67］ALLEN K，BULL A. Following policy：A network ethnography of the UK character education policy community［J］. Sociological Research Online，2018，23（2）：438-458.

［68］COLEMAN A. D-STEM equity model：diversifying the STEM education to career pathway［J］. Athens Journal of Education，2020，7（3）：273-296.

［69］GOODOLF D M，GODFREY N. A think tank in action：Building new knowledge about professional identity in nursing［J］. Journal of Professional Nursing，2021，37（2）：493-499.

［70］PAUTZ H. Think tanks，social democracy and social policy［M］. London：Palgrave Macmillan，2012.

［71］BURROWS A，TAYLOR S. Think tanks，business and civil society：The ethics of promoting pro-corporate ideologies［J］. J Bus Ethics，2020，162（3）：505-517.

［72］HAAS，E. False equivalency：Think tank references on education in the news media［J］. Peabody Journal of Education，2007，82（1）：63-102.

［73］MCDONALD L. Think tanks and the media：How the conservative movement gained entry into the education policy area［J］. Education Policy，2014，28（6）：845-880.

［74］GIRARD N J. Perioperative education：Perspective from the think tank［J］. AORN Journal，2004，80（5）：827-838.

［75］FULLER K，STEVENSON H. Global education reform：understanding the movement［J］. Educational Review，2019，71（1）：1-4.

［76］NORWICH B. From the Warnock Report（1978）to an Education Framework Commission: A novel contemporary approach to educational policy making for pupils with special educational needs/disabilities ［C］. Frontiers in Education，2019（4）：72.

［77］HUMBERT K M. 21st century learning frame-works and the missions of public education: An integrative review ［M］. Ann Arbor: ProQuest LLC，2012.

［78］GANDARA D，NESS E C. Ideological think tanks and the politics of college affordability in the states ［J］. The Journal of Higher Education，2019，90（5）：717-743.

［79］BRINT S，GERMAN K T，ANDERSON-NATALE K，et al. Where Ivy matters: The educational backgrounds of US cultural elites ［J］. Sociology of Education，2020，93（2）：153-172.

［80］PINNER H Q，Ambrose A. The "new normal": The future of education after COVID-19［M］. London: Buckingham Press，2020.

［81］MATOVICH I，SRIVASTAVA P. The G20 and the Think 20 as new global education policy actors? Discursive analysis of roles and policy ideas ［J］. Journal of International Cooperation in Education，2023，25（1）：4-20.

［82］SMITH M. What's the "problem of teacher education" in the 2020s? ［J］. Journal of Teacher Education，2023，74（2）：127-130.

［83］MCGANN J G. 2017 global go to think tank index report ［EB/OL］.（2018-01-13）［2023-10-30］. https://repository. upenn.edu/think_tanks/13.

［84］WILLIAMSON B. Making markets through digital platforms: Pearson，edu-business，and the evaluation of higher education ［J］. Critical Studies in Education，2021，62（1）：50-66.

［85］APPLE M W，BIESTA G，BRIGHT D，et al. Reflections on contemporary challenges and possibilities for democracy and education ［J］. Journal of Educational Administration and History，2022，54（3）：245-262.

［86］BIERBAUM A H，KAMER A，BARAJAS J M. Toward mobility justice: Linking transportation and education equity in the context of school choice ［J］. Journal of the American Planning Association，2021，87（2）：197-210.

［87］RODRIGUEZ A，DEANE K C，DAVIS III C H F. Towards a framework of racialized policymaking in higher education ［M］. Cham: Springer International Publishing，2022.

［88］PATRICK L. Strategic planning in public health ［D］. Chicago: University of Illinois at Chicago，2001.

［89］UZARSKI D，BROOME M E. A leadership framework for implementation of an organization's strategic plan ［J］. Journal of Professional Nursing，2019，35（1）：12-17.

［90］TREXLER H. Permeation of organization-level strategic planning into nursing division-level planning［M］. The Journal of nursing administration，1994，24（11）：24−29.

［91］NICKLES C，BEIGHLEY E，FENG M. The applicability of SWOT's non-uniform space-time sampling in hydrologic model calibration［J］. Remote Sensing，2020，12（19）：1−20.

［92］VERONIQUE S，DANIEL D，ATTANNON F，et al. Point-of-care ultrasound for tuberculosis management in Sub-Saharan Africa—a balanced SWOT analysis［J］. International Journal of Infectious Diseases，2022：46−51.

［93］TAYLOR M M，CREELMAN C D. PEST: Efficient estimates on probability functions［J］. The Journal of the Acoustical Society of America，1967，41（4A）：782−787.

［94］ABATE T，van Huis A，Ampofo J K O. Pest management strategies in traditional agriculture: An African perspective［J］. Annual Review of Entomology，2000，45（1）：631−659.

［95］GRUNDY T. Rethinking and reinventing Michael Porter's five forces model［J］. Strategic Change，2006，15（5）：213−229.

［96］RICE J F. Adaptation of Porter's five forces model to risk management［J］. Defense AR Journal，2010，17（3）：375−388.

［97］TEHRANI M B，RAHMANI F. Evaluation strategy Michael Porter's five forces model of the competitive environment on the dairy industry（Case study: Amoll Haraz Dvshh dairy company）［J］. American Journal of Engineering Research（AJER），2014，3（5）：80−85.

［98］DOBBS M E. Porter's five forces in practice: Templates for firm and case analysis［C］// Competition Forum. American Society for Competitiveness，2012，10（1）：22.

［99］SMART R E，DICK J K，GRAVETT I M，et al. Canopy management to improve grape yield and wine quality—principles and practices［J］. South African Journal of Enology and Viticulture，1990，11（1）：3−17.

［100］JIE Z，XIN D，Ping N，et al. Evaluation of the effectiveness of hospital infection prevention and control based on the SMART principle［J］. Journal of Central South University（Medical Sciences），2023，48（7）：1059−1065.

［101］MORA L，DEAKIN M，REID A. Strategic principles for smart city development: A multiple case study analysis of European best practices［J］. Technological Forecasting and Social Change，2019，142：70−97.

［102］ROSELL G，QUERO C，COLL J，et al. Biorational insecticides in pest management［J］. Journal of Pesticide Science，2008，33（2）：103−121.

［103］ Institute of Education Sciences. IES Performance Compared to Other Federal Programs ［EB/OL］. ［2022-03-13］. https://ies.ed.gov/aboutus.

［104］ Institute of Education Sciences. 2003—2004 Biennial Report to Congress［EB/OL］. ［2022-03-18］. https://ies.ed.gov/pdf/biennialrpt05.pdf.

［105］ National Academies of Sciences，Engineering，and Medicine. A Vision and Roadmap for Education Statistics ［M/OL］. Washington，DC：The National Academies Press：11，82-83，159 ［2022-04-17］. https://doi.org/10.17226/26392.

［106］ SCHNEIDER M. A Year for Reflection and Continued Transformation ［EB/OL］. （2021-01-12）［2022-04-17］. https://ies.ed.gov/director/remarks/1-12-2021.asp.

［107］ RICH A. Think Tanks，Public Policy，and the Politics of Expertise ［M］. Cambridge：Cambridge University Press，2004.

［108］ Grover J.（Russ）Whitehurst. The Institute of Education Sciences：A Model for Federal Research Offices ［J］. The ANNALS of the American Academy of Political and Social Science，2018，678（1）：124-133.

后　记

从 2015 年 4 月到中国教科院办公室工作，我先后参与了中国教科院"十三五"和"十四五"发展规划的研制工作，以及参与研制《教育部关于加强新时代教育科学研究工作的意见》。在这三个规划文本的起草过程中，我除了是核心起草组成员外，还是联络员和具体统稿人。正是从事规划工作的原因，我对教育智库发展规划研制的基本范式和工作规律有一些粗浅认识。

参与发展规划的研制，原本只是一项常规性的行政工作。由于中国教科院对科研工作的重视，在科研处的支持下，2020 年专门设置了教育智库研究项目，用于支持管理部门人员开展相关研究工作，并提供一定的经费保障。中国教科院"十四五"发展规划，以"一流国家教育智库发展规划研究——以中国教育科学研究院为例"作为项目名称，被列入当年教育智库部门项目，我成为该课题的主持人。规划研制工作一鼓作气很快就完成了，但对于教育智库特别是一流国家教育智库发展规划的研究，却是一个断断续续、非常艰辛的过程。

好在 2018 年，我全程参与了《教育部关于加强新时代教育科学研究工作的意见》的起草，并赴山东、河北、湖南、湖北等多地开展教育智库的调研，对新时代教育智库发展有了更加深入的了解。2021 年年初，为了完成"一流国家教育智库发展规划研究"的课题，我和中国教科院基础所的李振文同志（当时在院办公室轮岗）设计了调查问卷，并对近 200 名教育智库人员做了调查，为做好发展规划提供了数据支撑；同时，为落实上级领导批示精神，我先后和曹培杰、王玉国同志（先后借调院办公室）一起完成了《加强一流国家教育智库建设的工作考虑》等文稿起草。在 2021 年庆祝中国教科院建院 80 周年时，我又和唐冉等同志对院史特别是近年来的发展做了详细的梳理，积累了丰富的素材。总体来说，对于教育智库的发展，我有了较好的工作体会和研究基础。

对教育智库研究和实践的长期积累，让我在科研上也有了一些收获。我先后主持或参与了"关于教育智库青年人才的路径研究""新时代中国特色新型教育智库研究"等智库研究项目，特别是 2020 年，我申报了"世界一流教育智库的组织模式和运行机制研究"，在国家社科基金教育学一般课题评选中获得立项，这给了我极大鼓舞。此外，2021 年，我在《高校教育管理》发表的《中国特色高校教育智库的内涵、特征和定位》的论文又获得了第六届全国教育科学研究优秀成果奖三等奖。这些成绩的取得成为我坚持做教育智库研究的重要动力。

书稿的完成，首先要感谢中国教科院党委、院领导班子对智库工作的高度重视，以及对我个人的关心和指导。同时，要感谢科研处给予课题立项，特别感谢院办公室、理论所同事们的大力支持。书稿出版，需要感谢中国教科院原副院长高宝立百忙之中应允为拙作作序，感谢我的博士后赵梦雷对智库文献研究和战略规划理论的完善补充，感谢课题团队前期对教育智库文献的梳理，感谢我的同事李振文、花昀对问卷的设计和后期的有关数据分析，感谢李洋、王楚、吴瑞瑞、金紫微等同事参与书稿的校对工作。正是在他们的帮助和共同努力下，拙著最后才得以面世。

希望本书的出版，能够进一步丰富新时代教育智库的理论研究，并为开展"十五五"及未来一段时期教育智库规划工作有所助益。由于本人学识和研究时间、精力有限，本书难免还存在一些问题与不足，恳请大家批评指正。

是为记。

姜朝晖

2024 年 3 月于北京